KB104379

그린 챌린지:
한국환경보고서 2017

그린 챌린지

한국환경보고서

2017

GREEN CHALLENGE

녹색사회연구소 지음

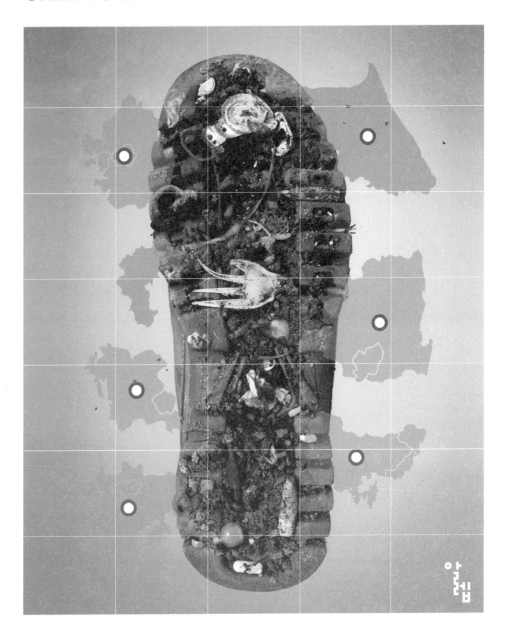

한국 생태환경 20대 이슈: 문제와 조망

최종덕 녹색사회연구소 소장

『한국환경보고서』는 시민사회 환경 단체인 녹색연합 부설 녹색 사회연구소가 1993년부터 발간해 왔다. 기존의 『한국환경보고 서』와 다르게 올해 『그린 챌린지: 한국환경보고서 2017』은 시민 과 소통하고 대중과 공유하는 편안한 책으로 변신하여 출간했 다. 딱딱하고 어렵게 보이는 내용의 틀을 깨고 누구나 쉽게 다가 갈 수 있는 글쓰기로 책을 만들었다. 주변에서 벌어지고 있는 환 경생태 문제들이 일부 전문가들의 운동 소재가 아니라 보통 사 람들의 일상생활에 난국을 초래할 문제임을 이 책은 보여 주고 있다.

이 책이 말하려는 메시지는 아래의 세 가지로 요약된다.

첫째, 작은 변화와 주민의 지역 운동이 커다란 지구적 변화 를 끌어낼 수 있다. 둘째, 환경 기준을 맞춰야만 건강하고 풍요롭 고 오래가는 경제를 실현할 수 있다. 셋째, 사람이 우선이고 생명이 존중되어야만 평화와 안전 사회를 가져올 수 있다.

이 책에서 제시한 20대 이슈는 생활환경, 자연환경, 사회환경의 세 가지 영역으로 분류될 수 있다. 물론 명확하게 분류되고 범주화되는 것은 아니지만, 소재를 중심으로 굳이 나눌 수 있다면 아래처럼 그려질 수 있다.

한국환경보고서 20대 이슈		
생활환경	**자연환경**	**사회환경**
• 가습기살균제의 심각한 피해 • GMO의 불안전표시제 • 전기 요금 체제의 비효율성 • 기장 해수-담수화 시설 계획 저지 • 생태관광의 요청 • 미세먼지	• 4대강 보 개방 • 가로림만 조력발전소 계획 저지 • 고산 침엽수 집단 고사 • 백두대간 등산로 훼손 심각 • 설악산 케이블카 계획 저지 • 동물 이동권 보호	• 미세 플라스틱 위험 • 반환 미군기지 • 사드 배치 강행 • 핵발전 중심 에너지 정책 • 동물 산업화의 비인간성 • 방치된 위험 사회 • 국제 기후변화협정 • 지속가능 사회

개략적인 문제는 다음과 같다.

가습기살균제의 피해는 일상생활 속 깊은 데서부터 터져 나왔고, 한창 뜨거웠던 한여름을 지내면서 가중된 전기 요금 고지서는 우리네 일상의 한 모습이었다.

토건 국가의 위상은 결국 녹조와 썩는 물을 가두는 데 한계를 느끼고, 관련 기관은 어쩔 수 없이 강의 보를 열기 시작했다. 4대강 토건이 처음부터 잘못된 것으로 증명된 셈이다.

설악산 케이블카와 기장 해수-담수화 시설 그리고 가로림만 조력

그린 챌린지: 한국환경보고서 2017

6

발전소의 경우처럼 주민들의 힘으로 그런 악몽의 시설 계획을 무산시킨 기쁜 소식도 있었다.

그러나 오염된 미군기지 반환의 일방적 협상이나 사드 배치를 강행하는 경우처럼 자주국방의 훼손을 받기도 했다.

「교토의정서」 시효가 끝나면서 파리기후변화협정은 매우 중요한 지구 생존의 몸부림이 되었지만 한국 정부와 기업 차원에서 탄소가스 배출 감축 의지는 전혀 실감되지 않고 있다.

한반도 전체를 뒤덮는 미세먼지의 위협적인 증가, 태백산 줄기를 타고 올라오는 고산 침엽수 집단 고사 등의 문제는 전 지구적 상황을 따지기 전에 시급하게 우리 한반도 안에서 정책적으로 대처해야 한다.

백두대간의 등산로 주변이 급속하게 훼손되고, 무분별한 도로 건설, 댐과 하굿둑 건설로 인해 동물 이동권이 제한되고 생물종 다양성이 위기를 맞고 있다. 생물종 다양성이 보장되고 자연 훼손 없는 생태관광만이 지역 중심형 관광 산업으로 자리 잡을 수 있음을 인식하는 계기가 되었다.

GMO 수입 세계 1위의 국가에 살고 있으면서도 제대로 된 GMO 완전표시제조차 실현하지 못하고 있는 우리들의 먹을거리 권리를 반드시 되찾아야 한다.

미세먼지와 더불어 미세 플라스틱의 위협은 사회적 건강권과 개인의 신체 권리를 심각한 위기에 빠뜨리고 있다.

보양식으로 전락된 곰 사육에서부터 매년 10만 수에 이르는 유기견에 이르기까지, 동물 학대는 결국 인간의 문제이다. 동물은 산업의 소재가 아니라 생명이라는, 확장된 생명운동이 시작되었다. 핵발전 중심의 에너지 무한 공급 정책은 결국 한반도 전체의 생존을 위협한다. 생태 중심 에너지 전환은 지속가능한 사회로 가는 첫걸음이며 위험 사회를 탈출하는 사회적 지표임을 인식하는 원년이 될 것이다.

이런 문제들로 오늘의 한국 생태환경은 요동치고 있다. 이는 현시점에 일어난 생태환경의 사건인 동시에 앞으로 우리가 일련의 상황과 사건에 대처해 나갈 방향을 제시하는 문맥도 포함하고 있다. 다시 말해서 『그린 챌린지: 한국환경보고서 2017』 안에서 '한국 환경 20대 이슈'라는 틀로 거론된 위의 이슈들 중에 어떤 것들은 사건 중심적이며, 어떤 것들은 전망과 방향을 말하고 있다.

우리는 이런 사건과 상황들을 하나의 시선으로 바라보는 것이 더 의미 있다고 판단했다. 왜냐하면 환경 문제는 원인과 결과가 확실하게 밝혀지는 단일 사건이 아니라 긴 시간과 넓은 공간에 걸쳐 일어난 일들이기 때문이다. 다시 말해서 환경생태 문제는 문제가 발생한 지점에서 미래에 대처하는 방향과 전망을 찾을 수밖에 없기 때문에, 사건의 패러다임과 전망의 패러다임을 하나의 시선으로 바라보는 일이 중요하다.

『그린 챌린지: 한국환경보고서 2017』은 이런 시선과 관점을 갖고 있는 전문가 필진을 중심으로 꾸려졌다. 이들은 20대 이슈마다 그 문제에 대해 가장 많이 고민하고 행동한 사람들이다. 녹색연합 및 관련 시민 기구의 전문가 필진이 각자의 분야에서 지난해부터 오늘에 이르는 가장 심각한 문제들을 짚어서 글을 썼다. 그래서 여기에 수록된 꼭지들은 이론가들의 추상적 담론이 아니라 구체적이고 시급한 현실 문제들을 다루고 있다. 뼈저린 아픔 속에서 잉태된 글이라서 각각의 꼭지 안에는 이미 해당 문제의 전망이 포함되어 있다.

한국 생태환경 20대 이슈는 단순한 보고서가 아니다. 난국에 처한 한국 생태환경을 비판하는 데 그치지 않고 미래 사회를 진단하는 프로젝트로 출발한다. 이렇게 새로이 옷을 갈아입고 출간하는 『그린 챌린지: 한국환경보고서 2017』은 파리기후변화협정 이후 한국의 생존을 위한 지속가능한 사회경제적 발전을 간접적으로 말하고 있다. 다시 말해서 최소한의 환경생태 조건을 만족해야만 건강하고 풍요롭고 오래가는 경제가 실현될 수 있다는 메시지를 독자와 함께하고 싶은 것이 바로 이 책이다. 『그린 챌린지: 한국환경보고서 2017』을 만드는 데 함께해 준 필자들이 가장 고맙다. 그동안 해당 분야에서 땀과 열정을 쏟아 온 전문가들이 필진으로 참여해 주었기 때문에 이 책이 나올 수 있었다.

책이 나오기까지 국제연합 아태경제사회이사회 남상민 동북아지역사무소 부소장의 후원이 컸다. 무엇보다 녹색사회연구소 박경조 이사장의 격려로부터 『그린 챌린지: 한국환경보고서 2017』을 시작할 동력이 생겼으며, 녹색사회연구소 박정운 사무국장과 임성희 연구원이 처음과 끝을 다 했으니 둘 없이는 아무

것도 할 수 없었을 것이다. 녹색사회연구소는 녹색연합의 부설 연구소인 만큼 녹색연합의 그림자 안에 있다. 녹색연합의 환경 생태 실천 운동을 철학 · 경제 · 정치 이론 측면에서 보조하고 정당화하는 과정에서 이 책이 나온 셈이다. 끝으로 이 책 출판을 기꺼이 맡아 준 알렙출판사에 감사드린다. 환경 관련 도서가 대중성이 없다는 이유로 다른 출판사들이 외면했지만, 알렙출판사는 이 책과 시민사회의 실용적 접목 가능성을 확신하고 이 책을 내기로 결정하였으니 정말 고마울 따름이다.

　　『그린 챌린지: 한국환경보고서 2017』에서 다룬 문제들은 그 하나하나가 우리 사회의 건강함과 풍요로운 지속가능성의 깃대종 역할을 한다. 그래서 이 책을 잘 읽어 보면 환경 문제만이 아니라 한국 사회가 안고 있는 경제 · 정치 · 국방 · 보건 · 평화 부문의 산적한 문제들을 풀어 갈 단서를 찾을 수 있을 것이다.

2017년 4월 22일 지구의 날을 맞아
녹색사회연구소 소장
최종덕

작은 변화와 주민의 지역 운동이 커다란 지구적 변화를 끌어낸다.
환경 기준을 맞춰야만 건강하고 풍요롭고 오래가는 경제를 실현한다.
사람이 우선이고 생명이 존중되어야 평화와 안전 사회를 가져온다.

2013년 9월 새만금 수라갯벌을 찾아온 넓적부리도요. ⓒ 오동필

Contents

1부

좌담:
2017년
촛불 대선과
환경 이슈

"2016년은 국민이 치켜든 촛불의 힘을
보여 준 해이다.
촛불의 힘은 권위주의 정권뿐만 아니라
상식에 어긋난 정권을 무너뜨렸다.
지난 10년간 쌓인 적폐는
환경 분야에서도 심각했다.
이제는 환경 친화적이면서
고용을 보장하고,
지역 발전을 꾀하는
녹색 담론이 등장해야 할 시기이다."

새로운 영토 위에 지어지는 녹색 세상

촛불 시민에 의해 대통령이 탄핵되어 조기 대선이 실시되는 2017년이다. 누적된 폐해를 씻어내고 새로운 비전을 다시 일구는 일은 환경에서 역시 예외는 아니다. 2016년 환경 이슈를 돌아보며 2017년과 그 이후를 전망해 보기 위해, 대선 후 차기 정부가 주목해야 할 환경 이슈와 우선해야 할 정책 과제, 지속가능한 사회를 위한 국정 운영의 철학과 기조는 무엇이어야 할까? 환경 운동가, 환경 전문 언론인, 환경 철학자 세 명이 다소 거창해 보이는 주제를 갖고 만났다.

(좌담 일시: 2017년 4월 1일, 좌담 정리: 녹색사회 연구소)

김혜애 녹색연합 공동대표

조홍섭 전 《한겨레》 기자

최종덕 상지대 철학과 교수

그린 챌린지: 한국환경보고서 2017

촛불의 힘으로 밝혀낼
환경의 미래

최종덕 지난 2016년을 돌아보면 여러 영역에서 일어난 적지 않은 문제와 갈등이 떠오른다. 물론 의미 있는 결과도 있다. 그나마 다행스러운 뉴스가 있었다면 설악산에 케이블카를 건설하려는 사업이 부결되었고, 독성 물질을 원료로 만든 가습기살균제 제조업체가 법과 국민들의 단죄를 받게 되었다는 점이다.

김혜애 사람들이 환경 문제를 예전과는 조금 다른 결로 받아들이고 있는 것 같다. 예전에 사람들에게 환경 문제는 당면한 생활의 문제라기보다는 다소 미래의, 혹은 다른 나라의 일로 받아

들여졌다. 최근에는 가습기살균제를 비롯한 생활 화학 물질 문제, 미세먼지 등 환경 문제가 우리 생활 속에 들어와 있는, 안전과 건강 문제로 받아들여지고 있다. 어쩌면 지금이 사람들의 삶의 방식이나 그와 관련된 정부 정책의 변화를 끌어낼 좋은 시기일 수 있다.

조홍섭   2016년은 국민이 치켜든 촛불의 힘을 보여 준 해이다. 촛불의 힘은 권위주의 정권뿐만 아니라 상식에 어긋난 정권을 무너뜨렸다. 이명박 정부부터 박근혜 정부까지 10년간 쌓인 적폐는 환경 분야에서도 심각했다. 4대강 문제는 박근혜 정부가 해결하지 않은 채 그대로 존치시켜서 문제가 더욱 심각해졌고, 가습기살균제 문제도 몇 년을 끌게 되었다. 게다가 설악산에 케이블카를 놓겠다고 하지 않았나. 잃어버린 상식을 복원하며 새로운 질서를 다시 구현하려는 시민들의 힘을 보면서, 이제 기자로서 쉽게 기사를 써내려가던 시절은 끝났구나 하는 생각이 들었다. 환경 기사는 사실 매우 복잡하고 쉽지 않은 주제들을 다루기 마련이다. 그런데 지난 10년은 4대강이나 케이블카 등 너무 상식적이고 자명한 사안들을 마주하다 보니, 기사 역시 복잡한 내용을 깊이 있게 다룰 필요가 없었다. 문제를 지적하기만 하면 되었다고나 할까? 그러나 앞으로는 달라질 것이다. 예를 들어 미세먼지 문제를 해결하기 위해 전기차를 이용하는 등 단선적 해법으로 기사를 쓰기보다, 석탄화력발전과 핵발전소 문제 등 복잡한 이해관계나 근본적인 문제를 분석하고 규명하는 등 기사의 질이

19

높아질 수밖에 없다.

김혜애 환경 운동에도 마찬가지로 적용된다고 본다. 예전에는 환경 문제를 드러내고 고발하면 그것이 이슈화되고 정책으로 반영되는 수순을 밟았다. 지금은 이미 알려졌으나 해결되지 않은 누적된 이슈들도 많고 논쟁 역시 치밀해지고 있다. 환경 운동가 역시 전문가 수준의 분석과 대안 마련에 몰두하게 된다. 물론 대응 방식이 정교화되는 과정은 운동의 발전 과정에서 자연스러운 현상이긴 하다.

최종덕 시민들도 이미 전문가 못지않게 여러 문제들의 현상과 본질을 정확하게 파악하는 단계까지 도달한 것 같다. 사회가 복잡해지고, 문제가 반복되면서 우리 모두 사안에 적절하게 대응하도록 훈련되는 것 아닐까? 기장 해수-담수화 반대 운동을 끌어온 활동은 여기에 더해 주민 운동의 힘, 직접 민주주의의 힘을 보여 준 경우이다. 사드 배치 문제만 해도 마찬가지다. 내가 살고 있는 원주도 사드 배치 후보지 이야기가 나왔을 때, 보통의 주민들이 모두 들고 일어났다. 성주 주민들과 다를 바 없다.

김혜애 북한 핵실험과 사드 배치 문제가 10대 뉴스로 선정된 이유에 대한 설명은 좀 필요한 것 같다. 물론 모든 종류의 핵에 반대한다는 차원에서 보면 이해가 어려운 것은 아니지만 외교나 안보 문제로 해석하는 것이 더 가깝지 않을까?

2016년은 국민이 치켜든 촛불의 힘을 보여 준 해이다. 촛불의 힘
은 권위주의 정권뿐만 아니라 상식에 어긋난 정권을 무너뜨렸
다. 이명박 정부부터 박근혜 정부까지 10년간 쌓인 적폐는 환경
분야에서도 심각했다.——조홍섭

최종덕　핵만큼 모든 생명을 절멸시키는 것은 없으니까. 핵의 평화적 이용이라고 불리는 핵발전소 문제보다 더욱 심각한 것이 무기로서의 핵이고, 더군다나 그 핵실험이 지근거리에서 일어나는 것은 우리에게 대단히 위험한 일이다. 북한 핵실험을 명분으로 그동안 설마 했던 사드가 배치되고 있는 상황이다. 핵과 전쟁 무기는 평화 문제로만 접근할 수 있는 문제라기보다 생명의 대척점에 있다는 사실 그 자체로 반환경적인 문제이기 때문에 환경 운동 진영에서 언급하고 다루어야 할 주요한 사안이다.

환경 문제는
공동체의 부활과 함께

최종덕　주제를 바꿔서 생태계 문제를 이야기해 보자. 기후변화로 인한 고산 식물 집단 고사 문제가 의외로 심각하다. 한라산과 오대산, 설악산에서 침엽수들이 죽어 가는 현상은 병충해로 인한 것보다 심각해 보인다.

조홍섭　전반적인 변화들을 열거하고 있는 것을 보면, 기후변화를 단선적 원인으로 정확히 단정하기가 사실상 어려울 수도 있다는 생각이 든다.

최종덕　환경 문제와 같은 자연 현상에서 인과관계를 눈에 보

그린 챌린지: 한국환경보고서 2017

이는 데이터로 증명하기에는 어려운 점이 있다. 어쩌면 이것이 환경 운동이 논리적으로 공격받는 측면이기도 하다. 그런데 과학적 근거로 설명하려고 드는 것 역시 증명 프레임에 걸리면 과학의 함정에 스스로 빠질 수도 있지 않을까? 하나의 현상은 현재의 과학으로 증명하기 힘든 부분이 상당히 많고 오히려 문제에 대한 정확한 접근을 막거나 불가능하게 만들기도 한다. 원인을 찾아가려는 작업으로 보면 의미가 있지만, 지구온난화로 인한 적설량 감소에 구상나무와 분비나무가 말라 죽어 가는 것에 대한 혐의를 두는 것이 무리가 있어 보이지는 않는다.

조홍섭 　고산식물의 고사 문제는 기본적으로 우리 생태계 전체가 처해 있는 위기를 잘 보여 주고 있다고 본다. 기후변화는 고산지대 침엽수부터 피해가 시작되니 기후변화의 영향이라고 볼 수도 있고, 또 다른 한편으로 산림 생태계를 관리하는 정부 정책의 문제, 산림 생태계나 경관을 관광 자원으로만 바라보는 기업의 개발 의도 등이 복합적으로 표현되는 부분이기도 하다. 특히 지난 정부는 내내 규제 완화를 강조하면서 이제껏 규제의 틀 안에 두었던 산림 지대에 개발의 빗장을 풀어 주려 했던 시도가 확연했다. 비명처럼 쓰러져 가는 백두대간의 고산 식물 쇠퇴은 우리나라의 보호구역 관리가 그만큼 안 되고 있다는, 즉 보전 의지가 약하다는 증거로 볼 수도 있다.

최종덕 　관리 의지가 부족한데다 경제 살리기라는 명분으로

생태 감수성이 살아나면 많은 문제가 해결될 것이다. 동물권에
대한 인식의 확대가 생태 감수성을 회복하는 중요한 매개가 될
것이다.——김혜애

규제를 완화해야 한다는 쪽으로 사회 분위기를 몰아가는 것은 확실히 문제가 있다.

김혜애   2016년 환경 이슈 중 예년과 달리 눈에 띄는 것이 있다면 동물 산업화 문제이다. 동물 산업화 문제는 앞으로 더 주목되고 심각한 양상을 띠게 될 것이다. 구제역이나 조류독감 등 대규모 축산으로 인한 문제뿐만 아니라 돌고래 쇼나 샥스핀 요리, 웅담 채취를 위해 사육되는 곰 등 동물 학대 문제가 포괄적으로 지적되고 있다. 동물 산업화 문제는 여러 의미와 각도에서 조명이 가능하지만, 생명권에 대한 천착이 시작되었다는 점에서 의미가 크다고 본다. 먹을거리나 볼거리로만 대하는 것보다 생명권에 대한 인식을 갖게 되는 것, 특히 이것이 아이들이 동물을 대하는 데 중요한 지점이기 때문에 앞으로도 계속 거론될 것으로 본다.

조홍섭   동물권이 사회적인 관심사가 된 것은 최근의 일이다. 이것이 의미 있는 이유는 동물 학대 차원을 넘어서서 환경 문제 전반을 대하는 태도와 관련된 것이며, 생명 존중과 생명이 연결되는 중요한 통로가 되기 때문이다. 남방큰돌고래는 멸종 위기종으로 포획이 금지되어 있다. '제돌이'는 제주 바다에서 불법 포획된 후 공연을 해야 했다. '제돌이'를 방사하여 서식지로 돌려 보내기로 한 결정에 많은 사람이 공감하고 동의했다. 동물을 우리의 윤리 영역 속에 얼마만큼 다룰 것인가는 논쟁의 여지가 있지만, 가축이나 애완동물을 대하는 방식, 산업화된 축산의 대상인 돼지나 소, 닭에 대한 처우 등의 문제에서 볼 때, 사회 전체로 의미 있는 사고의 진전이 될 수 있다. 사회적 약자를 타자화하는 것에 대한 숙고라고 볼 수도 있다. 환경 단체뿐만 아니라 동물권 단체 역시 이 문제를 활발히 개진하고 있고, 지자체에서도 관심 있게 움직이고 있는데, 오히려 환경 단체에서 이 문제에 대한 접근이 늦은 감이 있었다고 본다.

최종덕 동물 윤리가 환경 윤리로 가는 중요한 통로라는 말에 동의한다. 우리가 갖고 가야 할 중요한 과제이다.

김혜애 생태 감수성 이야기를 많이 하는데, 사람들의 생태 감수성이 살아나면 많은 문제가 해결될 것이란 말이 있다. 동물권에 대한 인식의 확대가 생태 감수성을 회복하는 중요한 매개가 되지 않을까 싶다.

조홍섭 또한 헌법 개정 이야기가 나오면서 동물권을 헌법에 명시해야 한다는 주장에 힘이 쏠리고 있다. 동물권뿐만 아니라 자연의 권리에 대한 목소리도 커지고 있다. 철학적으로 고려할 지점이 많은데, 사람 외 생물에 대해 어떻게 규정할 것인가, 동물을 사람과 같은 높이로 바라볼 것인가 등 쉽지 않은 논쟁거리이다. 자연의 권리 등 향후 헌법 개정과 관련하여 논쟁의 주제가 될 것이다.

최종덕   자연의 권리를 생태 감수성의 문제나 도덕성에 호소할 것인지, 법적인 규제를 강화하는 것으로 풀어 가야 할지, 다시 말해 윤리냐 법적 규제냐의 문제가 또 남는 것 같다. 예를 들어 도시 사람들이 버스를 빌려 시골의 야산까지 와서 산나물을 싹쓸이해 가는 경우를 자주 보는데, 이런 현실을 법적 규제로 막아야 하는지 아니면 개인의 도덕심에 호소해야 하는지를 묻는 것이다.

조홍섭   지역에서 사는 사람들도 해마다 산에서 나물을 뜯지만 싹쓸이로 캐는 경우는 없다. 지속가능하게 나물을 뜯는 방법을 아는 것이다. 물론 국립공원의 경우는 다르겠지만 자연을 지속가능한 방식으로 활용하는 사람들에게 규제의 잣대를 들이댈 수는 없다. 본래 숲은 마을 공동의 재산이었고, 일종의 규약이 있어서 함부로 채취하는 행위를 하지 않았다. 공동의 규범대로 산림을 관리하던 체계가 있었는데, 일제 강점기 때 일본이 토지 소유권을 앗아가면서 닥치는 대로 채취하고 벌목하면서 전통이 무너졌다. 원래 자연은 공짜니까 함부로 대할 수 있다는 태도는 우리 전통이 아니다.

김혜애   공동체 파괴가 모든 문제의 근원일 수 있다는 지적이 있듯, 공동체 규범을 지켜낼 시스템을 확보하면 많은 문제를 해결할 수 있다. 성미산 공동체가 생태 마을이 되고, 에너지 자립 마을로 확장되어 가는 것처럼, 마을의 교육이나 문제들을 공동체의 결속을 강화해 나가면서 해결해 나가기도 한다.

변화하는 세상에
맞춘 제도의 개선

최종덕　삶의 공동체를 회복하는 것도 중요하지만, 제도화를 통한 변화 역시 중요한 문제이다. 촛불은 정치 영역에서뿐만 아니라 사회, 경제 등 여러 분야에서의 변화에 대한 갈망이었다. 촛불로 앞당겨진 대선에서 후보들의 공약 역시 중요할 것으로 보이는데.

조홍섭　지난 보수 정부는 '잃어버린 10년'이란 표현을 쓰면서 김대중 · 노무현 정부로 인해 나라의 발전이 저해된 것처럼 성토했다. 이를 빗댄다면 오히려 환경 측면에서는 '잃어버린 20년'이란 말이 가능하다. 보수 정부이건 민주당 집권 시절이건 둘 다 신자유주의를 기조로 했던 것은 마찬가지였다. 새 정부가 신자유주의로부터 얼마나 벗어날 수 있는가를 생각해 보면 회의적이다. 그러나 지난번 민주당 집권 시절 환경 진영과의 관계가 어땠는지 떠올려보면 기우만은 아닌 것이, 그때도 지금과 여건이 비슷했다. 참여정부는 경제 상황도 좋지 않은데 환경이 경제의 발목을 잡으려 든다고 불만이었다. 노무현 대통령 취임식에서 환경이란 단어가 한마디도 나오지 않았고, 유일하게 언급된 말이

삶의 공동체를 회복하는 것도 중요하지만, 제도화를 통한 변화 역시 중요한 문제이다. 촛불은 정치 영역에서뿐만 아니라 사회, 경제 등 여러 분야에서의 변화에 대한 갈망이었다.——최종덕

지속가능한 성장이었다. 신자유주의가 힘을 잃고 있긴 하지만 상황이 여전히 좋지 않다.

김혜애   현재 대선 후보들의 환경 공약을 보면, 미세먼지 공약 정도가 눈에 띈다. 미세먼지 환경 기준을 세계보건기구 권고 수준으로 강화하겠다는 것 정도이다. 사실 지금 대선 후보들이 환경 문제를 자기 철학으로 갖고 있는가? 회의적이다. 4대강 복원과 탈핵을 수용하는 것처럼 보이지만, 자신의 철학이 아니기 때문에 집권 후 이러저러한 이해관계에 치여 누더기가 될 가능성도 크다. 탈핵 선언을 한다고 하더라도 관련 산업계의 공격을 버텨낼 자신의 철학이나 내공이 강고하지 않으면 지켜낼 수 없다. 다만, 민주적인 소양을 가진 대통령이 들어서고, 환경 철학과 비전, 경험을 가진 사람들이 정부 행정 기구에 들어갈 기회가 많아진다면 그나마 기대할 수 있을 것이다.

최종덕   4대강 이야기부터 해보자. 지금 펄수 방류를 하고 있지만 그것으로는 결코 문제를 해결할 수 없지 않나. 보를 철거하는 것이 문제를 해결하는 근본적인 방법이다.

조홍섭   차기 정부가 민주 정부가 된다면 세월호 진상을 밝혀내야 하듯이 4대강 사업이 이런 결과를 낳은 원인이 무엇인지, 누가 주도적으로 어떤 잘못을 저질렀는지 명백히 밝혀야 한다. 단군 이래 최악의 토건 사업, 4대강 사업에 대한 백서라도 만들어서 다시는 이런 일이 없도록 해야 한다. 사실 4대강 문제를 어떤 방향으로 어떻게 해결해야 하는지에 대해서는 전문가는 물론이고 공무원조차 다 알고 있었다. 1998년도에 이미 제방 중심의 정책을 폐기해야 한다는 것을 알고 있었다는 뜻이다. 이제 우리의 강을 원래대로 돌려놓으면 된다. 지역 주민도 살고, 생태계도 살고, 자연재해도 막는 법을 조사하면서 보를 해체해야 한다.

김혜애 4대강 사업 과정에서 상당히 많은 비리가 있었다고 한다. 모두 밝혀내야 하고 책임자는 처벌하는 회복 프로젝트를 가동해야 한다. 보통 대규모 국책 사업의 경우 저질러놓고 뒤늦게 문제가 발생하면 그동안 수많은 예산이 투입되었으니 어떻게든 살려서 활용하자는 논리가 지속되어 왔다. 결국 회복은커녕 돈만 더 쏟아붓겠다는 이야기이다.

조홍섭 벌써부터 시작도 안 한 복원 사업에 기존 건설사들이 눈독을 들이고 있다. 책임을 묻는 방법은 향후 복원 사업까지 4대강 담합 사업자들에게 맡겨서는 안 된다는 것도 포함한다. 복원 사업이 또 다른 토건 사업이 되지 않도록 하기 위해서도 그렇다.

최종덕 비리 책임은 반드시 물어야 한다. 핵발전소 관련해서 보도된 한국수력원자력의 비리만 모아도 상당히 많다는 점을 잊지 말아야 한다.

조홍섭   이제껏 핵발전소 문제는 전문가 중심으로 결정해 왔고, 핵 마피아라고 불리는 진영과 반핵 진영이 마주보고 있었다. 이 대립선의 갈등 상황에서 벗어나려면 시민들이 이 문제를 자기 문제로 삼아야 한다. 기후변화 대책에서 다른 대안이 있느냐의 문제, 그리고 상대편에서 공세적으로 논리를 펴고 있는 저렴한 발전 단가 문제를 돌파하지 않으면 안 된다. 물론 여기엔 핵 폐기물 처리 비용을 산정하지 않은 문제가 있긴 하다. 우선 핵발전소 없이도 기후변화 문제에 대응할 수 있다는 확신을 시민들이 가져야 한다. 현재 조금이나마 탄소 배출이 줄고 있는 것은 경제 침체 때문이지 결코 석탄화력발전을 줄여서가 아니다. 에너지 소비를 줄이면서 풍요롭게 살 수 있는 방법을 보여주어야 한다. 시민들이 에너지 체질을 바꿔나가면서 원자력 문제를 해결해야 한다. 전기 사용량이 늘지 않는데 위험을 감수하면서까지 핵발전소를 가동할 이유는 없다. 핵 마피아와 한판 승부에서 그 논리의 허구성을 밝히고 승리하는 싸움보다, 국민 스스로 핵발전이 없어도 가능한 방법을 찾아가는 과정에서 이기게 되지 않을까 싶다. 그래도 대선 후보들이 탈핵과 에너지 전환을 나름 긍정적으로 검토하고 있는 것은 이런 흐름을 반영한 것이 아닐까.

최종덕   에너지 전환은 시민들의 의식 전환과도 연관되어 있다. 그런데 위기 의식이 있어야 변하지 않을까?

민주적인 소양을 가진 대통령이 들어서고, 환경 철학과 비전, 경험을 가진 사람들이 행정 기구에 들어갈 기회가 많아진다면 그나마 기대할 수 있을 것이다.——김혜애

김혜애   오늘도 경주에서 여진이 발생했고, 지금까지 수백 회 지속되고 있는 것을 보면 이미 불안감은 상당한 것 아닌가?

조홍섭   위기 의식은 오히려 미세먼지가 핵발전소에 대해서보다 더 큰 것 같다. 미세먼지는 호흡기 문제만이 아니라 뇌에 영향을 미치고 우울증까지 유발한다는 과학 보고서가 속속 나오고 있다. 공기 청정기를 쓰는 것이 답이 아니다. 근본적 원인을 추적해야 하면서, 내막을 보여 주어야 한다. 미세먼지를 많이 배출하는 산업 구조를 바꾸는 수밖에 없다.

최종덕   GMO(유전자조작농산물/식품)는 우리나라가 수입 1위이고 일상적으로 소비되고 있는데, 그 위험성이 보이지 않는다. 표시 제도 때문이다. GMO 생산을 주도하고 있는 몬산토는 GMO 전용 농약을 만들어 함께 판매하고 있다. GMO를 먹으면 글리포세이트라는 농약도 함께 섭취하게 된다. 관련한 외국 사례는 종종 보이는데, 국내 연구 결과가 너무 없다. GMO도 위험 사회의 지표일 수 있다.

조홍섭   GMO가 우리 사회에서 문제로 제기된 지는 꽤 오래되었지만 표시 제도를 제대로 하고 있느냐의 논란 정도가 있고, 실제 건강 피해로 제기된 바가 별로 없다. GMO 문제는 일반인들이 이해하기도 어렵고, 유전자 가위 기술 등이 나오면서 지금까지보다 더 정교한 방식으로 조작해서 부작용이 없다는 논리들을

차기 정부가 민주 정부가 된다면 세월호 진상을 밝혀내야 하듯
이 4대강 사업이 이런 결과를 낳은 원인이 무엇인지도 명백히
밝혀야 한다.──최종덕

더 강하게 하고 있다. GMO가 얼마나 해로운가의 논의보다 더 중요한 것은 다국적 종자 회사, 식품 대기업의 수중에 우리 먹을거리를 내어주는 것은 곤란하기 때문에 먹을거리 주권, 먹을거리 안보, 우리 종자를 지키는 차원에서 접근하는 것이 더 공감을 얻을 수 있다고 본다.

신자유주의의 종언과
환경의 미래

최종덕   종자 주권 문제는 매우 중요하다. 흥농종묘 등 국내 종자 회사들도 다 외국 자본으로 넘어갔다. GMO가 개발도상국의 식량 문제를 해결해 줄 수 있다고 하는 주장이 대표적인 이론적 도구였는데, 사실은 다 허구이다. GMO 생산량은 이미 떨어지고 있고, 대기업의 홍보에만 귀를 기울일 것은 아니다. 정확히 사실을 볼 필요가 있다. 먹을거리를 특정 외국 자본에게 맡기는 것은 정말 문제이다.

이제 마무리를 하면서 비전과 전망을 이야기해 보자. 이 책에서는 파리기후변화협약, 위험 사회, 산림관광 정책, 생명의 이동권, 지속가능발전지표와 관련한 우리 사회의 과제 등을 다루고 있다.

김혜애   '녹색 성장 패러다임'을 '지속가능한 사회 패러다임'으로 전환하는 것이 중요하다. 그리고 위에서 언급되지 않았지만 우리가 주목해야 할 중요한 과제가 몇 가지 있다. 하나는 '기후변화 적응'에 관한 것이다. 한국도 기후변화 취약 지역이기 때문에 온실가스 저감 문제뿐 아니라 기후변화에 대한 적응 문제 역시 매우 중요하게 다룰 필요가 있다. 현재는 국가 차원에서도 유용한 매뉴얼이 없는 상황이다. 또한 '남북 환경 협력 문제'이다. 이 사안은 정권에 따라, 남북 관계에 따라 변동이 심하고, 특히 최근 시기에는 북한의 상황상 쉽지 않은 일이지만 새 정부가 들어서면 에너지 공동체 문제 등 남북의 환경 협력 방안을 구체적으로 그려 나가고 차분하게 접근해 나가야 한다. 마지막으로 짚고 싶은 부분은 '환경 복지'이다. 국민의 환경 기본권 측면에서 볼 때 에너지 서비스를 포함한 환경 서비스의 지역별 편차가 매우 크다. 공평한 환경 복지 시스템 문제를 제기할 필요가 있다.

조홍섭 앞으로 5년간은 두 가지 여건이 우리 사회를 둘러싸게 될 것이다. 하나는 계속되는 경제 침체이고, 또 하나는 민주 정부가 들어서는 상황이다. 경제 침체기에 환경 문제를 제기하는 것은 만만치 않은 반발에 놓이게 한다. 1990년대 중반까지만 해도 여러 다양한 환경 문제가 제기될 수 있었다. 예를 들어 순천만에 갈대밭을 없애고 그곳에 하수처리장을 짓자는 주장 대신에 갈대밭이 장차 생태관광으로 지역의 자산이 될 것이란 주장을 할 수 있었고 그런 운동이 수용되었던 시절이 있었다. 그래서 갈대밭을 그대로 두었고, 결국 지역 경제를 살리는 데 기여했다. 당시는 환경 의식이 무르익던 환경 운동의 절정기였다. 경제 상황도 좋았다. 그러나 IMF 이후 환경 이슈는 늘 뒷전이 되었다. 김대중·노무현 정부와 거버넌스는 잘 되었는지 모르지만, 2006년에는 '환경 비상'을 선언하면서 겨울철 천막 농성까지 했다. 향후 5년이 10년 전과 다르지 않을 수 있다. 민생 문제를 해결한다는 전망을 주지 못하는 환경 문제 제기는 실패할 가능성이 있다. 기후변화 대응을 하면서 새로운 산업을 일으키고 일자리를 늘리는 등 구체적인 전망을 제시하는 환경 운동, 에너지 분산과 지역의 환경 친화적 산업을 일으키는 것 등이 주요한 이슈가 되어야 하지 않을까 싶다. 지난 민주정부 때, 벌써 10년 전 일인데, 지금이 환경의 위기이자 환경 운동의 위기라는 칼럼을 쓴 적이 있다. 당시 비상시국회의 사무국장이던 김혜애 대표가 환경 운동이 지역, 현장, 사람 속으로 들어가지 않으면 또 다른 위기를 맞이할 거라는 말을 했다. 지금도 여전히 유효한 말이라 생각된다. 새 정부가 들어선다고 반드시 전망이 밝은 것은 아니다. 더 비관적일 수 있다는 사실을 각오해야 한다.

최종덕　사실 한국만 경제가 나쁜 것은 아니지 않나? 전 지구적인 현상일 수 있는데?

조홍섭　신자유주의가 종언을 고해야 할 때가 된 것이다. 단적인 예가 미국의 보호주의, 자국 중심주의이고 영국도 브렉시트를 선언했다. 우리나라 경제에 대해서도 새로운 담론이 나올 때가 되었다. 새 정부가 들어서면 경제, 사회 정책 담론이 나올 텐데, 이명박 식의 녹색 성장이란 외피를 쓴 담론이 신자유주의적 담론을 전면적으로 수행했다면, 이제는 환경 친화적이면서 고용을 보장하고, 지역 발전을 꾀하는 녹색 담론을 내놓아야 기존의 문제가 되풀이되지 않을까 생각된다.

최종덕   전적으로 동의한다. 환경이 경제와 함께해야 하지만, 그렇다고 해서 경제가 환경을 짓밟아서는 그 경제마저도 살아날 수 없다. 오늘 함께 나눈 이야기들은 비록 새 정부가 촛불의 힘으로 들어서게 될지라도 환경 운동이 결코 녹록지 않은 조건에 놓일 수 있다는 각오와 다짐으로 자신을 다시 추스르게 만든다. 지역과 현장 속에 녹색 담론을 구체적으로 풀어내는 지난한 과정 속에 녹색의 미래와 답이 있다고 본다.

이슈:
2016년 10대
환경 뉴스

"설악산의 자연환경은
있는 그대로 보호하는 게 원칙이다.
1982년 이후
대통령이 여섯 번이나 바뀌는 동안,
설악산에 케이블카는
단 한 번도 허용되지 않았다.
환경과 문화, 자연과 생태의 중요성이
훨씬 더 높아진 현재에 이르러서는
34년 전의 오색 케이블카 사업 부결 결정이
반석이 되어야 한다."

1

그곳이
설악산이라
안 되는 것이다

–산으로 간
4대강 사업,
설악산국립공원
오색 케이블카

정규석 녹색연합 정책팀장

그린 챌린저: 한국환경보고서 2017

국립공원위원회가 있었던 2015년 8월 28일, 회의가 열린 붉은 벽돌의 건물은 무척이나 완강해 보였고, 밖에서 자리를 지키고 있던 사람들의 바람과 확신도 확고했다. 2012년, 2013년 지난 두 번의 국립공원위원회에서 설악산 오색 케이블카는 승인되지 않았고 그 경험은 고스란히 이어져 오고 있었기 때문이다. 사실 2012년, 2013년 그리고 2015년의 국립공원위원회 상황은 별반 다르지 않았다. 노선 일부가 변경되기는 했지만, 똑같은 산양 서식지이고 같은 보호구역이기는 매한가지다. 전혀 다른 사항을 검토하지 않는 이상 결과는 같을 수밖에 없다.

하지만 설악산의 부음訃音은 실로 망연히 찾아왔다. 저녁이 다돼서야 끝이 난 국립공원위원회의 결정은 완전히 예상 밖이었다. 국립공원위원회가 7개의 부대 조건을 내걸고 설악산 오색 케이블카를 승인한 것이다. 승인의 조건으로 내걸린 7개의 부대 조건(① 탐방로 회피 대책 강화 방안 강구, ② 산양 문제 추가 조사 및 멸종 위기종 보호 대책 수립, ③ 시설 안전 대책 보완, ④ 사후 관리 모니터링 시스템 마련, ⑤ 양양군-공원관리청 삭도 공동 관리, ⑥ 운영 수익 15% 또는 매출액의 5% 설악산 환경보전기금 조성, ⑦ 상부 정류장 주변 식물 보호 대책 추진)은 실상 부결의 이유로 내걸려야 하는 조건들이다. 설악산 오색 케이블카는 "탐방로 회피 대책이 부족하다." "산양 등 멸종 위기종 보호 대책이 없다." "시설 안전 대책이 부족하다." "사후 관리 모니터링 시스템이 없다." "상부 정류장 주변의 식물 보호 대책이 없다."는 등의 이유로 허락할 수 없다고 국립공원위원회는 선언했어야 한다. 이렇게 설악산이 국립공원으로 마땅히 누려야 할 권리는 환경부 국립공원위원회의 선언으로 죽어 버렸다.

시작부터 오류투성이인
오색 케이블카 사업

오색 케이블카 사업은 양양군이 오색리에서 설악산 끝청봉에 이르는 3.5km 구간에 약 450억 원의 예산을 들여 케이블카를 건설하려는 사업이다. 앞서 이야기했듯 오색에서 출발하는 케이블카 건설 계획은 이미 2012년과 2013년 두 차례의 국립공원위원회에서 부결된 바 있다. 당시 국립공원위원회는 경제적 타당성이 없고, 환경 훼손이 우려된다는 이유를 들었다. 그리고 2015년,

상부 종점 위치만 일부 변경하고 여전히 다른 조건은 달라진 것이 없다. 결국 부결된 사업을 세 번째 주구장창 밀어붙이고 있는 셈이다.

양양군이 표명하고 있는 주장 중 하나가 '노약자, 장애인 등 사회적 약자에 대한 배려'로써의 케이블카다. 하지만 사회적 취약 계층에게 필요한 것은 일회성 관광이 아니라 품위 있는 삶을 유지할 수 있는 복지 시스템이다. 더군다나 장애인들은 케이블카가 설치된 설악산까지 갈 대중교통 이용도 어려운 상황이다. 이미 장애인 단체에서는 '케이블카 건설에 장애인을 이용하지 말라'는 입장을 내기도 했다. 양양군의 주장대로라면 모든 산, 모든 국립공원에 케이블카를 설치해야 한다는 논리가 될 것이나, 이는 억지 주장이다.

그리고 또 하나가 환경 훼손 저감이다. 케이블카는 탐방 압력 증가로 인한 심각한 환경 훼손을 초래할 것임에도 환경을 위한다는 논리로 추진되고 있다. 이미 한 해 300만 명이 넘는 탐방객으로 인해 대청봉 일대는 황폐화되었다. 케이블카 상부 종점 예정지인 끝청봉에서 대청봉까지는 불과 30여 분 거리이고, 우리나라 탐방객들의 등산 유형을 전제하면 당연히 케이블카를 이용하고 난 후 대청봉으로 향할 것이다. 이 때문에 정상인 대청봉은 지금보다 훨씬 더 훼손되고 파괴될 것이 분명하다. 케이블카가 탐방 압력을 높여 환경 훼손을 높인다는 것은 다른 지역의 사례를 통해서도 쉽게 확인할 수 있다. 이미 케이블카가 설치된 설악산국립공원 권금성의 경우 숲과 토양이 유실되어 민둥산으로 변했다. 케이블카 설치 전후 사진은 극명하게 그 차이를 보여 준다. 덕유산은 설천봉에 곤돌라를 설치한 이후 관광객이 수인 한도를 넘어서 기하급수적으로 늘어났고, 밀양 얼음골의 경우 상부 정류장과 기존 등산로를 연계하지 않겠다는 애초의 약속은 스리슬쩍 깨지고 현재는 산 전체가 탐방 압력으로 망가져 가고 있다. 설악산에서도 당연히 같은 문제들이 발생할 것이다.

결국 설악산 오색 케이블카 설치를 뒷받침하는 양양군의 주장들은 허약하다. 설악산은 무엇보다 보전 가치를 확고히 해야 하는 곳이다. 오색 케이블카를 놓으려는 해당 지역은 5겹의 보호 지역으로 중첩 지정되어 있다. 국립공원, 천연보호구역, 유네스코 생물권 보전지역, 백두대간보호지역, IUCN의 국립공원 카테고리 등이 그것인데 국제 사회를 비롯해 국내법으로도 설악산은 보전 가치가 중요한 곳이라고 인정했음을 의미한다. 그리고 이곳에는 멸종 위기 야생동물 1급이자 천연기념물 217호인 산양을 비롯하여 담비, 삵, 하늘다람쥐 등 수많은 법적 보호종이 서식하고 있다.

시작부터 불법인
오색 케이블카 사업

현재 오색 케이블카를 추진했던 양양군 공무원 2명은 문서 위조 혐의로 재판을 받고 있고, 양양군수도 같은 혐의로 수사를 받고 있다. 2015년 조건부로 오색 케이블카를 통과시킨 국립공원위원회에 양양군이 제출했던 문서가 문제된 것이다. 국립공원위원회에 제출한 문서 중 경제성 관련해서는 한국환경정책평가연구원의 보고서를 첨부해서 제출해야만 한다. 하지만 양양군은 원래 15쪽짜리의 한국환경정책평가연구원 보고서를 자신들 입맛대로 54쪽으로 부풀렸다. 그리고 국립공원위원회 심의 과정에서도 자격이 없는 위원들이 대거 참여해 이례적으로 투표를 통해 가부를 결정했다. 이와 같은 절차상의 오류는 이후 환경부도 인정한 바 있다. 시작부터 꼬였다. 오색 케이블카 사업은 처음부터 불법으로 시작한 것이다.

환경영향평가 협의 과정도 불법과 위법의 범주를 벗어나지 못하기는 매한가지다. 양양군은 환경영향평가서 초안부터 출처가 불분명한 자료를 사용했다. 더군다나 설악산 케이블카 설치의 최소 조건인 7개 부대 조건도 전혀 반영하지 않았고, 심지어 2014년에 동물 조사를 했다지만 정작 사진 자료는 2011년 자료인 점 등 평가서 곳곳에 허위 작성의 증거들이 명백하다. 본안을 제출해서도 마찬가지다. 2016년 환경부에 대한 국회의 국정감사는 설악산국립공원 오색 케이블카 환경영향평가의 부실함과 위법함을 지적하는 공론의 장이었다. 참여하지 않은 조사자가 참여인 명부에 기록되어 있거나, 물리적으로 불가능한 시간인데도 기간 내 조사를 마쳤다고 하거나, 밀렵꾼이 조사자로 참여하는 등 그 유형과 정도도 다양하다. 국정감사 기간 동안 이례적으로 여야가 함께 설악산 오색 지구에서 현장 검증까지 진행했다.

그린 챌린저: 한국환경보고서 2017

하지만 환경부는 문제가 있는 부분은 보완해서 환경영향평가 협의를 진행하겠다는 입장을 고수했다. 당연히 환경영향평가 반려 사안임에도, 보완 조치를 통해 절차를 지속하겠다는 것이다. 설악산국립공원 오색 케이블카를 응당 진행시켜야 할 시범 사업으로 환경부 장관은 단정하고 있었다. 사업의 가부를 심사하고 심의해야 할 환경부는 처음부터 없었다. 사업 시행 의지만 충만한 그야말로 '사업자 환경부'가 있을 뿐이었다. 2017년 현재 환경부 장관, 원주지방환경청장, 담당 공무원 등을 비롯한 관계자들은 직무유기, 환경영향평가법 위반 등의 혐의로 경찰 수사를 받고 있다.

설악산국립공원지키기
국민행동의 결성

2015년 국립공원위원회 결정 직후 녹색연합을 비롯한 시민 환경 단체들은 기존의 대응 단위(설악산케이블카반대범국민대책위원회)를 확대하고 정비할 필요를 느꼈다. 객관적인 심판 역할을 포기한 환경부를 상대로 설악산국립공원을 지켜내려면 더욱 외연을 확대하고 비상한 대응을 해야 한다는 판단을 했다. 그래서 종교계가 모이고, 대학산악연맹을 비롯한 산악인들의 연대체들도 같이 했다. 물론 동물 단체를 비롯해 그동안 참여하고 있지 않았던 시민 단체들도 자리를 함께했다. 그렇게 설악산국립공원

그린 챌린지: 한국환경보고서 2017

국민행동의 활동은 환경영향평가서 초안이 원주지방환경청에 제출된 이후 본격적으로 시작해서 2016년 내내 이어졌다. ⓒ 녹색연합 지키기국민행동(이하 국민행동)이 만들어졌다.

국민행동의 활동은 환경영향평가서 초안이 원주지방환경청에 제출된 이후 본격적으로 시작해서 2016년 내내 이어졌다. 환경영향평가협의, 문화재위원회 심의 등 각종 행정 절차에 대응했고, 시민들과 함께 '1만인 서명' 등의 캠페인도 진행했다. 추운 겨울날 비박 농성과 함께 원주지방환경청 고공 퍼포먼스를 진행하기도 했다. 국회의원 선거 시기에는 설악산을 망친 주역들에 대한 낙천낙선 운동도 펼쳤다. 국회를 통해 케이블카 예산을 막는 활동과 국정감사 문제점을 부각시키는 일에도 역량을 집중했다. 매 시기 1인 시위와 농성을 지역과 서울에서 이어갔고, 시민들을 모아 내는 일에 집중했다. 국민행동에게는 2016년 한 해가 그야말로 전쟁과도 같았다.

국민행동의 활동은 무엇 하나 수월한 것이 없었다. 그래서인지 국민행동의 구성원들은 각각의 활동과 관련해 각종 송사에 휘말려 있는 상황이다. 당연히 반려해야 하는 환경영향평가서를 끝끝내 부여잡고 지켜 주는 원주지방환경청에 대한 항의, 지역민을 볼모로 한 가당치 않은 사업을 막무가내로 추진하는 양양군청에 대한 항의 등은 현재 경찰 조사와 재판으로 돌아오고 있다. 국회의원 선거 기간에 진행한 캠페인으로 공직선거법 위반과 집시법 위반으로 벌금형이 내려지기도 했다. 아마도 국민행동 활동의 후과는 막대한 벌금일지도 모르겠다.

2017년 예산 심사에서도 탈락한
설악산국립공원 오색 케이블카 사업

여당은 당연하거니와 야당인 더불어민주당도 오색 케이블카 사업에 대해선 우호적인 입장을 기본으로 하고 있다. 최문순 강원도지사의 당적이 더불어민주당이기 때문이다. 그럼에도 2016년 국정감사에서 절차상 오류들이 적나라하게 드러났다. 그만큼 오색 케이블카 사업이 해도 해도 너무한 사업이기 때문이다. 결국 2017년 예산 심사에서 국비 배정이 무산되었다. 다수당과 환경부 등 관련 정부 부처도 호의적인 상황에서 신청한 예산이 모두 깎였다는 것은 오색 케이블카 사업의 부실함과 부당함을 반증한다.

국민행동은 문체부와 기재부가 2017년 예산안을 수립할 때부터 오색 케이블카 예산에 대한 반대 입장을 전달해 왔다. 또 국회 교문위의 예산 심의 과정에서 여야 의원들이 요청한 229억 원의 증액 예산에 대해서도 부당하다는 의견을 표명한 바 있다. 환경 훼손과 예산 낭비, 불법 추진의 논란 한가운데에 있는 설악산국립공원 오색 케이블카 사업 예산을 국민의 세금으로 지원할 이유는 전혀 없다. 더군다나 아직 환경영향평가, 문화재위원회의 심의 등 허가 절차가 완료되지도 않은 상태에서의 예산 배정은 일의 전후에도 맞지 않는다. 그리고 무엇보다 국비를 들여서 진행할 합리적인 이유가 전혀 없다. 오색 케이블카 사업비는 500억 원이 넘는다. 이중 절반을 국비로 충당하고 나머지 절반

오색 케이블카는 그 자체의 타당성을 떠나 국민 세금을 투여할 이유가 전혀 없는 사업이다. 국민 세금은 국민을 위해 쓰여야 한다. ⓒ 녹색연합

을 지방비로 충당하겠다는 게 양양군의 셈법이다. 결국 재정 자립도가 낮은 강원도와 양양군이 주민들의 복지 예산 등을 축소해 가면서 사업을 벌이겠다는 것이다. 그런데 앞서 지적했듯 현재 2명의 양양군 공무원은 경제성 보고서 불법 조작으로 인해 검찰에 기소된 상태다. 양양군수도 보고서 조작으로 검찰이 재수사를 진행하고 있다. 더욱이 현재 운영되고 있는 관광용 케이블카 중에서 안정적인 재정 흑자를 보고 있는 곳은 두어 곳에 불과하다. 물론 흑자를 보고 있는 곳들도 지역 경제 활성화와는 그어떤 상관관계가 없다는 것이 여실하다. 가장 돈을 많이 번다는 권금성 케이블카를 예를 들면, 케이블카는 남는 장사를 해도 그일대인 설악동은 유령 도시가 된 지 오래다. 상황이 이런데도 세

금으로 예산을 충당하자는 주장은 그야말로 생떼를 부리는 셈이다.

오색 케이블카는 그 자체의 타당성을 떠나 국민 세금을 투여할 이유가 전혀 없는 사업이다. 국민 세금은 그야말로 국민을 위해 쓰여야 한다. 지방비는 당연히 지역민의 복지와 주거 안정성을 도모해야 하고, 국비는 우리나라 모든 국민을 두루 살피는 의미로 집행되어야 한다. 국회 예산 심사 과정에서 오색 케이블카 사업 예산이 반영되지 않은 것은 당연한 결과다.

설악산 케이블카,
그들의 연결고리

비상식적으로 추진되던 설악산 케이블카의 배후에 최순실을 비롯한 비선 실세들이 있었다는 정황은 여기저기에 있다.

경제성 조작과 환경 영향 등을 둘러싼 논란 속에서도 계속 추진돼 온 설악산 케이블카 사업의 배후에 박근혜 대통령의 비선 실세 최순실 씨가 있는 것이 아니냐는 의혹이 제기됐다.
이정미 정의당 의원은 31일 "과거 정권에서 추진하려다 무산됐던 설악산국립공원 케이블카 사업이 미르재단과 K스포츠재단의 모금을 주도한 이승철 전경련 부회장의 건의와 박근혜 대통령의 지시, 김종 문화체육관광부 차관이 주도한 특별팀(TF)의 적극 지원을 바탕으로 무리하게 진행돼 왔다. 최순실과 그 측근들이 평창올림픽을 통해서 이권을 챙기려 하고 있다는 정황을 보면, 설악산 케이블카도 이들의 이권을 챙기기 위한 것일 수 있다"며 검찰 수사를 촉구했다.

설악산국립공원 오색 지구에서 끝청봉을 잇는 설악산 케이블카 사업은 강원도 양양군이 이명박 대통령 때도 추진하다가 환경부 국립공원위원회 심의를 통과하지 못해 포기한 사업이다. 그러나 박근혜 대통령 당선 이후 2014년 6월 8일 이승철 전국경제인연합회(전경련) 부회장이 자연공원 안 케이블카와 산악 열차 확대, 산지와 초지 안의 승마장 건립을 허가제에서 신고제로 전환하는 등의 내용이 포함된 산악관광활성화를 위한 정책 건의를 발표한 이후 범 부처 차원의 적극적인 지원을 받아 가며 일사천리로 진행됐다.

8월 11일 청와대에서 열린 제6차 무역투자진흥회의에서 박근혜 대통령은 설악산 케이블카 적극 추진을 지시하고 정부는 양양군의 설악산 케이블카 설치 지원 방안을 발표했다.

8월 27일엔 최경환 당시 기획재정부장관이 경제관계장관회의에서 "산지관광 활성화, 친환경 케이블카 확충 등 기관 간 협업과 이해관계 조율이 필요한 과제는 중점 과제로 분류하여 별도 관리해 나가겠다"며 적극적으로 챙기겠다고 나섰다.

설악산 케이블카 사업 지원에 가장 적극적으로 뛰어든 것은 문화체육관광부였다. 문체부는 9월 5일 김종 차관 휘하의 관광레저기획관((현)국제관광정책관) 주도 아래 '친환경케이블카 확충을 위한 TF 운영계획'을 작성하고, 이를 바탕으로 9월 11일 환경부는 물론 사업 주체인 양양군까지 참여시켜 친환경 케이블카 확충 첫 TF회의를 열었다. 이 회의는 다음해 1월 27일까지 4차례 이어지며 케이블카 사업 추진에 필요한 문화재 현상변경(문화재청), 산지전용허가 등(산림청), 환경영향평가(환경부) 등 인허가 관련 행정절차를 체계적으로 컨설팅하는 역할을 수행했다. 4차 TF회의가 끝난 다음날인 2015년 1월 28일 김종 문체부 차관은 설악산 케이블카 건설을 포함한 중점관광계획을 발표한다.

그 사이 박근혜 대통령은 2014년 10월 30일 강원도 평창 알펜시아리조트의 평창올림픽대회조직위원회를 방문해 "설악산에 케이블카 사업도 조기에 추진이 됐으면 한다", "환경부에서도 다 준비가 돼 있는데 좀 빨리 시작됐으면 한다"고 발언했다.

그 뒤 양양군이 환경부에 제출한 설악산 케이블카 사업 경제성 분석 보고서가 조작된 사실이 폭로되고 나중에 양양군 관계자가 법정에까지 서게 됐지만, 2015년 8월 28일 당시 환경부 정연만 차관이 주재한 국립공원회원회는 설악산 케이블카 사업을 위한 국립공원계획 변경안을 의결했다.

설악산 케이블카 사업은 아직 문화재청 문화재위원회 심의와 환경부의 환경영향평가 협의 절차는 통과하지 못한 상태다. 이 둘 중 어느 한 곳에서도 제동이 걸린다면 사업 추진은 불가능하게 된다. 그럼에도 양양군은 이미 지난 3월 케이블카 차량 제작사인 오스트리아의 도펠마이어(국내 지사명은 '신창인터내셔널')와 케이블카 설비 구매 계약을 맺고 지난 6월 24억 7000여만 원을 1차 지급한 사실이 이정미 의원실의 확인 결과 드러났다.

양양군이 문화재청 문화재위원회의 심의와 환경부의 환경영향평가 협의도 나지 않은 상태에서 케이블카 제작을 발주하고 선급금까지 지급한 것은 환경부와 문화재청, 아니면 두 기관의 결정을 좌우할 수 있는 힘을 가진 어딘가로부터 사업을 착수해도 좋을 것이라는 신호를 받았기 때문이라는 의혹이 제기된다.

이 의원은 "양양군이 도펠마이어와 계약을 맺고 선급금까지 지급한 경위에 대해서는 반드시 수사가 이뤄져야 하고, 환경부는 거짓 부실 작성된 환경영향평가서를 부동의해 명분 없는 국립공원내 설악산 케이블카 사업을 중단시켜야 한다"고 말했다.

김정수 선임기자, 2016년 10월 31일, 〈한겨레〉

설악산국립공원에 케이블카를 놓고 산악 승마를 하는 등 유원지로 만들려는 구상이다. 한 나라의 국립공원이 정작 몇 사람의 이익을 위해 가볍게 여겨질 수 있다는 사실은 경악스럽다.

환경부가 방조한 설악산을 지켜낸 문화재위원회

설악산은 국립공원이면서 산 전체가 국가가 지정한 문화재다. 천연기념물 171호인 천연보호구역인 것이다. 그리고 그 안에는 산양을 비롯한 수많은 희귀 야생 동식물이 살아가고 있다. 한마디로 천연기념물의 보고인 셈이다. 그래서 오색 케이블카는 환경부 국립공원위원회의 심의 사항이면서 동시에 문화재청 문화재위원회의 심의 사항이기도 하다. 정부 부처 중 우리나라 환경의 마지막 보루라는 환경부가 망가져 버린 마당에 민간 위원으로만 구성되어 있는 문화재위원회의 존재는 그야말로 천운이다. 물론 처음부터 기대를 가진 것은 아니다. 하지만 그나마 다행스럽게도 34년 전 먼지 쌓인 문화재청의 기록 안에서 희망을 찾아냈다.

강원도와 건설교통부는 1982년 오색 케이블카를 신청한 바 있다. 그리고 당시 문화재위원회는 2차례 모두 사업을 부결시켰다. 당시 문화재위원회의 심의 결과는 다음과 같다.

> "설악산은 우리나라 자연 중에서 가장 대표가 되는 천연보호구역이며, 유네스코에서도 이 지역을 생물권 보전지구로 지정하였으므로, 동 지역의 자연은 인위적인 시설을 금지하여 자연의 원상을 보존해야 하는 것이 이 지역 관리의 기본이 되어야 함."

설악산에 케이블카가 들어서면 안 되는 이유를 너무나 단순하면서도 명백하게 지적하고 있다. 설악산의 자연환경은 있는 그대로 보호하는 게 원칙이라는 것이다. 1982년 이후 대통령이 여섯 번이나 바뀌는 동안, 설악산에 케이블카는 단 한 번도 허용되지 않았다. 환경과 문화, 자연과 생태의 중요성이 훨씬 더 높아

그림 챌린지: 한국환경보고서 2017

설악산은 국립공원이면서 산 전체가 국가가 지정한 문화재다. 천연기념물 171호인 천연보호구역인 것이다. 그리고 그 안에는 산양을 비롯한 수많은 희귀 야생 동식물이 살아가고 있다. ⓒ 박그림

진 현재에 이르러서는 34년 전의 결정은 반석이 되어야 한다.

2016년 7월 27일 열린 문화재위원회는 오색 케이블카 사업에 대한 첫 심의를 진행했고 '보류' 결정을 내렸다. 8월 중 문화재위원회의 현지조사(답사) 후 다시 논의하겠다는 것이다. 심의 보류, 현장 조사, 의견 수렴 등은 당연히 필요한 것들이다. 하지만 그때까지만 해도 국민행동과의 공동 조사 등 이후 심의 진행, 공개적인 공청회 및 토론회 진행 등 시민사회의 요구가 받아들여지지 않는 등 여전히 상황은 불안했다. 당시 국민행동은 1박 2일의 집중 행동을 진행했다. 7월 26일 기자회견을 시작으로 릴레이 1인 시위, 시민 필리버스터, 철야 농성 등에 많은 시민들이 참여했다. 8,309명의 서명을 문화재위원회에 전달했고, 시민들의 모

금으로 2개 신문에 광고도 게재했다. 환경부가 아니라 문화재청과 문화재위원회가 설악산을 지킬 수 있는 마지막 보루라는 판단이었다.

그리고 2016년 12월 28일, 문화재위원회는 양양군이 신청한 설악산 오색 케이블카 사업을 부결했다. 국립공원위원회의 허가 결정으로부터 정확히 1년 4개월이 지난 후였다. 문화재위원회는 동물, 식물, 지질, 경관 등 모든 분야에 있어서 설악산천연보호구역에 케이블카가 미치는 부정적 영향이 크다고 판단했다. 그동안 억측으로 되풀이되었던 양양군과 환경부의 논리를 일축하고, 환경 단체가 지속적으로 제기해 온 주장에 손을 들어준 셈이다. 문화재보호법의 원칙과 천연보호구역의 지정 취지에 비추어 지극히 당연하고 합리적인 결정이다.

이로써 설악산국립공원 오색 케이블카 사업은 실질적으로 무산되었다. 현재 양양군은 행정심판 등을 하겠다고 으름장을 놓고는 있지만, 논리적으로 근거가 빈약하다. 그보다는 문화재위원회 심의 직전에 감사원에 제출된 공익감사 청구가 받아들여져 감사원이 양양군에 대한 감사를 진행하겠다고 2017년 1월 31일 밝힌 상황이다. 감사 청구 내용은 사업자 양양군이 위법한 실시설계 계약을 체결하였고 과도한 선급금을 지급하였으며, 부당하고 불투명한 삭도 설비 외자 구매 계약 및 수정 계약을 체결하였고, 경제적 타당성을 부풀리기 위해 의도적으로 사업비를 축소했다는 것이다. 마땅히 양양군은 그 책임을 져야 할 것이다.

설악산이 뚫리면 다른 산들은 속수무책이다. 국립공원위원회의 조건부 결정 이후 지리산, 속리산 등 전국의 30여 곳에 우후죽순처럼 나오는 케이블카 계획이 이를 증명한다. 그래서 이번에 오색 케이블카를 막아낸 것은 설악산만이 아니라 전국의 명산과 보호 지역을 지켜냈다는 의미가 있다. 또 설악산 케이블카 반대 운동을 통해 사회 각계각층의 광범위한 연대가 이루어진 것도 큰 결실이다. 특히 양양군에서 주민들이 직접 케이블카 반대의 목소리를 낸 것도 매우 고무적인 일이다.

하지만 여전히 상황은 낙관적이지 않다. 케이블카가 아니더라도 규제 프리존, 산악 관광 활성화 등 우리 국토를 막개발의 위험으로 몰아넣을 폭탄들이 여전히 살아 있다. 이번 오색 케이블카 논란은, 국토의 1%에 불과한 핵심 보호 지역조차 개발 논리 앞에서 얼마나 취약한지를 극명하게 보여 준 사례다. 사실 싸움은 끝난 것이 아니라 이제야 시작된 것일 수도 있다.

"가습기, 정수기, 공기청정기 등은
실패한 환경 정책의 산물이다.
이런 제품을 사용하는 과정에서
추가적인 환경 보건상의 문제가
발생한다는 점을 자각하고
이러한 유의 제품을
사용하지 않아도 되는
안전하고 친환경적인
사회를 만들어야 한다."

2

'안방의 세월호' 가습기살균제

최예용 환경보건시민센터 소장

소비자 운동의 새로운 이정표

그린 챌린지: 한국환경보고서 2017

서울 노원구 중계동의 어느 상가 지하에 있는 마트 한편에는 '옥시 제품은 재소 소진까지만 판매합니다. 이 점 양해 부탁드립니다'라는 문구가 쓰인 안내문이 붙어 있다. 2016년 여름부터 붙어 있는 문구다. 매장 내 옥시 제품은 줄긴 했지만 여전히 적잖이 진열되어 있다. 마트 주인에게 물으니 '옥시 제품이 거의 팔리지 않는다'고 한다. 얼마 전 한 신문은 '옥시 사태 후 표백제, 방향제 등 화학 용품 매출 반토막…… 소비자 공포 시장 감소로, 회복 어려울 듯'이란 제목의 기사를 냈다. 2016년 5월 '옥시 불매 운동'이 시작된 이후 유통 업계 생활 화학 용품 매출이 회복되지 않고 있는 것은, 옥시에서 대체 브랜드로 수요가 이동해 시장이 정상화될 것이라는 당초의 예상을 깨는 결과라고 기사는 전하고

옥시 제품에 대한 불매운동은 소비자와 시민의 자연스러운 반응이다. 옥시 불매운동은 기존의 '사지 말자'는 단계를 넘어 유통 업계에 '팔지 말라'는 요구로 이어졌다. ⓒ 최예용

있다. 기사는 작년 5월 옥시 불매운동 이후 표백제, 방향제 등 화학 용품 매출이 전년 대비 30~50% 줄었는데 이러한 현상이 올해 1월까지도 이어진다며 월별 동향을 그래프로 보여 줬다.

옥시 불매운동은 가습기살균제 참사에 대한 소비자와 시민들의 자연스러운 반응이다. 수많은 소비자가 죽고 다쳤는데도 정작 회사는 사과와 책임을 표명하기는커녕 자신들의 책임을 회피하기 위해 대학 교수를 매수해 동물 실험을 조작했다. 이 사실이 검찰 수사로 밝혀지자 설마 하던 소비자들의 분노가 터져 나왔다. 옥시 불매운동은 기존의 '사지 말자'는 소비자 불매운동과 조금 다른 양상으로 전개됐다. '사지 말자'는 메시지를 전달해 소비자의 구매에 영향을 주는 기존의 틀을 넘어 대형 할인 마

트를 중심으로 하는 유통 업계에 '팔지 말라'고 요구했다. 매장에서 옥시 제품을 빼라는 보다 적극적인 요구로 표출된 것이다. '사지 말자'는 불매운동에서 '사지도 팔지도 말자'는 불매매 운동으로 확대된 것이라고 할 수 있겠다.

이마트, 롯데마트 등 대형 할인 마트들은 자신들도 가습기 살균제 PB 상품을 판매해 피해자를 발생시킨 가습기살균제 사건의 책임자로서 옥시 제품을 빼라는 소비자의 요구를 받아들이지 않을 수 없었다. 하지만 중소형 마트들에서는 대부분 옥시 제품을 판매하고 있다. 때문에 옥시 불매운동이 효과적으로 진행되었는지, 지금도 진행되는지 평가하고 확인하는 것은 쉽지 않다. 소비자 불매운동은 시민 운동의 꽃으로, 수많은 불매운동이 시도되어 왔지만 정작 전국 단위로 전개되어 실질적인 매출 감소를 이뤄낸 사례는 손에 꼽을 정도다. 소비자 운동과 환경 운동에서는 1991년 두산전자의 페놀 사건 때 두산그룹의 오비맥주 불매운동과 2016년 가습기살균제 참사 관련 옥시 불매운동이 가장 효과를 거둔 대표적인 불매운동으로 거론된다.

옥시 불매운동은 가습기살균제 참사의 해결 과정에 결정적인 영향을 준 사회적 현상이다. 가습기살균제 참사는 2011년에 정부의 역학조사로 밝혀졌지만 이후 5년 동안 사회적 무관심 속에 해결되지 않았다. 이후 검찰 수사와 옥시 불매운동이 사건을 재조명했고, 미진하지만 검찰 수사로 일부 책임자들을 형사 처벌하고 국정조사와 청문회가 열리고 특별법이 제정되었다.

불매운동으로 숨죽이고 있던 옥시레킷벤키저는 2016년 말

그린 챌린지: 한국환경보고서 2017

에 회사 대표를 외국인에서 한국인으로 교체했다. 이를 두고 피해자들은 옥시가 영업을 재개하려고 한다며 문제가 제대로 해결될 때까지 옥시 불매운동이 계속되어야 한다고 지적한다. 시민들은 옥시 불매운동에 얼마나 동참했을까? 지금도 옥시 불매운동은 계속되고 있을까? 옥시 불매운동은 얼마나 효과를 거두었을까? 이러한 의문을 확인하기 위해 2016년 12월 중순 환경보건시민센터는 서울대학교 보건대학원 직업환경건강연구실과 함께 여론조사 전문 기관 리서치뷰에 의뢰해 옥시 불매운동에 대한 설문조사를 실시했다. 전국 만 19세 이상 휴대전화 가입자 1,000명을 대상으로 한 전화 설문조사다.

매우 흥미로운 결과가 나왔다. 먼저, 가습기살균제 사건의 주범으로 지목된 옥시 제품 사용 경험과 관련해서는 ▲있다 82.1% ▲없다 14.4%로, 응답자 10명 중 8명 이상이 옥시 제품 사용 경험이 있는 것으로 나타났다. 옥시 제품 불매운동 참여 경험과 관련하여 ▲있다 54.1% ▲없다 40.6%로, 옥시 제품 불매운동에 참여한 적이 있다는 응답자가 과반을 웃돌았다. 앞으로 옥시 제품 구매 의향과 관련하여 ▲없다 83.1% ▲있다 5.4%로, 옥시 제품을 구매할 의향이 없다는 응답이 80%를 상회했다. 옥시 제품을 구매할 의향이 있다는 응답층(n: 54명)을 대상으로 제품을 구매하려는 가장 큰 이유를 물은 결과 ▲문제가 어느 정도 해결됐기 때문에 35.3% ▲계속 써 오던 제품이므로 33.9% ▲대체 상품이 없기 때문에 20.4% ▲가격이 저렴하기 때문에 2.9% 순으로 나타났다. 옥시 제품 불매운동이 문제 해결에 어느 정도 효과

2판 이슈 : 2016년 10대 환경 뉴스

67

를 거두었다고 생각하느냐는 질문에는 ▲상당한 효과가 있었을 것 58.6% ▲별로 효과가 없었을 것 29.4%로, 문제 해결에 효과가 있었을 것이라는 응답이 2배가량 높았다.

요약하면 설문조사 응답자 10명 중 8명 이상이 옥시 제품 사용 경험이 있고, 10명 중 5명 이상이 옥시 불매운동에 참여했고, 10명 중 6명가량이 옥시 불매운동의 효과가 있다고 생각하며, 10명 중 8명 이상이 앞으로도 옥시 제품을 구매하지 않겠다고 답했다. 지금도 옥시 불매운동은 계속되고 있는 것이다.

2015년 12월에 실시된 조사 결과는 다음과 같았다. 응답자의 22%가 '가습기살균제'를 사용한 경험이 있었고, 유경험자 중 20.9%는 '호흡기 질환 등 건강상 피해'를 경험했다고 답했다. 대규모 인명 피해를 야기한 가습기살균제 제조사에 대한 처리 방안에 응답자의 68.4%는 '많은 소비자들이 죽거나 건강을 해쳤으므로 살인죄를 적용해 처벌해야 한다'고 답했다. 또 응답자의 86.6%는 '한국 소비자 보호 의무와 책임을 회피하는 다국적기업은 퇴출해야 한다'고 답해 옥시레킷벤키저가 더 이상 한국에서 영업을 하지 못하도록 해야 한다는 뜻을 밝혔다. 2015년 12월 당시는 언론 보도도 얼마 되지 않았고 검찰 수사도 진행되지 않아 대중의 관심이 적은 상황이었는데 응답자의 89.9%가 '옥시 제품에 대한 소비자 불매운동이 일어날 경우 동참하겠다'고 답했다.

사망 신고자들의 특징

　가습기살균제로 인한 피해는 영유아와 산모 그리고 노인들에게 집중되었다. 사회가 가장 적극적으로 보호해야 할 생물학적 약자들이 가장 큰 피해를 입은 것이다. 2016년 12월까지 신고 된 1,112명의 사망자를 사망 당시의 연령대로 분류해 보니 태아부터 0세인 영아 그리고 95세 노인까지 전 연령대에 걸쳐 있었다. 태아 사망은 21명이었고, 0세인 영아 사망이 78명으로 전 연령대에서 가장 많았다. 1세 사망 64명, 2세 사망 42명, 3세 사망 29명의 순으로 많았다. 3세 이하의 영유아 사망은 모두 213명으로 전체의 19.2%였다. 5세 단위 연령대별로 사망자를 분류해 보니 태아~5세가 253명으로 가장 많았고, 71~75세가 119명으로 두 번째로 많았다. 연령대별 흐름을 보면 6~10세 14명, 11~15세 8명, 16~20세 6명으로 어린이, 청소년에서 크게 줄어들다가 21~25세 12명, 26~30세 28명, 31~35세 52명으로 늘었다. 36~40세에서 32명으로 다시 줄었다가 이후 지속적으로 늘어 61~65세 100명, 66~70세 114명, 71~75세 119명이었다. 이후 다시 줄어 86~90세 11명, 91~95세 3명이었다. 영아 사망 78명을 개월 단위로 살펴보니 생후 1개월이 19명으로 가장 많았고 2개월과 4개월이 각각 9명이었다. 사망자의 연령별 특징은, 집안에 머무르는 시간대 그리고 걷거나 몸을 움직이기 어려운 신체적 조건과 관련이 깊었고, 이는 곧 가습기살균제를 넣은 가습기 사용 환경에서 가습기살균제의 노출 시간 및 노출량과 직접적으로 관련됨을 보여 준

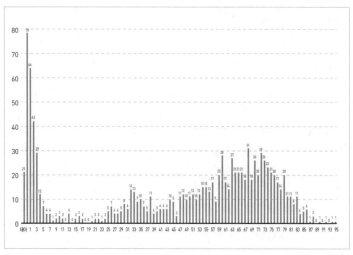

가습기살균제로 인한 피해는 영유아와 산모 그리고 노인들에게 집중되었다. 사회가 가장 적극적으로 보호해야 할 생물학적 약자들이 가장 큰 피해를 입은 것이다.

다. 영유아와 노인 그리고 산모의 경우 생물학적인 취약성이 더해서 사망과 직접 연결된 것으로 보인다.

가습기살균제는 누가 만들었는가?

가습기살균제는 대부분 대기업과 다국적기업들이 한국에서 만들어 판 제품들이다. 국내 기업들 중 SK케미칼은 SK그룹이고, 롯데마트는 롯데그룹, 이마트는 신세계그룹, 홈플러스는 삼성그룹 소속이었다. LG생활건강은 LG그룹이고, GS리테일은 GS그룹이다. 모두 재계에서 손에 꼽히는 그룹들이다. 옥시, 애경,

그린 챌린지: 한국환경보고서 2017

11년간 415만 개를 팔아 전체 가습기살균제 시장의 절반을 넘게 차지했던 옥시 레킷벤키저의 뉴가습기당번과 그에 희생된 아기. ⓒ 최예용

다이소와 같은 기업들은 대기업이라고 할 수 없지만 해당 분야에서 가장 인지도가 높다. 세퓨, 엔위드를 만든 클라나다, 가습기 클린업을 만든 글로엔앰 정도가 인지도 없는 중소기업에 속한다. 가습기살균제를 만들고 판 외국계 다국적기업들로는 영국의 레킷벤키저, 영국의 테스코(홈플러스), 아일랜드의 메덴텍(엔위드), 독일의 헨켈, 일본의 다이소, 미국의 코스트코가 있고 덴마크의 케톡스(세퓨 원료)가 있다.

가습기살균제는 1994년 SK케미칼(당시 유공)이 처음 만들어 판매한 이후 2011년 11월 11일 정부의 강제 리콜 결정까지 모두 24개의 제품이 판매된 것으로 파악되고 있다(성분이 달라지거나 판매사가 달라지면 다른 제품으로 분류). 제품별 판매 시작 연도를 기준으로 순서대로 살펴보면 다음과 같다. 1994년 유공(현SK 케미칼)이 CMIT/MIT를 살균 성분으로 한 '가습기메이트' 제품을 만들어 2001년까지 8년간 직접 판매했다. 최초의 가습기살균제 제품이다. 1년 뒤인 1995년에 옥시(당시 동양화학 계열사)가 프리벤톨R80 살균 성분으로 '옥시싹싹 가습기당번'을 만들어 2000년까지 6년 동안 팔았다. 가습기살균제 두 번째 제품이다. 2001년에 옥시가 영국회사 레킷벤키저에 넘어갔고 옥시레킷벤키저는 살균 성분을 PHMG로 바꿔 '뉴가습기당번'을 만들어 2011년까지 11년간 415.4만 개를 팔았다.

옥시 제품이 나오고 2년 뒤인 1997년에 세 번째와 네 번째 제품이 나왔다. LG생활건강이 BKC&Tego51이란 살균 성분으로 '119가습기세균제거' 제품을 7년간 판매했다. LG 제품은 2016년 초까지 파악되지 않고 있었는데, 2003년 판매 부진을 이유로 제조를 중단했기 때문이지만 자발적으로 신고하지 않아 2016년 10월 국정감사에서 새누리당 의원으로부터 비도덕적이라는 지적을 받았다. 애경이 CMIT/MIT 성분의 '파란하늘맑은가습기'란 제품을 만들어 3년간 7.5만 개를 팔았고, 2002년부터 SK의 '가습기메이트'를 넘겨받아 10년간 165.3만 개를 팔았다.

2003년부터 2009년까지 7년 동안 1~2년마다 18개의 제품들이 앞다투어 출시되었다. 2003년에 대형 마트로선 처음으로 롯데마트가 PHMG 살균 성분으로 와이즐렉('현명한 선택wise selection'이란 뜻)이란 이름의 자체 PB 상품을 만들어 2011년까지 9년 동안 6.8만 개를 팔았다. 2년 뒤인 2005년에 홈플러스가

그림 챌린지: 한국환경보고서 2017

PHMG 성분의 PB 상품을 만들어 2011년까지 7년간 30만 개를 팔았다. 2005년에는 클라라드가 아일랜드에서 수입한 정제형(알약) 가습기살균제 '엔위드'가 2011년까지 7년간 14.1만 개 팔렸다. 2006년에는 이마트가 CMIT/MIT를 성분으로 한 '이플러스' PB 상품을 애경으로부터 공급받아 2011년까지 6년 동안 35.7만 개 팔았다. 2007년에는 4종류의 가습기살균제 제품이 나왔고 2011년까지 팔렸다. GS리테일의 PB 상품 '함박웃음' 1.1만 개, 다이소의 PB 상품 '산도깨비' 2.7만 개, 살충제 홈키파로 유명한 독일 회사 헨켈의 '가습기싹' 1.1만 개, 매장 판매로는 코스트코에서만 판매된 '가습기클린업' 8만 개가 각각 판매되었다. 2009년에도 4종류의 가습기살균제가 새롭게 출시되었다. PGH를 살균 성분으로 한 '세퓨'(1.7만개 판매)를 버터플라이이펙트가 만들어 팔았다. '아토오가닉'도 PGH가 살균 성분인 제품이다. '아토세이프'란 이름의 제품도 출시되었다. 소개한 제품 중 엔위드를 제외하곤 모두 액상 제품이다. 엔위드 이외의 고체상 제품이 3개 더 있는데 옥시가 2006년부터 2010년까지 5년간 23.2만 개를 팔았고, '가습기살균볼'이란 제품이 5.6만 개 팔렸고 2009년에 출시된 '가습기항균볼'이란 제품이 있다. 이밖에 한국까르푸의 '가습기 세정제', 연희산업의 '닥터OK안전가습', 신희의 '홈위시 가습기세정제', 맑은나라의 '맑은나라 가습기살균제', 써브라임의 '써브라임 한방 가습기보충액' 등 5개의 가습기살균제 제품이 있었던 것으로 조사되지만 판매 시기와 판매량 그리고 살균 성분 등의 구체적인 제품 정보가 아직 파악되지 않고 있다.

가습기살균제 문제 해결의 세 가지 원칙

가습기살균제 문제 해결의 내용은 크게 세 가지다. 첫째는 진상 규명이고, 둘째는 피해 대책, 셋째는 재발 방지다. 2016년 8월부터 10월까지 진행된 국회의 진상조사특위도 이 세 가지 목적을 내걸었다. 진상 규명은 피해자 규모 파악, 건강 피해 확인, 가해 기업과 정부의 책임 규명 등 네 가지가 핵심이다. 피해 대책은 책임 기업과 정부기관의 진심 어린 사과와 배상이다. 재발 방지는 다시는 생활 화학 제품으로 소비자가 죽고 다치는 일이 생기지 않도록 제품 안전 관리, 화학 물질 안전 관리를 위한 사회적 법적 제도 개선과 기업 스스로의 안전 기준 마련 및 이의 공증이다. 이러한 문제 해결의 내용들이 어디까지 진행되고 있을까? 앞으로 어떤 방향으로 가야 할까?

피해자 규모 파악은 2017년 2월 15일까지 5,441명이 피해 신고를 했고, 이중 20.8%인 1,132명이 사망자다. 피해 신고자 10명당 2명이 사망한 셈이다. 대단히 높은 사망률이다. 단순히 정부에 피해 신고를 해오는 경우만 집계한 결과다. 피해 신고는 꾸준히 이어지고는 있지만 작년 5~6월 가습기살균제 문제가 한국 사회 최대 이슈로 떠오른 후 언론 보도가 줄어드는 추세와 궤를 같이 한다. 담당 기관이 시내버스 등에 피해 신고를 안내하는 광고를 하지만 구체적이지 않고 오래전의 기억을 떠올리는 데 도움이 되지 않아 효과가 의심스럽다. 근거를 갖고 추산한 바 현재의 신고 수는 잠재적 피해자의 1~2%에 불과하다. 현재의 피해자

파악은 잠재적 피해자의 1~2% 수준만 신고되어 이제 막 시작 단계라고 할 수 있다. 오래된 피해자를 찾아내기 위한 특별한 노력을 기울이지 않으면 제대로 된 피해자 찾기는 요원해 보인다.

2017년 초에 60대 여성이 전화로 문의를 해왔다. 시집간 딸이 낳은 1살, 3살의 손녀들이 몇 년 전 원인 미상의 폐질환으로 차례로 세상을 떠났는데, 나중에서야 가습기살균제를 의심하게 되었단다. 그런데 정작 아이들의 엄마인 신고자의 딸은 신고하지 말라고 야단이란다. 이제 와서 그게 무슨 소용이며, 그런다고 죽은 아이들이 살아 돌아오냐고 말도 못 꺼내게 한단다. 할머니는 너무나 억울해서 딸을 설득하고 있다며 한숨을 쉬었다. 한 집에 두 명의 사망자가 발생한 심각한 피해 사례인데도 신고조차 하지 않는 경우가 아직도 많은 것이다. 가습기살균제와의 관련성을 모르는 경우는 알려주고 깨닫게 해주면 된다지만 알면서도 신고하지 않는 경우는 어떻게 해야 할까? 가족이 병원에서 고통스럽게 죽어 가는 끔찍한 기억을 되살려 내는 일이 엄두가 나지 않을 것이고, 내 손으로 사서 사용한 죄로 그렇게 되었다는 자책감과 죄의식이 더 크게 다가오기도 할 것이다.

피해자를 찾아내는 일은, 시간이 흐르면서 더 먼 과거의 일이 되고 특히 사망의 경우 유족들이 더 알기 어렵기 때문에 살인범에 희생된 살인 피해자를 찾아내는 것과 같이 수사하는 방식이어야 한다. 2016년에 검찰은 피해자를 찾는 수사를 전혀 하지 않았다. 신고된 피해자들에 대해서만 확인했을 뿐이다. 방법은 두 가지다. 검찰이 특별수사팀을 재가동하고 피해자를 찾아내는 일을 중요한 임무로 하는 것과 아예 특별검사제를 도입해 피해자를 찾아내고 제조사와 정부의 책임에 대해 수사하도록 하는 것이다. 이 경우 국회의 국정조사특위를 재가동해서 병행하면 효과가 더 클 것이다. 최근에 국민들이 지켜본 바 최순실 국정농단 사건과 관련한 국정조사와 특검이 병행되면서 공조하는 것이 좋은 예다. 여기에 특별법으로 피해자를 찾아내는 정부와 민간 차원의 캠페인이 효과적으로 전개되어 사람들이 계속 관심을 갖도록 하는 일도 중요하다. 더 구체적으로는 가습기살균제가 판매된 기간 동안 병실을 갖춘 전국의 2차, 3차병원에 입원했거나 그곳에서 사망한 환자들을 대상으로 전수 조사하는 방식이 추진되어야 한다. 충분히 알리고 직접적인 대면조사를 실시해 최대한 찾아내려는 노력을 해야 제대로 된 진상 규명이라고 할 수 있다.

가습기살균제를 사용한 사람들에게 나타나는 건강 피해의 확인은 현재 어느 단계까지 와 있을까? 어떤 질병이 가습기살균제로 발병하는지 연구가 거의 안 되어 있기 때문에 명확하게 말하기 어렵다. 2011년 정부의 역학조사 당시 결과를 보자. 특정 성분의 가습기살균제에 노출되면 호흡기와 폐로 연결되는 기관지 끝부분에서부터 염증이 시작되어 폐 전체로 뿌옇게 확산되고 딱딱하게 굳는 섬유화의 과정이 빠르게 진행된다. 이는 기존의 폐섬유화 기전과 특징적으로 다른 양상임이 임상과 동물실험에서 확인되었다. 문제는 같은 성분의 가습기살균제 노출로 다른 폐질환과 다른 장기에 미치는 건강 영향은 어떠한지 알지 못한다는 점이다. 다른 성분의 가습기살균제에 의한 건강 피해도 마

가습기살균제 피해자를 찾아내려면 특별검사제를 도입해 피해자를 찾아내고 제조사와 정부의 책임을 수사해야 한다. ⓒ 최예용

찬가지로 모른다. 하지만 2011년 이후 5년이 넘는 동안 5,000명이 넘는 피해자가 신고되었으므로 이들의 노출과 건강 영향의 특징과 양상을 조사하면 건강 피해를 밝혀낼 수 있는데 이 부분에 대한 조사 연구가 거의 이루어지지 않고 있다.

　최근에서야 천식과 비염, 태아 피해, 폐렴 사망 등이 조금씩 확인되고 있다. 하지만 피해 신고자들은 폐 질환, 심장 질환, 피부 질환, 각종 면역 질환과 암까지 다양한 피해를 호소하고 있다. 가습기살균제 성분이 미국에서는 농약으로 분류될 정도로 독성이 강한 만큼 제품에 노출된 이후에 나타나는 각종 건강 피해를 관련성이 높을 것으로 보고 접근해야 하는 것이 합리적이지만 정부는 초기의 판정 기준만을 고집하고 있다. 결국 건강 피해 확인이라는 진상 규명 분야는 건강 피해가 노출자의 몸 전신에 걸쳐 나타날 것이라고 보는 것이 합리적인 판단이라고 할 때, 영향을 줄 수 있는 수십여 곳의 장기 중 하나인 폐에 한해, 그것도 급성 증상만 확인된 걸음마 수준이라고 할 수 있다.

건강 피해 확인 분야는 의학과 보건학 그리고 독성학 등 전문가들의 역할이 큰 분야다. 그러나 전문가들이 갖기 쉬운 자기 분야 중심의 편협한 마인드가 걸림돌이 될 수도 있다. 1만 명이 넘는 피해자가 나온 세계적인 공해병인 일본의 미나마타병과 1,000여 명의 노동자 직업병 피해 사건인 한국 원진레이온의 경우에서 해결 방향을 배울 수 있다. 미나마타병의 경우 처음에는 두 가지 이상의 증상을 기준으로 했지만, 수은에 오염된 어패류 섭취 조건이 다양하고 나타난 건강 영향도 다양할 수밖에 없다는 점이 수십 년의 피해자 활동을 통해 법원에 의해 최종 확인됐다. 즉 한 가지 증상만 나타나도 '미나마타병이 아니라고 할 수 없다'는 일본의 대법원인 최고재판소의 판결이 50년이 훨씬 지난 다음에야 나왔다. 원진레이온의 경우 피해자들의 지난한 요구로 피해 인정 범위가 확대되었고 피해자와 정부가 낸 기금으로 전문병원을 세워 지속적인 치료와 연구를 진행하고 있다.

진상 규명의 세 번째인 가해 기업과 정부의 책임 규명은 2016년 검찰의 수사로 5년여 만에 약간의 진전이 있었다. 가장 큰 피해를 발생시킨 옥시레킷벤키저와 롯데마트 그리고 홈플러스가 공식 사과했고, 나름의 피해 배상 계획이 제시되었다. 검찰 수사로 조작에 개입된 대학 교수 2명이 구속돼 실형을 선고받았고, 위

그린 챌린지: 한국환경보고서 2017

세 기업의 관련자들이 실형을 선고받았다. 하지만 검찰 구형량의 절반에도 미치지 못하는 판결과 외국인 임원에 대한 무죄 선고 탓에 제대로 법적 규명이 이루어졌다고는 결코 할 수 없는 상황이다. 옥시의 영국 본사에 국회의원과 피해자들이 항의 방문해서 겨우 사과를 받은 것 말고는, 홈플러스, 세퓨, 엔위드 등 외국계 기업의 외국 본사의 책임 규명은 전혀 이루어지지 않고 있다. CMIT/MIT 살균 성분 제품을 만들고 판 SK, 애경, 이마트 등에 대해서는 아무런 책임도 확인되지 않고 있다.

정부 책임에 대해서는 검찰이 마지못해 조사한다고 했지만 어느 부서의 누구를 불러서 어떤 조사를 했는지조차 자세히 알려지지 않고 있다. 검찰은 이번 사건과 관련해 공무원을 단 한 명도 기소하지 않았다. 결국 정부 책임에 대해서는 아무것도 밝혀내지 못했다. 감사원은 행정기관의 공무 활동에 대해 감사를 통해 잘잘못을 가려내는 공식 기관이지만 서너 번의 감사청구에도 불구하고 번번이 핑계를 대면서 감사를 회피했다. 그나마 국회가 국정감사에서 정부 책임을 추궁했지만 제품 제조 당시에는 관련법이 미비했다고만 할 뿐, 책임 있는 사과 한마디 하지 않았다. 국무총리실을 비롯해 환경부, 복지부, 노동부, 산업부, 공정위 등 정부 기관들이 조직적으로 책임을 회피한 결과다.

결국 가해 기업의 책임 규명은 일부 제품에 한해 약간의 형사 처벌과 배상이 나왔을 뿐이어서 수치로 말한다면 3분의 1도 안 되고, 정부 책임은 내용적으로는 상당히 확인되었지만 이를 정부 기관이 인정하고 사과하지 않아 의미가 없게 되어 버렸다.

이 분야 역시 특별검사제와 국정조사 재구성을 병행하는 것이 진상 규명에 최대한 접근하는 길이다.

최악의 바이오사이드 참사가 남긴 교훈

시간이 지나면서 가습기살균제 사건이 잊히고 있다. 국회 국정조사는 뚜렷한 성과를 내지 못한 채 마무리되었고 피해 대책을 담은 특별법이 만들어졌지만 매우 제한적이다. 시민들은 제2의 가습기살균제 사건이 발생하지 않을까 걱정하고 '우리 집은 안전한가?'라며 생활 화학 제품의 안전 문제에 불안감을 감추지 못한다. 방향제, 물티슈, 정수기, 에어컨과 공기청정기의 필터, 치약 등의 생활용품에서 안전 문제가 불거져 나오고 있다. 가장 많은 피해를 발생시킨 가습기살균제 원료인 PHMG를 255톤이나 불법으로 유통시킨 SK케미칼을 비롯한 33개 업체가 적발돼 검찰에 넘겨졌다. 가습기살균제 사건은 우리 사회 각 분야의 문제점이 불거져 발생한 사회구조적인 문제로서 각계의 지난한 노력을 통해 진상 규명, 피해 대책, 재발 방지의 문제가 해결되어야 한다.

'최악의 바이오사이드 참사', '안방의 세월호' 등으로 불리는 가습기살균제 참사는 아직 제대로 해결되지 않고 있지만 다음과 같은 몇 가지 교훈을 남기고 있다.

첫째, 가습기살균제와 같이 실내에서 분무되어 사용자의 호흡기로 노출되는 스프레이 제품에 대해 호흡 독성 안전 자료 제출을 의무화하여 일반 공산품이 아니라 안전 허가를 받아야 판매할 수 있도록 제도화하는 등 생활 화학 제품에 대한 안전 관리를 철저히 해야 한다.

둘째, 가습기살균제 참사와 같이 어린이와 산모 및 노인 등 우리 사회가 가장 적극적으로 보호해야 할 생물학적·사회적 약자의 생명과 건강을 위협하거나 다수의 소비자 건강 피해를 발생시키는 경우 천문학적 징벌금과 강도 높은 형사처벌을 받도록 하는 민형사상의 징벌 제도를 도입해 산업계가 제품 안전을 최우선으로 삼도록 해야 한다.

더불어 기존의 수질, 대기, 폐기물과 같은 매체 중심의 환경 정책을 인간과 생태계의 건강을 기준으로 전환해야 한다. 옥시 불매 시민 운동이 가해 기업의 책임 인정을 이끌어내고 피해 대책을 마련토록 했듯 소비자 운동과 환경 운동이 활발한 시민사회를 만들어내야 한다.

가습기, 정수기, 공기청정기 등의 생활 제품은 환경 정책과 환경 운동이 실패한 산물이다. 이런 제품을 사용하는 과정에서 추가적인 환경 보건상의 문제가 발생한다는 점을 자각하고 이러한 유의 제품을 사용하지 않아도 되는 안전하고 친환경적인 사회를 만들어야 한다.

"우리는 '쓰레기가 되는 삶'을 위해
그토록 오래 일하고 그토록 많이 사고
그토록 많이 버리는 걸까?
바닷속 미세 플라스틱을 제거하는 일은
물고기가 자전거를 타는 것만큼
불가능해 보이지만
수산물에서 발견된 플라스틱 알갱이가
분명한 건강 문제를 일으키기 전에는
대수롭지 않게 '뭐, 그러려니' 하고 만다.
이 체념의 와중에 프랑스는
2020년부터 썩지 않는 플라스틱 일회용
식기를 전면 금지하는 포괄적 금지 정책을
발표했다.
대안이 없다고 되뇌기보다
나라도 실천해야 한다는 생각이
바짝 드는 매력적인 선언이었다."

3

해양 생태계를 뒤흔드는 미세 플라스틱

고정금숙 여성환경연대 환경건강팀장

그린 챌린지: 한국환경보고서 2017

발리의 북쪽 해안 로비나비치에서는 돌고래를 만나 볼 수 있다. 동 틀 무렵 먹이를 찾아 나서는 돌고래 무리들이 바다 위로 떠오르는 황홀한 광경을 어릴 적에 보았다면 쌍수 들고 해양학자나 돌고래 구조 활동가가 되겠다고 나설 것이다. 그런데 돌고래를 만나기 전 건더기 수프처럼 바다에 조각조각 떠 있는 쓰레기들을 먼저 접하게 된다. 일회용 플라스틱 컵, 칫솔, 비닐봉지, 빨대, 슬리퍼 한 짝, 스티로폼 등 플라스틱 무더기가 돌고래가 지나는 바닷길을 차지하고 있다. 심연이 드러날 듯 한없이 투명하고 깨끗한 해변에서는 감히 상상할 수 없던 대조적인 풍경이 모습을 드러낸다. 태평양에서 한반도 크기의 7배에 달하는 '거대한 플라스틱 쓰레기 지대'를 최초로 발견한 찰스 무어Charles Moore 는 『플라스틱 바다』에서 "지구 최초의 생명체가 탄생하고 억겁의 세월 동안 변화를 거듭한 끝에 만들어진 최종 산물이 플라스틱 표류물이다. …… 어찌 보면 플라스틱으로 뒤덮인 바다는 가장 극적이면서 가장 나쁜 재순환 과정의 예시"[1]라고 했다.

육류 소비량이 더 많을까, 플라스틱 소비량이 많을까?

미국화학협회에 따르면 플라스틱은 1976년 이후 줄곧 세상에서 가장 많이 사용된 물질이다. 전 세계적으로 연간 3억 톤의 플라스틱 제품이 생산되며, 플라스틱 산업은 매해 3%씩 성장해왔다. 이렇게 설명하면 숫자가 너무 거대해서 감이 안 오니 육류 소비량과 비교해 보자. 전 세계적으로 플라스틱 소비량은 육류 소비량보다 1500만 톤이 더 많다.[2] 육류 소비가 일으키는 환경 영향도 무시무시하지만 어쨌든 고기는 사람이 소화시키거나 미생물에 의해 썩기라도 한다. 그러나 플라스틱은 생명체가 소화시킬 수 없고 잘 분해되지도 않는다. 우리가 죽은 후에도 빨대 하나가 십장생보다 더 오래 살아남아 불사조처럼 지구를 떠돌지도 모른다. 플라스틱 폐기물이 바다로 들어가면 문제가 더 심각해지는데, 바닷물은 일반적으로 온도가 낮고 미생물의 활동 속도가 느려 분해가 더욱 어려워지기 때문이다.

플라스틱은 그 크기에 따라 4종류로 나뉜다. 길이나 지름이 25mm를 초과할 경우 매크로플라스틱Macroplastics, 5mm를

---

1   찰스 무어, 커샌드라 필립스, 『플라스틱 바다』, 미지북스, 2013, 33쪽.
2   찰스 무어, 커샌드라 필립스, 『플라스틱 바다』, 미지북스, 2013, 54쪽.

지역	미세플라스틱
캘리포니아 남부 해안	10개
북태평양 아열대 환류	100~1000개
한국 남해안 일대	1000~1만개

*바닷물 10㎥'에 포함된 미세플라스틱 개수(최댓값)

바다에 버려진 폐플라스틱 → 미세플라스틱 → 플랑크톤 → 작은 물고기 → 큰 물고기 → 인간 섭취 → 체내 축적 → 질병 원인

눈에 잘 보이지 않는 자잘한 미세 플라스틱이나 나노플라스틱 문제는 최근에야 알려지는 중이다. 해양 쓰레기 경로. ⓒ 여성환경연대

초과하고 25mm 이하의 경우 메조플라스틱Mesoplastics, 5mm 이하의 경우 미세 플라스틱Microplastics, 1μm 미만의 경우 나노플라스틱Nanoplastics이라고 한다. 보통 머리카락 두께가 약

0.05~0.1mm이므로, 0.001~5mm 크기인 미세 플라스틱은 머리카락보다 굵은 것도 있고 훨씬 얇은 것도 있다. 미세 플라스틱 중 특히 치약과 화장품 등 개인 위생 용품에 들어 있는 알갱이를 마이크로비즈Microbeads라고 한다. 비교적 크기가 큰 플라스틱은 눈에 잘 보이기도 하고 1960년대부터 해양 생태계에 미치는 영향이 보고되어 왔다. 그러나 눈에 잘 보이지 않는 자잘한 미세 플라스틱이나 나노 플라스틱 문제는 최근에야 알려지는 중이다.

미세 플라스틱의 발생 경로

바닷속 미세 플라스틱은 두 가지 경로로 발생한다. 첫째, 치약, 화장품, 세제 등에 포함된 미세 플라스틱 성분이나 합성섬유 제품에서 떨어져 나온 미세 플라스틱이 하수도를 통해 바다로 유입되는 경우다. 미세 플라스틱은 크기가 작기 때문에 하수 정화 장치에서 다 걸러지지 않는다. 또한 제조 공장에서 유출된 작은 플라스틱 알갱이 너들nurdle이 직접 바다에 흘러들기도 한다. 이렇게 생산 당시 작게 제조된 플라스틱을 1차 미세 플라스틱이라고 한다. 둘째, 육지에서 바다로 흘러든 큰 플라스틱이 시간에 따라 햇빛, 바람, 파도 등에 의해 잘게 쪼개지는 경우다. 채재활용되지 못한 플라스틱이 매립되고 소각될 때, 집중호우와 홍수, 쓰나미 등 자연재해로 육지의 플라스틱 쓰레기가 바다에 쓸려갈 때 발생한다. 또한 선박이나 군함의 해양 쓰레기 투기가

2판 이슈: 2016년 10대 환경 뉴스

발생하기도 하고 양식장의 스티로폼 부자와 부표, 폐 어구, 취미용 낚시 도구 등이 회수되지 않고 그대로 바다에 버려진 후 잘게 쪼개지기도 한다. 이렇게 큰 플라스틱이 작게 부서진 것을 2차 미세 플라스틱이라고 부른다.

《사이언스》에 실린 논문에 따르면 매년 바다에 유입되는 플라스틱 쓰레기는 500~1200만 톤에 이른다. 이 많은 플라스틱 쓰레기가 넝마처럼 바다를 떠돌다 결국 쪼개지고 마모되어 아주 작은 미세 플라스틱이 된다. 국제연합 환경계획(UNEP) 보고서에 따르면 현재 50조 개 이상의 미세 플라스틱이 바닷속을 떠돌고 있으며, 대서양, 태평양, 인도양뿐 아니라 북극, 남극, 그리고 해저의 침전물 속까지 그야말로 바다의 구석구석에 꼼꼼하게 자리 잡고 있다. 특히 거제도 부근의 남해 바다에서는 싱가포르 해역에 비해 100배 더 많은 미세 플라스틱이 검출되었다고 한다. 2012~2014년 한국해양과학기술원(KIOST)이 실시한 '미세 플라스틱에 의한 연안 환경오염 연구'에서도 경남 거제 일대의 미세 플라스틱 오염 수준이 세계 평균보다 12배, 진해만은 3배 높다고 밝혔다. 양식업이 활발한 국내 바다는 이미 미세 플라스틱 혼합물로 보면 된다.

해양 동물들은 플라스틱 쓰레기에 목이 졸리고, 영구적인 손상을 입기도 하고, 내장이 플라스틱으로 막혀 죽어 가기도 한다. 663종의 해양 생물이 플라스틱 오염으로 고통 받는다. 슬프게도 미세 플라스틱은 큰 플라스틱 쓰레기보다 해양 생태계에 더 깊고 더 넓고 더 은밀한 영향을 끼친다. 미세 플라스틱은 먹

그린 챌린지: 한국환경보고서 2017

해양 동물들은 플라스틱 쓰레기에 목이 졸리고, 영구적인 손상을 입기도 하고,
내장이 플라스틱으로 막혀 죽어 가기도 한다. ⓒ 크리스 조던

이사슬의 최하위를 차지하는 플랑크톤의 먹이가 되고, 플랑크톤
은 홍합, 굴 등의 조개류나 갑각류 새우 등 1차 소비자의 먹이가
된다. 이 1차 소비자를 더 큰 개체의 물고기가 먹고, 이 물고기를
더 큰 개체의 해양 동물이 섭취함으로써 미세 플라스틱은 먹이
사슬 전체를 오염시킨다.

해외 연구에 따르면 미세 플라스틱을 섭취한 홍합의 체내
에 48일이 넘도록 미세 플라스틱이 남아 있었으며, 상위 포식자
인 게가 이 홍합을 먹은 후 게의 체내에서도 미세 플라스틱이 발
견되었다.[3] 이는 두 가지 의미를 갖는다. 첫째, 말 그대로 미세 플
라스틱이 먹이사슬을 내에서 물리적으로 축적된다. 둘째, 미세

3 그린피스 과학연구팀, "우리가 먹는 해산물 속 플라스틱", 그린피
스, 2016, 11쪽.

플라스틱이 유해 화학 물질에 오염되었을 경우 중금속처럼 상위 포식자를 따라 유해 화학 물질 자체가 농축될 가능성이 있다. 조사 샘플에 따라 개별 어류 한 마리에 들어 있는 미세 플라스틱 개수는 아예 없는 것부터 21개까지 천차만별이었지만, 확실한 사실은 수중 생물들이 미세 플라스틱을 섭취한다는 것이다.

해외 연구에 따르면 양식으로 재배된 홍합과 굴의 체내에서도 미세 플라스틱이 나왔고 조사된 어류 중 작게는 5%, 많게는 35%에서 체내에 플라스틱을 담고 있었다.[4] 즉, 우리가 식탁에 올리는 해산물에 미세 플라스틱이 들어 있을 가능성은 이미 현실이 되고 말았다.

미세 플라스틱을 섭취한 해양 생물은 어떻게 될까? 언제나 위험한 것들은 작고 어리고 취약한 계층에게 가장 잔인하다. 미세 플라스틱의 경우에도 성체보다는 알이나 새끼 어류에게 더 위협적이다. 작디작은 수중 생물이 미세 플라스틱을 먹이로 오인해 섭취할 경우 먹이 활동이 느려지고 알을 적게 낳는다고 한다.[5] 해양 생태계의 기본이 되는 먹이사슬의 최하위 단위가 흔들리는 셈이다. 어류도 비슷한 경향을 보인다. 미세 플라스틱을 섭취한 어류는 그렇지 않은 어류에 비해 먹이를 먹는 시간이 더 오래 걸렸고 움직임이 줄었으며 떼를 지어 있는 경우가 많았다. 또한 플라스틱 중에서도 유해한 플라스틱인 PVC 알갱이를 섭취한 농어의 경우 내장 변형이 관찰되어,[6] 플라스틱의 종류나 유해 물질을 흡착한 플라스틱에 따라 더욱 심각한 문제가 일어날 수 있

---

4   그린피스, 2016, 9쪽.

5   그린피스, 2016, 12쪽.

6   그린피스, 2016, 12쪽.

음을 보여 준다.

해외 연구는 폴리프로필렌(PP), 폴리에틸렌(PE), 레이온, 폴리에스테르(PES), 나일론, 폴리스티렌(PS), 폴리에틸렌테레프탈레이트(PET), 폴리우레탄(PUR) 등의 합성수지 성분이 해양 생물의 세포 조직에서 나타난다고 밝혔다.[7] 우리는 바다에 플라스틱 쓰레기를 던져 넣어 '합성 물고기'를 만들어낸 것일까? '합성 물고기'가 돌고 돌아 우리 밥상에 올라온다는 이치를 깨달을 뿐이다.

이 가운데 점점 더 많은 연구들이 미세 플라스틱의 독성 문제를 제기하고 있다. 일부 플라스틱 식기에서 환경호르몬이 검출돼 유리와 스테인리스 용기로 바꾼 사례처럼 플라스틱 제조 시 첨가된 화학 물질이 바닷물을 오염시킬 수 있다. 생식 독성을 띠는 프탈레이트Phthalate, 비스페놀A(BPA) 등의 성분이 플라스틱에서 흘러나와 바다를 오염시키는 것이다. 또한 폴리에틸렌, 폴리프로필렌처럼 비교적 유해 물질로부터 안전한 플라스틱이라 할지라도, 잔류성유기오염 물질(POPs)을 스펀지처럼 빨아들여 흡착하는 경향이 있다. 잔류성유기오염 물질이란 분해되지 않고 환경에 남아 생체 조직에 축적되는 유독성 합성 화합물로, 고엽제 성분인 DDT나 살충제, 냉각제 등에 사용됐던 PCBs는 금지된 지 30년 이상 지났지만 여전히 자연환경은 물론 북극곰과 인간의 혈액에서 검출되고 있다.

미세 플라스틱은 바닷물을 떠도는 DDT, PCBs, PBDEs(브롬화 난연제) 등의 잔류성 유기 오염 물질을 빨아들여 이를 먹이사슬 내로 축적할 가능성이 있다. 잔류성유기오염 물질을 가장 잘

---

7   그린피스, 2016, 7쪽.

출판   이슈 : 2016년 10대 환경 뉴스

흡착하는 플라스틱은 화장품 속 미세 플라스틱 성분으로도 흔히 사용되는 폴리에틸렌과 폴리프로필렌, 그리고 스타킹 소재로 친숙한 나일론이다. 반면 스티로폼 일회용 식기와 테이크아웃 컵 뚜껑, 단열재 등에 사용되는 폴리스티렌에는 덜 흡착된다. 실제로 한 연구에서 폴리프로필렌에 흡착된 특성 화합물 농도가 주변 바닷물에 비해 무려 1만 배 정도 더 높게 관찰되었다고 한다.[8]

미세 플라스틱보다 더 작은 알갱이인 나노플라스틱의 경우 세포막을 투과해 세포 독성을 보이기도 한다. 또한 2016년 영국에서는 미세 플라스틱 규제를 논의하기 위해 의회에 출석한 한 과학자가 미세 플라스틱 입자가 폐 속으로 유입될 우려가 있다고 주장하기도 했다. 사실 미세 플라스틱은 비교적 최신 이슈라 구체적인 독성 문제나 미세 플라스틱에 오염된 해산물을 섭취했을 때의 건강 문제 등은 잘 알려져 있지 않다. '앞으로 더 많은 연구가 필요하다'고 할 뿐이다. 그럼에도 2015년 6월 UNEP는 세계 해양의 날을 맞아 미세 플라스틱이 해양 생태계를 파괴할 뿐만 아니라 잠재적으로 인간의 건강에 치명적인 영향을 줄 수 있다고 경고하며 화장품 성분의 사용 규제를 촉구했다. 환경과 건강을 지키기 위해서는 사전 예방의 원칙에 따라 정책적 개입을 하는 것이 합리적이기 때문이다.

그렇다면 우리가 쓰는 화장품과 치약에도 미세 플라스틱이 들어 있을까? 미국의 해양 보호 비영리 단체인 파이브기어스 5Gyres는 1,147개의 세안용 화장품에 미세 플라스틱이 들어 있으며, 1개의 스크럽 제품에서 최대 33만 개의 미세 플라스틱 알

---

8 그린피스, 2016, 13쪽.

그린 챌린지: 한국환경보고서 2017

9,000여 개 제품의 전성분표시를 샅샅이 뒤진 결과, 조사 대상의 약 5%에 해당하는 181개의 브랜드, 406개 제품이 미세 플라스틱 성분을 포함한 것으로 드러났다. ⓒ 여성환경연대

갱이가 나왔다고 밝혔다. 해외 자료를 접하며 우리가 쓰는 화장품 중 어떤 제품에 미세 플라스틱이 들어 있을지 궁금해졌다. 제품에 미세 플라스틱 성분이 포함되어 있는지 알아보려면 검출 시험을 통해 플라스틱 입자의 파장을 관찰하는 방법이 가장 정확하다. 하지만 그 많은 화장품을 일일이 검사하려면 사과 상자에 비자금을 빽빽이 쌓는 것처럼 많은 비용이 들고 시간도 오래 걸린다. 다행히 2008년부터 화장품에 들어간 모든 성분을 함량의 순서대로 표기하는 전성분표시제가 시행되고 있다.

　화장품 전성분표시를 일일이 찾아 미세 플라스틱 성분이 들어 있는지 확인했다. 한 제품만 해도 약 20개 이상의 성분이 들어 있고, 발음하기도 어려운 화학명이라 안구를 혹사시키는

판 이야기 2016년 10대 환경 뉴스

작업이었다. 하지만 전산화된 화장품 전성분 목록을 지닌 한 어플 업체에 협조를 부탁했다 거절당했기에 달리 방법이 없었다. 국내에 유통되는 세정용 화장품, 즉 클렌저, 워시, 필링, 샤워젤, 각질 제거, 스크럽 등의 단어가 들어간 제품은 찾을 수 있는 한 모두 뒤졌다. 폴리에틸렌, 폴리프로필렌, 폴리에틸렌테레프탈레이트 등 UNEP에서 화장품에 주로 사용된다고 지정한 성분을 포함하였을 경우 미세 플라스틱이 의심되는 화장품으로 분류했다.

활동가와 자원 활동가들이 모여 9,000여 개 제품의 전성분 표시를 샅샅이 뒤진 결과, 조사 대상의 약 5%에 해당하는 181개의 브랜드, 406개 제품이 미세 플라스틱 성분을 포함한 것으로 드러났다. 마지막으로 이 화장품 회사들에 공문을 보내 해당 제품의 미세 플라스틱 함유 및 단종 여부, 그리고 향후 대체 성분 사용 의향과 미세 플라스틱 관련 정책을 물었다. 이미 스크럽 용도의 미세 플라스틱은 호두 껍질, 코코넛 껍질 등 천연 유기물로 대체할 수 있으므로 기술보다 의지의 문제였다. 결과적으로 미세 플라스틱 사용이 의심되고 대체 계획이 없는 제품 127개, 미세 플라스틱을 포함하고 있으나 단종되었거나 대체 성분으로 교체될 제품 176개, 이미 대체 성분으로 변경된 제품 12개, 연락이 단절되었거나 답변이 없는 회사의 제품 31개, 이렇게 총 346개의 목록이 도출되었다. 회사 답변을 통해 스크럽이 아닌 점증제 등의 용도로 사용됐거나 알갱이가 아닌 성분은 제외하였다. 최종 목록은 여성환경연대 홈페이지에서 확인할 수 있다.(www.ecofem.or.kr/facetofish)

그린 챌린지: 한국환경보고서 2017

[표 1] UNEP에서 화장품 등에 사용되는 플라스틱 성분으로 언급한 목록(22개)

연번	원료명	연번	원료명
1	Nylon-12 (polyamide-12)	12	Polytetrafluoroethylene (Teflon)
2	Nylon-6	13	Polyurethane
3	Poly (butyleneterephthalate)	14	Polyacrylate
4	Poly (ethyleneisoterephthalate)	15	Acrylatescopolymer
5	Poly (ethyleneterephthalate)	16	Allylstearate/vinylacetatecopolymers
6	Poly (methylmethylacrylate)	17	Ethylene/propylene/styrenecopolymer
7	Poly (pentaerythritylterephthalate)	18	Ethylene/methylacrylatecopolymer
8	Poly(propyleneterephthalate)	19	Ethylene/acrylatecopolymer
9	Polyethylene	20	Butylene/ethylene/styrenecopolymer
10	Polypropylene	21	Styreneacrylatescopolymer
11	Polystyrene	22	Trimethylsiloxysilicate (siliconeresin)

　　때마침 세계적인 환경 단체 그린피스 서울 사무소에서 미세 플라스틱 문제 해결을 위해 뛰어들었다. 그린피스는 전 세계 매출 상위 30위 화장품 및 생활용품 기업들을 대상으로 미세 플라스틱 정책 유무와 정보 투명성, 미세 플라스틱 정의 범위, 정책 이행 시기와 출시되는 모든 국가의 상품에 동일하게 적용되는지의 여부를 따져 기업을 3단계로 평가하고 결과를 공개했다. 미세 플라스틱 정책을 가장 잘 갖춘 기업에는 바이어스도르프, 핸켈 등이, 중간 단계에는 유니레버, 시셰이도, 아모레퍼시픽, 로레알, 샤넬, 피앤지, 엘지, 메리케이 등이, 가장 미비한 단계에는 에스

티로더, 암웨이, 레블론 등이 속했다. 이미 러쉬, 바디샵, 이케아, 피앤지 등이 미세 플라스틱 사용을 단계적으로 폐지한다고 선언하기도 했다.

2016년 5월, 여성환경연대는 그린피스 서울 사무소, 식품의약품안전처, 대한화장품협회 등 정부, 기업, 시민 단체가 함께 논의하는 장을 마련했다. 이 자리에서 대한화장품협회는 2017년부터 업계 내에서 해외 법안 수준의 미세 플라스틱 자율규제협약을 시행할 예정이라고 밝혔다. 국내외 55개 브랜드가 협약에 참여 의사를 밝혔으며, 특히 국내 시장 점유율의 60%를 차지하는 아모레퍼시픽과 LG생활건강이 이에 동참하였다. 듣던 중 반가운 소식이었다. 그러나 자율 권고안은 강제성이 없으며 영세 업체 관리를 비롯해 자율 협약을 관리할 책임을 기업에만 맡길 수는 없는 노릇이었다. 미국, 프랑스, 영국, 캐나다, 오스트레일리아, 대만, 네덜란드, 스웨덴, 벨기에 등에서 화장품 미세 플라스틱 성분 사용 금지법을 제정했거나 추진하는 이유다. 미국 및 프랑스에서는 2017년부터 물로 씻어내는 화장품에 미세 플라스틱을 금지하는 법안이 통과되었고, 캐나다에서는 이뿐 아니라 미세 플라스틱을 '독성 물질toxic substances'로 지정하기도 했다. 유럽 5개국(네덜란드, 스웨덴, 벨기에, 오스트리아, 룩셈부르크)은 유럽연합 전체에 미세 플라스틱 사용을 금지시키기 위해 노력하고 있다.

화장품과 미세 플라스틱

여성환경연대와 그린피스 서울 사무소는 미세 플라스틱 사용 금지법을 제정하기 위한 서명 운동을 벌이는 한편, '더불어민주당' 강병원 의원실과 함께 국정감사를 추진했다. 이 결과 2016년 식품의약품안전처는 '화장품 안전 기준 등에 관한 규정' 개정안을 마련해 2017년 7월부터 국내에서 제조되거나 수입되는 화장품에 '직경 5mm 이하의 고체 플라스틱' 첨가를 금지할 예정이라고 발표했다. 믿기지 않을 만큼 빠르게 다가온 작은 승리였다. 글로벌 환경 단체와 현지의 시민 단체가 연대하고 2만 명 이상의 시민들이 서명에 참여한 결과 기업과 정부를 움직인 것이다. 그러나 2017년 1월 막상 식약처 화장품법 개정 고시의 구체적인 내용을 확인했을 때 '샴페인을 너무 일찍 터뜨렸다'는 생각이 들었다. 고시된 개정안은 모든 화장품에 미세 플라스틱 사용을 금지하는 원안에서 후퇴해 팩, 샴푸, 세정제, 각질 제거제, 스크럽 등 오직 사용 후 물로 씻어내는 화장품으로만 한정됐다. 우리보다 먼저 미세 플라스틱을 규제한 대만, 캐나다, 미국, 프랑스, 네덜란드에서도 '씻어내는 화장품'만 법의 적용을 받는다. 따라서 화장품 업계는 모든 종류의 화장품에 미세 플라스틱을 금지하는 것은 과도한 규제이며, 각질 제거 용도가 아닌 한 대체 물질이 없다며 식약처 원안에 반대해 왔다.

화장품 업계의 주장은 충분히 타당한 면이 있다. 그럼에도 여기서 멈출 것인가라고 묻는다면 그럴 수는 없다고 답하겠다.

미국의 해양 보호 비영리 단체인 파이브기어스는 1,147개의 세안용 화장품에 미세 플라스틱이 들어 있으며, 1개의 스크럽 제품에서 최대 33만 개의 미세 플라스틱 알갱이가 나왔다고 밝혔다. facetofish 로고.

씻어 내지 않는 화장품, 가령 미세 플라스틱이 종종 들어 있다고 알려진 펄메이크업을 지우고 티슈로 닦아낸다 해도 세안 과정에서 미세 플라스틱 중 일부가 하수도에 들어갈 수 있다. 가장 큰 문제는 대다수의 미세 플라스틱이 씻어내지 않는 화장품에 들어 있다는 사실이다. 대한화장품협회에 따르면 2015년 보고된 제품 중 미세 플라스틱이 들어 있는 화장품은 국내 제조 제품 중 24.5%(품목 수)로 사용 금액은 약 1조 2467억 원에 이른다. 이중 사용 후 씻어내는 제품은 전체 생산 품목의 0.56%(724개)를 차지할 뿐이며, 절대 다수인 23.95%(3만 1,145개)는 기초 화장품과 색조 화장품처럼 사용 후 씻어 내지 않는 제품(Leave-on products)에 들어 있다. 즉 미세 플라스틱이 들어 있는 제품 중 오직 2.3%

그린 챌린지: 한국환경보고서 2017

만이 개정된 법의 적용을 받고 나머지 97.7%는 적용을 받지 않는다.

　적당한 대체 성분이 없는 상황에서 당장 모든 화장품에 미세 플라스틱을 금지할 수는 없겠지만 그날이 오기까지 우리가 할 수 있는 실천은 무궁무진 널려 있다. 2017년 여성환경연대는 모든 화장품의 전성분표시를 샅샅이 훑어 미세 플라스틱이 의심되는 제품 목록을 공개할 예정이다. 2015년 기준으로 국내 제조 제품 중 미세 플라스틱이 들어 있는 제품은 무려 3만 개가 넘는다. 법과 정책의 변화는 모든 이해관계를 고려해 신중하게 변할 수밖에 없지만, 소비자로서 미세 플라스틱이 든 화장품을 피하고 다른 제품을 선택하는 일은 마음을 기울이는 것만으로도 가능하다. 목록을 보고 그 목록에 있는 화장품 대신 다른 제품을 고르시라.

제도와 생활에서
가능한 실천 목록

　화장품법 개정을 이끌었던 강병원 의원실은 약사법과 화학 물질의 등록 및 평가 등에 관한 법률(이하 화평법) 개정을 추진 중이다. 약사법 개정을 통해 치약 등의 의약외품에 미세 플라스틱 사용을 금지하고, 화평법 유해 화학 물질에 미세 플라스틱을 추가하거나 위해 우려 제품에 이를 함유한 제품을 추가하는 내용이다. 화평법 개정을 통해 미세 플라스틱을 지속적으로 관리하고 건강 위해성을 조사할 수 있는 법적인 기반이 마련된다. 따라서 화장품법에서 멈추지 않고 약사법, 화평법까지 미세 플라스틱 규제 3대 법안이 통과될 수 있도록 지지하는 목소리가 더욱 커져야 한다.

일상 용품 속 미세 플라스틱 문제는 화장품에서만 끝나지 않는다. 합성섬유를 세탁할 때도 발생하고 세제 등 생활 화학 용품에도 쓰일 수 있다. 어렵겠지만 되도록 합성섬유로 된 옷과 수세미보다 면, 마 등 식물성 소재를 선택하도록 노력하자. 또한 생활 화학 용품은 전성분표시제가 시행되지 않기 때문에 정보를 찾기가 어렵다. 성분 정보가 공개된 후에야 유해 물질이든, 미세 플라스틱이든 골라낼 수 있을 것 아닌가. 소비자들이 제품의 성분을 확인할 수 있도록 '생활 용품 전성분표시제'가 실시되어야 한다.

마지막이자 가장 중요한 실천은 플라스틱 생산과 소비 자체를 줄이는 것이다. 이는 삶의 존재 방식을 바꾸는 것이다. 화장품에 미세 플라스틱 사용을 금지한 것은 큰 진전이지만, 사실 해양 미세 플라스틱 쓰레기에서 화장품이 차지하는 비중은 참으로 적다. 해양에서 발견되는 쓰레기의 70%가 플라스틱이며, 대부분의 플라스틱은 일회용 플라스틱과 양식장과 선박의 플라스틱 도구에서 발생한다. 미세 플라스틱이 든 화장품을 쓰지 않더라도 버려지는 일회용 플라스틱 쓰레기가 많아지면 결국 미세 플라스틱 양도 많아질 수밖에 없다. 통계청이 발표한 2006년 주요

그림 챌린저: 한국환경보고서 2017

국가의 1인당 연간 플라스틱 소비량을 보면 한국 98.2kg, 영국 56.3kg, 일본 66.9kg, 프랑스 73kg으로, 한국이 가장 높았다. 1인당 플라스틱 소비량이 이처럼 높은 곳은 97.7kg을 기록한 미국뿐이었다.

우리는 '쓰레기가 되는 삶'을 위해 그토록 오래 일하고 그토록 많이 사고 그토록 많이 버리는 걸까? 바닷속 미세 플라스틱을 제거하는 일은 물고기가 자전거를 타는 것만큼 불가능해 보이지만 수산물에서 발견된 플라스틱 알갱이가 분명한 건강 문제를 일으키기 전에는 대수롭지 않게 '뭐, 그러려니' 하고 만다. 이 체념의 와중에 프랑스는 2020년부터 썩지 않는 플라스틱 일회용 식기를 전면 금지하는 포괄적 금지 정책을 발표했다. 대안이 없다고 되뇌기보다 나라도 실천해야 한다는 생각이 바짝 드는 매력적인 선언이었다.

『나는 쓰레기 없이 산다』, 『우리는 플라스틱 없이 살기로 했다』 등의 책에는 유쾌하고 건강하게 일회용 플라스틱 없이 사는 사람들의 모습이 실려 있다. 재사용Reuse, 줄이기Reduce, 재활용Recycling에 덧붙여 거부하기Refuse와 썩히기Rot까지, 당신의 삶에 파이팅을 보낸다.

"64년째 접어든 정전 체제를
평화 체제로 전환하면서
북핵 문제의 해법도 찾아야 한다.
이를 위해서는
문제를 해결하겠다는 강력한 의지와
실력을 갖춘 정치 리더십을 창출하는 게
대단히 중요하다.
또한 가장 보수적인 마을에서
평화의 성지로 전환하고 있는
성주와 김천도
방문해 보길 권하고 싶다."

4

북한의 핵실험과 사드 배치를 둘러싼 갈등

정욱식 평화네트워크 대표

그린 챌린지: 한국환경보고서 2017

문제 제기

2016년은 한마디로 북핵과 사드가 적대적으로 동반 성장한 해였다고 평가할 수 있다. 북한은 2016년 1월과 9월 2차례에 걸쳐 핵실험을 강행했고, 탄도 미사일도 20차례 넘게 시험 발사했다. 가히 '역대급'이라고 할 수 있다. 이처럼 북핵이 빠르게 고도화되고 있다고 판단한 한미 양국은 전격적으로 종말단계고고도미사일방어체제(THAAD, 이하 사드) 배치를 결정했다. 7월 8일에 있었던 일이다. 그러자 중국과 러시아가 발끈하고 나섰다. 사드 배치가 한반도 긴장을 고조시키고 자신들의 전략적 이익을 침해한다는 이유 때문이다. 사드 배치 후보지로 결정된 성주와 김천 주민들은 무더위에서 시작된 촛불 집회를 오늘날까지도 이어가고 있다. 중국의 보복이 가시화되면서 피해를 호소하는 사람들

도 눈덩이처럼 불어나고 있다. 그래서 묻지 않을 수 없다. 사드가
무엇이기에?[1]

　　만에 하나라도 북핵이 한국 어딘가에 떨어지면 어떻게 될
까? 이 끔찍한 시나리오를 상세히 분석한 보고서가 있다. 미국의
천연자원보호협회가 작성한 「한반도 핵사용 시나리오」가 바로
그것이다.[2] 보고서는 북한이 전쟁 발발 시 TNT 15킬로톤의 핵미
사일을 용산의 삼각지에 투하할 수 있다고 가정했다. 그리고 상
공 500m에서 폭발할 경우 예상 사망자는 62만 명, 100m 상공
에서 터지면 84만 명, 지표면에서 터지면 125만 명까지 사망자
가 발생할 것으로 예상했다. 그런데 이러한 피해 규모는 핵폭풍
과 화구fireball에서 발생하는 열복사선, 방사선과 낙진에 의한 방
사능 오염 등 핵폭발의 '직접적인' 원인으로 인한 사망자 수치이
다. 여기에 도시가스 저장소와 주유소 화재, 건축물 파괴로 인한
잔해와 유리 파편으로 인한 '간접적인' 피해까지 고려하면, 그
피해 규모는 훨씬 커질 수 있다. 수도권 상당 지역이 방사능으로
오염돼 상당 기간 살 수 없는 땅이 되고 많다. 바람을 타고 방사
능 물질이 남한 전역으로 퍼질 수도 있다. 혹시라도 북한이 남한
을 끝장내겠다며 원전에 핵 공격을 가하면 한국은 '아마겟돈'의
운명을 피할 수 없다.

1　　나는 이 궁금증을 대중들과 함께 나누기 위해 『사드의 모든 것』(유리
창, 2017)이라는 책을 펴냈다. 이 글의 일부도 이 책의 내용을 발췌해 다시
정리한 것임을 밝혀 둔다.

2　　Natural Resources Defense Council(NRDC), *Nuclear Use Scenarios
on the Korean Peninsula*, October, 2004. http://docs.nrdc.org/nuclear/
files/nuc_04101201a_239.pdf

전쟁이 일어나 북한이 15킬로톤의 핵미사일을 용산에 투하할 경우 수백만 명의 사망자는 물론 수도권 전체가 방사능에 오염되어 사람이 살 수 없는 땅이 되고 만다.

그렇다면 당연히 사드를 배치해야 하는 것 아닌가? 대기권 안팎에서 북핵을 요격하면 낙진 피해도 최소화할 수 있지 않은 가? 설령 요격 성공률이 떨어지더라도 없는 것보다는 낫지 않겠 는가? 더구나 사드는 미국이 이미 사놓은 걸 경북 성주에 갖다 놓겠다고 하니까 미국한테 고마워해야 하는 것 아닌가? 1개 포 대로는 부족하다면 우리 돈을 들여서라도 추가적으로 도입해야 하는 것 아닌가? 자기들도 대한민국 국민들일진대, 사드를 반대

그린 챌린지: 한국환경보고서 2017

하는 성주 군민과 김천 시민은 너무 이기적인 것 아닌가? 사드 배치를 주저하거나 반대하는 사람들은 안보에 너무 무책임한 것 아닌가? 사드를 재검토하자거나 반대하는 대선 후보에게 나라를 맡길 수 있겠는가?

북핵은 그 자체로는 '공격용' 무기이다. 절멸의 공포를 잉태한 이 무기는 날로 커지고 있고 또 날카로워지고 있다. 반면 사드는 '방어용 무기'이다. 날아오는 탄도 미사일을 중간에 요격하기 위해 고안된 것이다. 요격 미사일이 중간에 '공격용'으로 둔갑해 평양이나 베이징, 블라디보스토크를 공격할 수 있는 것도 아니다. 하지만 우리는 이러한 겉모습 안쪽을 들여다볼 수 있는 안목을 지녀야 한다. 이 짧은 글에 담고자 하는 이야기이다.

북핵과 사드의 동반 성장 과정

2016년은 북핵으로 시작돼 사드 배치 재확인으로 마무리된 해였다. 북한은 1월 6일 수소폭탄이라고 주장하는 4차 핵실험을 강행했다. 김정은 위원장이 신년사를 통해 남북관계 개선과 통일에 우호적인 분위기 조성을 강조해 놓고선 닷새 만에 핵실험을 실시한 것이다. 당시 실험은 과거 3차례의 사례와는 사뭇 달랐다. 우선 사전 예고 없이 기습적으로 실시했다. 이전에는 '북한의 로켓 발사, 미국 주도의 국제연합 안전보장이사회의 대응, 북한의 핵실험'이라는 양상을 보였는데, 4차 핵실험은 이 단계조차도 없었다. 아울러 과거에는 어떤 종류의 핵실험인지를 명확히 밝히지 않았다. 하지만 이번에는 수소폭탄 실험이라고 주장했다.

김정은의 무모한 핵실험을 박근혜 대통령은 사드 검토로 받았다. 그는 1월 13일 신년 기자회견에서 "주한미군의 사드 배치 문제는 북한의 핵미사일 위협을 감안하면서 우리 안보와 국익에 따라서 검토해 나갈 것"이라고 말했다. 북한의 4차 핵실험이 표면적인 이유였지만 석연치 않은 부분들도 곳곳에서 발견된다. 먼저 미국의 공식적인 요청도 없는 상태에서 갑자기 '검토' 단계로 넘어갔다는 것이다. 미국의 요청도, 한미 간의 협의도, 그래서 결정된 바도 없다는 '3No'가 순식간에 뒤집힌 것이다. 또한 국방부와 외교부 등 관련 부처와 청와대의 숙의 과정도 없었다. 국내적으로 공론화 과정이나 중국과 러시아 등 사드 반대 국가들에 대한 외교적 설득 작업도 없었음은 물론이다.

2월 7일 오전에는 북한이 인공위성 '광명성 4호'를 쏘아 올렸다. 우주 발사체였지만, 장거리 탄도 미사일로도 전용될 수 있는 발사체였다. 북한식의 '양탄일성兩彈一星(원자폭탄과 수소폭탄 그리고 인공위성을 의미한다)'을 조속히 완성하겠다는 의지를 행동으로 옮긴 것이다. 그러자 한미 양국은 그날 오후 긴급 성명을 발표했다. 그 내용은 "미국과 대한민국은 증대하는 북한의 위협에 대응하기 위해 한미 동맹의 미사일 방어 태세를 향상시키는 조치로서, 주한미군의 사드 배치 가능성에 대한 공식 협의의 시작을 한미 동맹 차원에서 결정하였다"는 것이다. 또한 "한미 공식 협의의 목적은 가능한 조속한 시일 내에 사드의 한반도 배치 및 작전 수행 가능성을 공동으로 모색하는 데 있다"고 덧붙였다. 아울러 "사드 체계가 한반도에 배치되면 북한에 대해서만 운용될 것"이라고 밝혀, 사드 배치를 반대해 온 중국과 러시아의 불만을 달래려고 했다.

하지만 중국 외교부는 즉각 "강한 유감"을 표한다며, "류전민 외교부 부부장이 김장수 주중 한국 대사를 긴급히 초치해 한국이 한미가 정식으로 사드의 한국 배치 논의를 시작한다고 선포한 데 대해 엄중히 항의했다"고 밝혔다. 이에 앞서 알렉산드르 티모닌 주한 러시아 대사 역시 사드 배치에 대한 강한 반대 입장을 피력했다. 그는 "분명한 것은 사드 배치 결정이 앞으로 지역 내에서 러시아의 대외 정책을 세우는 과정에서 고려될 것"이라고 경고했다. 북한도 《노동신문》 등 매체를 동원해 미국이 사드를 배치해 "우리에 대한 핵위협을 날로 증대시키고 조선 반도와 동북아시아 지역의 평화와 안정을 유린하고 있다"고 비난했다. 이에 반해 일본의 아베 신조 정권은 사드 배치 논의 개시를 "지지한다"고 밝혔다. 사드 배치를 둘러싸고 한미일 대 북중러의 갈등 구도가 분명해진 것이다.

사드 배치를 둘러싸고 한미 동맹과 중국·러시아의 갈등이 격화되던 외중에 북한은 마치 '빨리 사드를 배치하라'고 무력시위라도 하는 것처럼 연이어 미사일을 시험 발사했다. 단거리인 스커드, 준중거리인 노동, 중거리인 무수단을 잇따라 발사했다. 잠수함발사탄도미사일(SLBM)도 빼놓지 않았다. 급기야 6월 22일에는 앞선 5차례의 실패를 딛고 무수단(북한명: 화성-10호)을 성

사드 배치를 둘러싼 갈등은 남북을 넘어 동아시아 전체에 불안한 기운을 풍기고 있다.

공적으로 발사했다. 북한은 "최대 고도는 1,413.6km에 달했고, 400km를 비행해 예정된 목표 수역에 떨어졌다"고 발표했다. 그러면서 "태평양 작전 지대 안의 미국 놈들을 전면적이고 현실적으로 공격할 수 있는 확실한 능력을 가지게 되었다"고 장담했다.

이 무렵 한미 국방부는 사드 연내 배치 결정을 강력히 시사하고 나섰다. 애쉬턴 카터 미국 국방장관은 4월 8일 한국 내 사드 배치는 "곧 이뤄질 것it's gonna happen"이라고 말했고, 일주일 후에 브라이언 매키언 국방부 수석 부차관 역시 4월 14일에 "그동안 부지 선정과 비용 문제를 알아보는 회의가 한국에서 몇 차례 있었다"며, "우리가 시간표를 제시할 수는 없지만 결론에 도달할 것으로 확신한다"고 말했다. 한민구 국방부 장관은 6월 6일

그린 챌린지: 한국환경보고서 2017

CNN과의 인터뷰에서 "사드가 배치되면 한국 방어 능력이 강화될 것"이라고 했고, 24일 국방부 출입 기자단 간담회에서는 "사드로 무수단 미사일 요격이 가능하다고 판단한다"고 주장했다. 그리고 28일 국회 법제사법위원회 전체 회의에서 "사드 배치가 올해 안에 결론이 나지 않겠느냐"고 언급했다.

그러나 당시까지만 하더라도 배치 결정이 임박했다는 어떠한 징후도 발견되지 않았다. 국방부는 "배치 시기와 지역은 아직 결정된 바 없다"고 했고, 한민구 장관도 국회에서 "검토 중"이라는 답변을 내놨다. 이에 따라 배치 결정 발표는 10월이 유력하게 거론되었다. 9월 중국 항저우 G20 정상회담에서 한미 양국이 시진핑에게 설명을 하고, 10월 한미연례안보회의에서 발표하지 않겠느냐는 추측이 나온 것이다. 하지만 한미 양국은 7월 8일 사드 배치 결정을 전격 발표하고 만다.

사드 배치에 대한 찬반 입장을 떠나 배치 결정 과정부터가 문제투성이다. 불과 사흘 전까지만 하더라도 한민구 국방부 장관은 "한미 간의 실무 협의 단계에 있다"며 결정된 바가 없다고 했다. 그런데 이틀 후에 청와대는 국가안전보장회의(NSC)를 열어 사드 배치를 결정하고 다음날인 7월 8일 발표했다. 이와 관련해 김종대 정의당 국회의원은 "당시 NSC 회의에는 국방부 장관도 참석하지 않았고 사드는 국방부가 준비한 안건이 아니라 대통령이 직접 결정한 것"이라는 사실을 폭로하기도 했다.[3]

비정상적인 정책 결정은 이 대목에서 여실히 드러난다. 청와대는 주무 부처인 국방부의 안건에도 없었던 사드 배치를 "대

---

3   《프레시안》 7월 29일.

통령의 결정"이라며 밀어붙였다. 사드 배치를 발표한 당일 또 다른 주무 장관이라고 할 수 있는 윤병세 외교부 장관은 바지 수선차 백화점에 있었다. 검토 보고서 작성 완료는 물론이고 부지 선정조차 이뤄지지 않은 상황에서 먼저 배치를 결정했다. '마차가 말을 끈 셈'이다. 이처럼 국가적 대사를 숙의가 아니라 졸속으로 결정된 배경, 즉 대통령의 결심에 어떤 힘이 작용했는지 의문이 들지 않을 수 없는 현실이다. 이 과정에서 국회 동의는 물론이고 사드 부지로 결정한 성주 주민들에게 설명회조차 하지 않았다.

무용지물과 백해무익

사드 배치 결정 과정에 많은 문제점이 있지만, 날로 고도화되는 북핵을 고려할 때 사드는 필요한 게 아니냐고 생각할 수 있다. 그런데 사드가 북핵을 막는 데 '무용지물'이라면 어떤가? 오히려 북핵을 더 키우고 날카롭게 만들 위험이 있더라도 밀어붙여야 할까? 사드 배치가 최대 교역국인 중국을 적대국으로 만들 가능성은 없는가? 이미 추락하고 있는 한국 경제의 날개마저 꺾어 버릴 위험은 없는가? 미국과 중국이 군사적으로 충돌하면 한국을 그 한복판으로 끌고 들어갈 위험은 또 어떤가?

정부와 보수 언론은 사드를 '신의 방패'라도 되는 것처럼 칭송하기에 바쁘지만, 사드는 북핵을 막는 데 '무용지물'에 가깝다. 사드의 최대 사거리는 200km이고 요격 고도는 40~150km 사이

정부와 보수 언론은 사드를 '신의 방패'라도 되는 것처럼 칭송하기에 바쁘지만, 사드는 북핵을 막는 데 '무용지물'에 가깝다.

다. 사드를 성주 골프장에 배치하면 대한민국의 심장인 수도권은 아예 방어권에 포함되지 않는다. 이는 국방부도 인정하는 바이다. 정부와 보수 언론은 그래도 사드 기지 반경 200km는 방어할 수 있다고 주장한다. 하지만 이것도 불가능하다. 유사시 북한이 이를 회피할 수 있는 방법은 얼마든지 있기 때문이다. 북한이 단거리 미사일을 사드 최저 요격 고도인 40km 아래로 떨어지게 쏘면 사드는 이 미사일을 잡을 수 없다. 노동이나 무수단, 혹은 '북극성' 미사일을 사드의 최고 요격 고도인 150km를 넘어가게 쏴도 사드는 이들 미사일을 잡을 수 없다.

　이에 반해 사드 배치는 더 큰 안보 위협을 불러오게 된다. 한미 양국은 사드와 함께 배치될 X-밴드 레이더가 중국과 무관하다고 주장한다. 하지만 레이더라는 '기계'는 미사일의 '국적'을 따지지 않는다. 더구나 이 레이더는 종말 모드와 전진 배치 모드 사이를 신속하게 오갈 수 있게 업그레이드되고 있고, 미국 전략사령부 및 태평양사령부에서도 통제할 수 있다. 이에 따라 미중 간에 무력 충돌이 발생하고 이 레이더가 중국을 겨냥하게 되면, 한국은 미중 무력 충돌의 한복판으로 전락할 위험이 커진다. 제3자인 한국이 미국에게 레이더 기지를 제공하는 셈이 되고 이는 국제법적으로 한국이 중국에 군사적 적대 행위를 하는 셈이 되기 때문이다. 중국이 유사시 사드 기지를 정밀 타격할 수 있다는 경고를 흘려들어서는 안 되는 까닭이다.

이처럼 사드는 '트로이의 목마'이다. 겉으로 보기에는 선물처럼 보이지만 그 안을 들여다보면 한국의 국익을 총체적으로 위협할 비수들이 득실거린다. 세계에서 가장 강력한 공격 능력을 보유한 미국과 동맹국들이 상대방의 보복을 무력화할 수 있는 방어력까지 갖춘다면, 그 상대국은 더 많은 핵무기와 미사일을 만들어낼 것이 불 보듯 뻔하다. 한반도와 동북아에서 식은땀 나는 군비 경쟁이 격화될 것이라는 의미이다. 한중 관계는 수교 이래 최악의 상황에 빠져들고 북방 루트가 총체적으로 막히면서 한국의 경제 위기 탈출은 더더욱 어려워질 것이다. 중국은 사드 배치 '결정' 자체만으로도 한국에 대한 보복의 수위를 단계적으로 높이고 있다. 이는 사드 배치 '완료' 시 더 큰 보복을 예고해 준다. 우리로서는 부당하다고 항의는 할 수 있겠지만, 사드를 "핵심 이익 침해"로 간주하고 있는 '그대로의 중국'부터 볼 줄 알아야 한다.

또한 사드는 '우리 모두'의 문제이다. 폭염 속에서 시작된 성주와 김천 시민들의 촛불집회는 한파 속에서도 계속했다. 초기에는 레이더가 내뿜는 강력한 전자파에 대한 우려가 주였지만, 성주는 물론이고 대한민국 어디에도 사드는 안 된다며 '사드 가고 평화 오라'는 구호를 매일 외쳤다. 주민들은 애써 밝은 표정을 지으려고 하지만, 생계 걱정에서부터 사드를 막을 수 있을까라는 불안감에 이르기까지 정신적 고통을 헤아리는 것은 어렵지 않다.

사드 피해는 현지 주민들에게만 국한되지 않는다. 중국 인민들의 마음을 사로잡았던 한류韓流는 한류寒流가 되고 말았다. 중국 관광객들로 발 디딜 틈도 별로 없었던 명동 거리에는 상인들의 멍한 눈빛이 늘어나고 있다. 중국 관광객으로 넘쳐나던 인천항과 부산항의 여객선에는 빈자리가 늘어나고 있고 그 주변 상가도 초토화되고 있다. 수출 물량이 크게 줄어들면서 동대문 상인들의 한숨 소리는 커지고 있다. 중국 지자체들과 각종 협력 사업을 하던 한국 지자체들 곳곳에서도 탄식 소리가 들린다. 하다못해 중국 고객이 절반으로 줄면서 압구정동 성형외과 거리에도 한파가 몰아치고 있다. 중국을 상대하는 보따리 상인들부터 재벌에 이르기까지 전전긍긍하고 있다. 중국에 진출한 우리 기업들도, 중국 유학생 유치로 그나마 명맥을 유지해 왔던 지방 대학들에도 사드 불똥이 튀고 있다.

이처럼 사드가 아직 배치도 되지 않았는데, 많은 국민들이 고통스러워한다. 그래서 묻지 않을 수 없다. 사드 기지 공사가 시작되고 기어코 사드가 성주 땅에 들어오면 어떻게 될까? 아마도 '헬조선'이라는 말을 체감하는 국민들이 크게 늘어날 것이다. 그래서 사드는 우리 모두의 문제이다. 나와 아이들, 그리고 국가의 미래에 가장 큰 영향을 미치는 게 바로 사드이기 때문이다. 국가가 해결해 줄 수 없다면, 이제 국민이 나서야 한다. 국민이 나서면 '50 대 50의 게임'인 사드는 충분히 막을 수 있다.

무엇을 할 것인가?

사드 배치 철회가 모든 문제를 해결해 줄 수는 없다. 하지만 사드가 들어오면 제대로 이룰 수 있는 것도 없어진다. 반면 사드를 막아내면 북핵 해결과 경제 재도약을 포함한 전화위복의 계기를 만들 수 있다. "한미 정부가 결정한 것이니 어쩔 수 없는 것 아니냐"는 자포자기를 경계하자. "사드를 반대하면 한미 동맹이 무너지는 것이 아니냐"는 '우리 안의 공미증恐美症'도 극복하자. 한미 관계가 사드 재논의조차 불가할 정도로 일방적이지 않다. 이 결정을 철회한다고 해서 한미 동맹이 무너질 만큼 나약하지도 않다. 우리에게 필요한 건 '우리 운명을 스스로 개척하겠다'는 주인 의식이다. 대한민국 주인인 국민들이 사드를 공부하고 토론하고 대안을 모색해야 할 까닭이다.

사드를 반대하면 대안이 무엇이냐고 반문할 수 있다. 일단 이 세상에 완벽하고 확실한 대안이란 존재하지 않는다. 오히려 완벽한, 즉 '절대 안보'를 향한 욕망에서 깨어날 때, 비로소 가능하고도 타당한 대안을 모색할 수 있다. 아울러 상대방이 안전하다고 느낄 때 나의 안전도 비로소 확보될 수 있다. 적대 관계에선 갖기 힘든 관점일 수 있다. 냉전 종식의 주역인 고르바초프는 "상대방이 안전해야 나도 안전해질 수 있다는 것을 깨달았다"고 했다. 이른바 고르바초프의 '신사고'이다. 이러한 안보관의 대전환 덕분에 총성 한 방 울리지 않고 냉전 종식을 이끌어낼 수 있었다.

이러한 세 가지 관점을 기초로 사드의 대안은 세 가지 방안으로 설명할 수 있다. 평화 지키기peace keeping, 평화 관리하기 peace managing, 평화 만들기peace making가 그것들이다. 나는 이걸 '못 · 안 · 쏠'이라고 표현하기도 한다. 군사적 억제를 통해 북한으로 하여금 핵미사일을 '못' 쏘게 하고, 관계 개선을 통해 '안' 쏘게 하며, 협상을 통해 '쏠' 것을 줄여 나가고 궁극적으로는 폐기하자는 것이다. 이들 가운데 대북 군사적 억제는 이미 작동하고 있고, 관계 개선과 협상은 한미 양국이 회피해 온 것들이다.

우리가 해야 할 일은 이 속에 담겨 있지 않을까 한다. 64년째 접어든 정전 체제를 평화 체제로 전환하면서 북핵 문제의 해법도 찾아야 한다. 이를 위해서는 문제를 해결하겠다는 강력한 의지와 실력을 갖춘 정치 리더십을 창출하는 게 대단히 중요하다. 또한 가장 보수적인 마을에서 평화의 성지로 전환하고 있는 성주와 김천도 방문해 보길 권하고 싶다. 현지 주민들과 함께 촛불을 들면서 마음을 나누면 주민들에게도 큰 도움이 되겠지만 방문자에게도 더 없이 좋은 평화 교육의 장이 될 것이기 때문이다.

"폭염 사태, 누진제가 아니라
기후변화와 싸워야 한다는
녹색당의 논평이나
전기 요금 개편의 핵심은
산업용 전기 요금의 인상에 있다는
시민사회의 주장은 무시되었다.
정부는 2016년 12월
결국 주택용 전기 요금의 누진제를
대폭 완화하는 대책을 발표하였고,
더불어민주당 등의 제도권 야당들도
이를 지지하였다.
그러나 기후변화, 핵 위험 그리고
미세먼지와 같은 위기를 타개하기에
과연 적합한 조치였는지 의문이 든다."

5

**여름철 폭염과
왜곡된 전기 요금
개편 논의***

* 이 글은 필자가 쓴 다음의 여러 칼럼과 토론회 발표문을 종합하여 재구성하고 수정·보완한 것임을 밝힌다. 한재각(2012), "서민 호주머니 털어 재벌 전기 요금 깎아주자고?: 전기 요금 누진제 비판의 오류",《프레시안》, 2012. 9. 19: 한재각(2016), "전기 요금 누진제, 잘못된 과녁: 가정용 누진제 폐지보다 먼저 산업용 개혁해야",《살림이야기》, 2016. 9. 2: 한재각(2012), "전기 요금과 사회적 정의 그리고 탈핵 에너지전환",《ENERZINE FOCUS》, 40, 2012. 9. 25: 한재각(2016), "녹색당의 전기 요금제 개편방향의 구상: 산업용과 가정용 요금을 중심으로", 녹색당 긴급좌담회 발표문, 2016. 8. 17.

한재각 에너지기후정책연구소 부소장

그린 챌린지: 한국환경보고서 2017

폭염과 전기 요금 대란 소동

매년 여름철 폭염과 무더위가 반복되고 또 악화되고 있다. 그런데 이런 폭염과 무더위는 기후변화에 대한 우려와 대응책에 대한 관심을 불러일으키기보다는, 전기 요금 폭탄 논란을 촉발시키는 데 국한되고 있는 듯이 보인다. 소위 '전기 요금 폭탄론'은 2012년에 나타난 폭염과 무더위 때부터 불거졌다. 더위에 에어컨을 사용하다가 엄청난 전기 요금을 맞았다는 것이다. 한 신문(《경향신문》, 2012년 9월 7일)은 사설까지 쓰면서 당장 개선하라고 목소리를 높이기도 했다.

2015년부터 다시 폭염과 무더위가 심각하게 나타나자 정치권과 언론들은 본격적으로 가정용 전기 요금 누진제의 '개선'을 요구하고 나섰다. "폭염 사태, 누진제가 아니라 기후변화와 싸워

120

야 한다"는 녹색당(2016)의 논평이나 전기 요금 개편의 핵심은 산업용 전기 요금의 인상에 있다는 시민사회의 주장은 무시되었다. 정부는 2016년 12월 결국 주택용 전기 요금의 누진제를 대폭 완화하는 대책을 발표하였고, 더불어민주당 등의 제도권 야당들도 이를 지지하였다. 그러나 기후변화, 핵 위험 그리고 미세먼지와 같은 위기를 타개하기에 과연 적합한 조치였는지 의문이 든다. 또한 에너지 복지와 사회적 형평성 차원에서도 정당화하기 쉽지 않다.

전기 요금 정책의 현황과 문제점

전기 요금 제도/정책의 현황

정부는 전력을 공공재로 간주하고 있기 때문에 전기 요금은 시장에 의해 결정되지 않는다. 정부는 관계 법령을 통해서 시장을 독점하고 있는 공기업 한국전력공사(한전)의 전기 요금을 결정한다. 정부와 한전이 밝히고 있는 전기 요금의 일반원칙은 다음과 같다. 첫째, "전기 요금은 성실하고 창의적인 경영 하에서의 공급 원가를 기준으로 산정"하며 "특별 손실이나 전력 공급과 관련이 없는 사업 비용은 원가에서 제외"한다는 원가주의 원칙. 둘째, "배당 및 이자 지급과 최소한의 사업 확정에 필요한 보수(를) 인정"한다는 공정 보수주의 원칙. 마지막으로 "결정된 종별 요금은 모든 고객에게 공정하고 공평하게 적용"되며 "특정

폭염과 무더위가 심각해지자 정치권과 언론들은 본격적으로 가정용 전기 요금 누진제의 '개선'을 요구하고 나섰다. 하지만 이것이 과연 적합한 조치였을까?

고객에 대한 특례 요금은 최대한 배제"한다는 공평의 원칙이다 (한전 홈페이지). 또한 전기 요금은 총괄 원가가 보상되도록 적정 원가와 적정 투자 보수를 합산하여 산정된다. 여기서 적정 투자 보수란 간단히 말해 신규 발전소나 송전선로 건설에 필요한 투자금에 대한 이윤 혹은 이자를 의미한다.

한편 전기 요금 제도는 계약종별 차등 요금제다. 즉 산업용, 일반용, 주택용, 농사용, 교육용, 가로등, 심야전력 등의 사용 용도에 따라서 각기 상이한 요금을 부과하고 있다. 정부는 "종별 공급 원가를 기준으로 전기 사용자의 부담 능력, 편익 정도, 기타 사회정책적 요인 등을 고려하여 전기 사용자 간에 부담의 형평이 유지되고 자원이 합리적으로 배분되도록 형성"해야 한다고 규정하고 있다. 또한 자원의 효율적 배분이라는 명분에서 전압별 및 계시(계절과 시간)별 차등 요금과 가정 부문에서 사용량에 따른 누진 요금 등으로 보완하고 있다. '요금 폭탄' 논란에 휩싸

그린 챌린저: 한국환경보고서 2017

여 있는 주택용 전기 요금의 누진제는 1973년의 오일쇼크를 거치면서 도입된 것이다. 초기에는 전력 공급 능력이 부족한 상황에서 산업 발전을 위해서 가정 부문의 전력 이용을 억제하려는 목적이었지만, 이후 전기 가격의 상승으로 인해서 저소득층의 가계 부담 증가를 막기 위한 목적도 부가되었다. 나아가 기후변화 시대에 들어서면서 전력 과소비를 막을 수 있는 수단으로 인식되기도 했다. 이러한 누진제는 시기를 거치면서 국제 유가 및 전력 수급 여건 등에 따라 누진 단계와 누진율에 변동이 있었다 (표 1 참조).

[표 1] 주택용 전기 요금 누진제 변화 추이

~'73년	'74년	'79년	'88년	'95년	'00년	'04년	'16년
단일 요금	3단계	12단계	4단계	7단계	7단계	6단계	3단계
	1.6배	19.7배	4.2배	13.2배	18.5배	11.7배	3배

계약종별 전력 판매량과 전기 요금 현황 및 분석

전력 판매량 중에서 가장 높은 비중을 차지하는 것은 산업용으로 전체의 56.6%를 차지한다(2015년 현재, 이하 동일). 그다음으로 일반용이 전체의 21.4%이며 주택용은 13.6%를 차지한다. 그러나 계약종별 판매 수익의 비중은 조금 다르다. 산업용 판매 수익의 비중은 54.4%에 머물러서 판매량의 비중에 비해서 낮다. 반면에 일반용과 주택용의 비중은 각각 25.1%와 15.0%로 판매량의 비중에 비해서 높다. 이것은 각 계약종별 판매 단가가 상이하기 때문이다. 전체 판매 단가(=판매액/판매량)를 100으로 했을 경우, 산업용은 96에 불과한 반면에 일반용은 117, 주택용은 111에 달한다(표 2 참조). 산업용 전기 요금이 일반용이나 가정용에 비해서 낮게 책정된 것은 1960~1970년대의 경제개발 시기부터 이어져 온 것으로, 기업들의 경쟁력을 유지한다는 명분에 따른 것이다. 최근 들어 판매 단가의 격차가 많이 줄어들기는 했지만, 2000년에는 산업용 판매 단가는 주택용의 54%에 불과할 정도로 낮은 가격을 유지하고 있었다.

[표 2] 계약종별 호수, 판매량, 판매 수익 및 판매 단가 현황(2015년 현재)

구분	호수 (천호)	판매량 (백만 kWh)	구성비 (%)	판매 수익 (억 원)	구성비 (%)	판매 단가 (원/kWh)	
종합	22,030	483,655	100	539,637	100	111.57	100
주택용	14,419	65,619	13.6	81,162	15.0	123.69	111
일반용	3,017	103,679	21.4	135,264	25.1	130.46	117
교육용	20	7,691	1.6	8,707	1.6	113.22	101
산업용	397	273,548	56.6	293,826	54.4	107.41	96
농사용	1,638	15,702	3.2	7,429	1.4	47.31	42
가로등	1,673	3,341	0.7	3,788	0.7	113.37	102

판매량 비중이 가장 높은 산업용이 낮은 전기 요금을 유지해 온 탓에, 지난 10여 년 이상 전기 요금의 원가 회수율이 낮아 한전은 막대한 부채를 떠안고 있었다. 2011년에는 원가 회수율이 87.4%까지 떨어졌으며, 그해 한전은 6조 5875억 원의 금융 부채를 떠안게 되었다. 2000년대 주택용 전기 요금의 원가 회수율은 100%를 넘거나 근접한 반면, 산업용의 원가 회수율은 100% 이하 대를 유지해 왔다. 2012년이 되어서야 산업용의 원가 회수

그린 챌린지: 한국환경보고서 2017

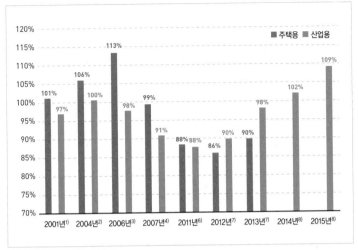

주택용 및 산업용 전기 요금 원가 회수율 추이

자료: 1) 한국전력공사 요금 제도팀(2006), "전기 요금 산정", 2) 한국전력(2006. 5), "전기 요금 체계개편추진실적과 향후 과제", 3) 정한경(2007), "전기 요금 체계의 문제점과 개선방안", 4) 정한경(2008), "전기 요금 체계의 문제점과 개선방향", 6) 한국전력 보도자료(2012. 5. 15), 7) 이유수(2015), "에너지 신산업의제도적 장애요인 분석", 8) JTBC 팩트체크(2016. 8. 9).

율이 주택용을 넘어섰으며, 2014년부터는 100% 이상의 원가 회수율을 보여 주고 있다. 여기서 주의할 것이 있다. 첫째, 산업용 판매 단가가 주택용보다 낮아도 원가 회수율은 산업용이 더 높을 수 있다는 것이다. 그 이유는 산업용 전력은 주로 고압이기 때문에 주택용 전력의 배전 과정에서 필요한 감압 설비 등이 필요하지 않기 때문이다. 즉 산업용 전력의 원가가 주택용보다 낮은 것이다. 이 때문에 한전은 전압별 요금제 개편을 추진하여 산업용에 주로 쓰는 고압용 전력의 낮은 판매 단가를 공식화하려고 하고 있다. 둘째, 여기서 이야기하는 원가는 숨겨진 '사회적·환경적 비용'을 반영하지 않은 것으로 제한적인 의미를 가진다

(이와 관련해서는 뒤에서 다시 언급하도록 하겠다).

문제점 분석과 비판

원가에도 미치지 않는 낮은 전기 요금은 과도한 전력 소비를 부추긴다. 감사원도 이 점을 구체적으로 지적했다. 2013년 감사원은 「공기업 재무 및 사업구조 관리실태」 감사 결과를 발표하면서, "'산업용(을) 고압' 등 산업용 전기 요금을 총괄 원가보다 낮게 책정(2008~2011년 85.8%, 총괄 원가 대비 5조 23억 원)하고 있어 전기 과소비 및 한전의 재무 구조 악화 원인으로 작용"했다고 지적하였다(감사원, 2013). 참고로 해당 시기(2008~2011년) 산업용 전력 판매량 증가분은 4만 8,016GWh이었는데, 이는 1,000MW 용량의 핵발전소 5.6개가 하루도 쉬지 않고 24시간 가동할 경우에 생산하는 전력량에 해당한다. 전기 요금에 원가를 반영했다면 일부 핵발전소는 불필요했을 것이다. 그런데 기업들이 값싼 산업용 전기 요금의 특혜를 누릴 수 있었던 것은 그 비용을 누군가 대신 부담해 왔기 때문이다. 즉 계약종별 교차 보조가 이루어진 것이다. 2008년에 주택용과 일반용 사용자는 총 1조 4000여억 원을 추가적으로 부담하여 산업용 사용자에게 5000여억 원을 보조해 주었다(지식경제부, 2009: 10).

산업용 전기 요금의 혜택은 주로 대기업들에게 집중된 것이었다. 저렴한 산업용(을) 요금을 이용하는 367개(2011년 현재, 전체 산업용 고객의 1.1%)의 대기업들은 2008~2011년 사이에 전체 원가 할인액의 22.9%인 5조 원 가량의 특혜를 받았다(감사원,

그린 챌린지: 한국환경보고서 2017

[표 3] 2008년 용도간 지원 금액

구분	주택용	일반용	교육용	산업용	농사용	가로등	심야	종합
금액 (억 원)	4,561	9,584	-122	-5,378	-4,688	-317	-3,640	14,145

* 자료: 지식경제부(2009: 10)

[표 4] 2012~2014년, 삼성전자 등 20대 대기업의 전기 요금 할인 금액 현황

순위	기업명	2012	비중	2013	비중	2014	비중	합계	비중
1	삼성전자	1,821	2.9	1,546	5.9	925	10.5	4,301	4.4
2	포스코	1,350	2.2	1,211	4.6	1,596	18.2	4,164	4.3
3	현대제철	1,688	2.7	1,253	4.8	1,120	12.7	4,069	4.2
4	삼성디스플레이	1,708	2.8	1,373	5.3	635	7.2	3,724	3.8
5	SK하이닉스	923	1.5	1,016	3.9	424	4.8	2,368	2.4
20대 대기업 합계		16,100	26.0	12,402	47.6	8,689	98.9	37,191	38.4
원가 손실액		61,922	100.0	26,054	100.0	8,788	100.0	96,764	100.0
원가 회수율(%)		88.4		95.1		98.4		94.0	

2013). 또한 박주민 의원(2016)에 의하면, 2012~2014년에도 삼성전자, 포스코, 현대제철 등 20개 대기업은 한전으로부터 원가에 미달하는 요금 할인을 받았는데 그 총액이 3조 5418억여 원에 달한다. 이는 한전의 원가 손실액의 평균 38.4%에 해당하는 것이며, 특히 2014년도의 한전의 원가 손실액의 대부분(98.9%)은 20대 기업의 원가 할인액으로 발생한 것으로 분석된다(표 4 참조). 또한 이런 요금 특혜는 전기 요금을 낮게 책정하고 있는 경부하(밤 시간대) 전력의 대부분을 대기업들이 사용하고 있기 때문에 가능한 것이었다.

정부의 에너지 가격 구조 개편 방향과 조치

정부의 누진제 개편안: 2009년 에너지 가격 구조 개선 방안

녹색성장을 내세운 이명박 정권 시절인 지난 2009년 5월, 지식경제부(현재 산업통상자원부)는 "고유가 시대를 대비"하면서 '에너지 가격 구조 개선 방안'을 발표하였다. 이것은 현재까지도 정부가 추진 중인 전기 요금 체계 개편의 전반적인 방향을 보여 주고 있기 때문에 주목할 필요가 있다. 지식경제부는 에너지 소비 효율을 제공하기 위해서 에너지 가격 체계를 개편할 필요성을 인정하면서, "원가에 못 미치는 에너지 가격을 원가 수준까지 점진적으로 조정하여 원가에 기초한 에너지 가격 체계를 확립"하겠다고 밝혔다(지식경제부, 2009). 이 중에서 몇 가지 사항을 살펴보도록 하겠다.

첫째, '요금 수준의 현실화' 방안에서는 단계적으로 요금을 현실화(인상)해서 적정한 수준의 자본 비용을 반영하겠다는 구상을 제시하고 있었다. 한전이 적정한 수준의 이윤을 낼 수 있어야만 추가적인 발전소와 송전선로 등을 건설할 여력이 생긴다는 점을 강조하고 있다.

둘째, '원가주의 요금 체계 구축' 방안에서는 일반용, 교육용, 산업용 용도별로 차등화하고 있는 현행 요금 체제를 전압별 요금 체제로 통합하는 구상이 제시되었다. 여기에는 수요 관리의 유인을 강화한다는 목적으로 시간대별 요금제를 확대하겠다는 구상도 포함되어 있었다.

그림 챌린지: 한국환경보고서 2017

셋째, '주택용 누진제 개선' 방안은 6단계와 누진율 11.7배의 누진제를 점진적으로 3단계와 누진율 3배 내외의 누진제로 조정해 가겠다는 구상이었다. 1단계의 요금은 원가의 80%로 유지하며, 2단계의 요금은 평균 판매 단가 수준, 그리고 3단계는 1단계 미달분을 보전하기 위해서 평균 요금의 1.5배 수준을 유지하도록 하겠다는 안을 제시하고 있다. 한편 1단계의 구간은 현재 100kWh에서 확대하여 '최소필요전력량'으로 명명된 150kWh로 정하며, 2단계와 3단계 구간은 300kWh을 기준으로 구획할 계획을 제시하였다.

최근의 전기 요금 개편 현황

2009년의 구상은 꾸준히 추진되었다. 2013년 11월에 정부가 발표한 전기 요금 조정 방안도 그 일부였다. 이때 산업통상자원부는 전기 요금을 평균 5.4% 인상하면서 원가 회수율을 상향 조정해 갔다. 그러나 용도별로 인상률은 차등 조정되었다. 산업용 · 일반용(대형 · 고층빌딩용)은 각각 6.4%와 5.8%로 평균 이상의 인상률이 정해졌다. 전기 다소비 산업 구조를 개선하고 전기 냉난방 수요 급증을 완화하려 한다고 밝혔다. 반면 주택용은 서민 생활 안정 등을 고려하여 최소 수준(2.7%)으로 조정되었다. 그런데 2012년의 폭염 후 불거졌던 '요금 폭탄' 논란에도 불구하고 주택용 누진제는 변화 없이 유지되었다. 산업통상자원부는 "주택용 누진제는 개선 필요성에 대한 공감대는 형성되었으나, 구체적인 개선 방안에 대해서는 다양한 의견이 있음을 감안하여, 추가적

현재의 한국 전력(에너지) 시스템은 기후변화와 핵 위험에 비춰 봤을 때 지속 불가능하고 위험하다.

인 사회적 합의 도출 후 단계적으로 개선해 나갈 계획"이라고 밝혔다(산업통상자원부, 2013).

그러나 2015년부터 전기 요금 인하의 움직임이 나타나고 있다. 산업통상자원부는 2015년 6월에 주택용은 7~9월, 산업용은 8월부터 1년간 요금 경감 특례를 한시적으로 시행한다고 발표하였다. 여름철 폭염으로 인한 전기 요금 증가와 경기 불확실성과 소비 침체로 인한 산업 현장의 어려움을 해소할 필요가 있다는 것이다. 비슷하게 2016년도 8월에도 7~9월 동안 누진제 구간을 한시적으로 50Wh씩 상향 조정하는 정부 조치가 나왔다. 정부는 "올해 여름은 폭염과 열대야 등 불볕더위가 9월초까지도 지속될 것으로 전망되며, 이에 따라 에어컨 사용 증가로 인한 누

그린 챌린지: 한국환경보고서 2017

진제 전기 요금 부담도 평상시에 비해 크게 늘어날 가능성"을 우려했다(산업통상자원부, 2016a). 한시적으로 전기 요금을 인하해 주면서 부담하게 되는 비용(2015년 1300억 원, 2016년 4200억 원)은 한전이 떠안았다. 연료비 인하 등으로 인해서 한전의 2015년 순이익이 10조 원을 넘어서고 2016년에도 비슷한 규모의 이익이 기대되었기 때문에, 이 결정은 큰 논란 없이 수용되었다. 그런데 2016년 8월에도 정부는 누진제를 개편할 의사가 없었다. "합리적 에너지 소비 유도와 저소득층 지원 등 누진제가 가진 장점"이 있다고 강조했다(산업통상자원부, 2016a). 그러나 그 후 언론과 국회 등의 누진제 개편 주장에 결국 굴복했다. 정부는 2016년 11월에 국회 산업통상자원위에 세 가지 누진제 개편안을 보고했고, 12월에는 그중 하나를 선택하여 공식화하였다. 이로서 기존의 6단계 11.7배의 누진율을 가진 누진제를 3단계 3배로 완화됐다(자세한 내용은 표 5를 참조). 주택용 전기 요금 인하율은 11.6%에 달하며, 한전은 총 9393억 원으로 추정되는 수입 감소를 떠안았다.

[표 5] 개편 전후 주택용 요금표

	구간	기본 요금 (원/호)	전력량 요금 (원/kWh)			구간	기본 요금 (원/호)	전력량 요금 (원/kWh)
1	100kWh 이하	410	60.7		1	200kWh 이하	910	93.3
2	101~200kWh	910	125.9				910	93.3
3	201~300kWh	1,600	187.9		2	201~400kWh	1,600	187.9
4	301~400kWh	3,850	280.6				1,600	187.9
5	401~500kWh	7,300	417.7		3	400kWh 초과	7,300	280.6
6	500kWh 초과	12,940	709.5				7,300	280.6

⇨ 개편

뿐만 아니라 누진제 완화의 혜택은 주로 전력 다소비 가구에게 만 집중되면서 형평성을 악화시킬 것이며, 전력 소비를 부추겨 서 환경적 부담을 가중시킬 것으로 전망된다.

지속가능한 전기 요금 개편 방향

전력(에너지) 정책의 개혁 방향

전기 요금 제도의 개편 방향에 앞서 전력(에너지) 정책의 개 혁 방향——에너지 전환과 사회적 형평성(연대성)——부터 논의할 필요가 있다. 첫째, 현재의 한국 전력(에너지) 시스템은 기후변화 와 핵 위험에 비춰 봤을 때 지속 불가능하고 위험하다. 이에 따 라서 전력(에너지) 소비를 점차 줄이면서 소규모 분산적인 방식 으로 재생 에너지 이용을 확대하는 방향으로 대전환이 이루어져 야 한다는 데 폭넓은 공감대가 존재한다. 둘째, '에너지 빈곤' 문 제의 해결뿐 아니라 인간다운 삶을 살기 위해서 필요로 하는 전 력(최소필요전력)을 저렴한 비용으로 이용할 수 있어야 한다. 사 회적 형평성은 모든 전력 이용자가 원가에 따라서 동일한 가격 을 내야 한다는 의미로 해석하기보다는 경제적 능력에 따라 요 금을 차등하면서 상위 소득 계층이 하위 소득 계층의 요금을 지 원하는 사회적 연대성을 발휘한다는 의미로 해석해야 한다. 이 러한 접근은 국민건강보험 제도에서도 발견될 수 있다(시민건강 증진연구소, 2016). 다만 에너지 전환과 사회적 형평성 원칙의 조화를 추구할 필요가 있다. 한 사회 구성원의 기본적 권리로서 보장받아야 할 '최소필요전력'은 에너지 전환을 위해서 요구되는 전력 소비량의 감축과 조화되어야 한다. 이는 '하후상박' 방식으로 계층별 전력 소비량을 점차적으로 줄여 나간다는 것을 의미한다.

전기 요금 제도 개편의 원칙과 방향

정부가 현행 전기 요금의 일반 원칙을 외면하는 것도 문제지만, 원칙 자체도 재검토해야 한다. 우선 '원가주의' 원칙부터 보자. 현재 산정되는 '원가'에는 전력의 생산·공급 과정에서 발생하는 다양한 환경적·사회적 비용이 반영되어 있지 않기 때문에(허가형, 2014), 이들 '숨겨진 비용'들이 반영될 수 있도록 계산 방식을 대폭 개선할 필요가 있다. 두 번째 '공정보수주의'도 점검이 필요하다. 한전은 2013년과 2015년 사이에 2조 3672억 원의 배당금을 지불했는데, 이는 동기간의 순이익 11조 4439억 원의 20.7%에 해당한다. 특히 원료비 인하 등으로 인해서 막대한 흑자를 낸 2015년에는 무려 1조 9000억여 원의 배당을 하였다. 한전은 '공정보수주의' 원칙을 내세워 '적정투자보수'를 계산하여 총괄 원가에 반영하는데, 전기공급설비자산을 확대할수록 높은 투자보수율(6.11~4.6%: 2009~2014년)을 곱하여 얻은 막대한 금액을 안정적으로 배당이나 이자로 지급할 수 있도록 되어 있다. 따라서 핵발전소와 초고압 송전탑과 같은 신규 전기공급설비자산을 확대하는 데 유인책이 될 수 있다(이와 관련해서는 석광

[표6] 전기 요금 일반 원칙의 적용 양상과 문제점 그리고 대안

현행 원칙	현실 적용 양상	문제점	개선안	대안 / 원칙
원가주의의 원칙	• 낮은 요금에 따른 낮은 원가 회수율	• 전력 과소비 급증 및 수요 관리 능력 저하 • 한전 적자 확대 및 세금 낭비 • 환경 파괴, 외부 비용 증가 및 전가	• 원가 회수율 100% 요금 반영 • 환경 비용 등 사회적 외부 비용의 추가 반영	• 사회·환경적 원가주의의 원칙
공정·보수주의의 원칙	• 막대한 배당 지급 • 불필요한 전기 공급설비자산을 확대하려는 유혹	• 불필요한 전기 공급설비의 과잉 건설 • '국부'의 해외 유출	• 불필요한 전기 공급설비 건설의 제한 • 배당과 이자 지급의 최소화 • 이익의 재생 가능 에너지 개발 및 에너지 효율화 사업에 대한 투자 재원으로 활용	• 에너지 전환 투자의 원칙
공평의 원칙	• 오랫동안 산업용 요금 등에 교차 보조 • 경부하 요금제 등 기업들에게 특혜 남발 • 누진제 완화 움직임	• 산업/기업에 대한 특혜 지속 • 산업용 전력 소비의 과다한 증가	• 종별 요금 체제 지속 • 일부 개선(농사용 요금 등) • 에너지 복지 재원 요금 반영	• 연대주의원칙

훈(2006) 참조). '공평의 원칙' 역시도 실행에 있어서 준수되고 있지 못하다. 오랫동안 가정용과 일반용 전기 요금으로 산업용 전기 요금을 교차 보조하고 있었으며, 원가보다 훨씬 저렴한 경부하 요금을 집중적으로 이용하는 대기업과 그렇지 않은 중소기업 사이에서도 교차 보조가 일어나고 있었다. 정부와 한전은 전압별 요금제를 추진하여 이런 문제를 바로잡겠다고 하지만, 오히려 좁은 의미의 원가 계산에 입각하여 기업들이 주로 쓰는 고압

그린 챌린지: 한국환경보고서 2017

의 전기 요금을 낮게 책정하는 것을 정당화할 수 있다.

이상의 분석으로부터 세 가지 대안적인 원칙——① 사회·환경적 원가주의의 원칙, ② 에너지 전환 투자의 원칙, ③ 연대주의 원칙——을 제시할 수 있다. 첫째, 사회·환경적 원가주의 원칙은 사용 후 핵연료 처리 비용, 이산화탄소 저감 비용, 미세먼지 건강 피해 비용, 초고압 송전선로에 대한 보상 비용 등 전력 생산과 전송 과정에서 발생하는 숨겨진 사회적·환경적 비용을 찾아서 전기 요금에 반영해야 한다는 점을 강조한다. 예를 들어서 국회 예산정책처는 kWh당 43.02~48.8원으로 계산된 발전 원가는 직접 비용에 불과하며, 사고 위험 비용, 안전 규제 비용, 입지 갈등 비용, 정책 비용, 미래 세대 비용 등의 사회적 비용이 추가 반영되어야 한다고 지적하고 있다. 후쿠시마 핵사고와 같은 사고가 발생했을 경우에 부담해야 할 사고 위험 비용 하나만 살펴봐도, kWh당 최소 0.08원에서 최대 59.8원이 필요한 것으로 추산하고 있다(허가형, 2014). 이와 같은 전기 요금 원가 재산정을 포함하여 전력요금 제도의 전면적인 개혁을 위해서는 범국가적 위원회를 구성하여 객관적이고 투명하게 운영하는 것이 필요할 것이다. 둘째, 에너지 전환 투자의 원칙은 불필요한 전기 공급설비의 건설을 제한하고 여기에 동원되는 투자금에 대한 배당과 이자 지급을 최소화하는 대신, 이익이 발생할 경우에 재생 에너지 개발과 에너지 효율화 사업에 투자해야 한다는 것이다. 셋째, 연대주의 원칙은 주택용 누진제를 유지하면서 전력 다소비 가구가 저소비 가구들에 대한 교차 보조를 강화·공고화한다는 것을

의미한다. 또한 기계적인 원가주의에 입각한 전압별 요금 제도
보다는 사회적 목표를 반영할 수 있는 계약종별 요금 차등제를
유지하지만, 지금껏 이루어져 왔던 산업용에 대한 교차 보조를
중단하는 것이다.

전기 요금 제도 개편 방안: (1) 산업용 요금

산업용 전기 요금이 낮게 책정되어 있어서 비효율적인 전력 사
용을 부추기고 사회적 형평성을 훼손하고 있다고 비판받고 있
다. 예를 들어 녹색당은 지난 2016년 총선에서 전력 수요의 저감
과 전력 요금의 형평성 제고를 위해서 산업용 전기 요금을 대폭
(50%) 인상할 것을 공약하기도 했다. 이런 목표의 대부분은 앞
서 제안한 전력 요금 원가에 사회적 · 환경적 비용을 충분히 반
영함으로써 달성할 수 있을 것이다. 기업들의 제조업 제조 원가
중 전력 요금이 차지하는 비중은 1% 대를 유지하면서 계속 낮아
지고 있기 때문에, 전기 요금의 인상이 기업에 대한 부담도 그리
크지 않을 것으로 분석된다.

　산업용(을) 경부하 요금 문제는 별도로 다룰 필요가 있다.
전력통계정보시스템에 의하면 산업용(을) 전력 요금을 사용하는
기업들은 전체의 11.6%에 불과하지만 전력 판매량의 92.4% 그
리고 한전의 전력 판매 수입의 91.41%를 차지하고 있다. 사실상
산업용 전력 사용량의 대부분을 차지하고 있는 것이다. 그런데
산업용(을) 경부하 요금 제도에 의한 한전의 판매 손익을 추정한
연구(전수연: 2013)에 의하면, 한전은 구입 단가(81.8원/kWh) 보

제조업 제조 원가의 전기 요금 비중

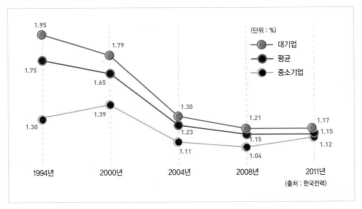

다 낮은 판매 단가(61.8원/kWh)로 기업들에게 전력을 공급하고 있어서 -20원/kWh의 손해를 보고 있다. 이에 따라서 경부하 요금 제도로 인해 한전은 2012년 한 해만 2조 2331억 원의 판매액 손해를 보았다. 따라서 산업용(을)의 전기 요금을 개편하는 것이 필요하다. 경부하 요금은 원가를 모두 반영하도록 요금을 인상하며, 중간 부하의 판매 단가는 전력 구입 단가에 일부 비용을 반영하여 현행 수준을 유지해야 한다. 최대 부하의 판매 단가는 전력 피크 시기의 수요 관리 목적에서 현행을 유지하거나 오히려 더 높일 필요가 있다. 이런 개편을 추진하면 산업용(을) 판매 단가를 추산해 보면 현행(2012년 기준)보다 10.63%가 인상될 것으로 분석된다(표 7 참조).

[표 7] 산업용(을) 전기 요금(판매 단가) 개편안(2012년 요금 기준)

구분	경부하	중간 부하	최대 부하	합계/종합
산업용(을) 부하별 판매량 비중(%)	49.2	32.2	18.6	100
현재 단가(원/kWh)	61.8	103.7	154.8	92.59
수정 단가(원/kWh)	81.8	103.7	154.8	102.43
단가 인상율(%)	-			10.63

전기 요금 제도 개편 방안: (2) 주택용 요금

이전 주택용 전기 요금의 누진제는 일부 개선이 필요하지만 큰 골격은 유지하는 것이 필요했다. 아래에서는 가정용 전기 요금 제도의 개선 방향을 제시하겠다. 첫째, 각 가정에서 쓰는 평균적인 전력 사용량을 참고하고 사회적인 합의를 통해서 '최소필요전력량'을 설정한 후, 이 전력 사용량에 대해서는 원가 이하로 최소 요금으로 공급하여 에너지 빈곤을 해결할 뿐만 아니라 보편적인 전력 공급을 가능하게 할 필요가 있다. 둘째, 가장 많은 가구가 위치하고 있는 200~400kWh 대의 구간은 원가 수준과 아주 조금 높은 수준으로 요금을 설정한다. 셋째, 400kWh 이상의 구간의 전력량 소비 가구는 원가 이상의 요금을 지불하도록 하며 보다 강화된 누진제를 적용하도록 한다. 이 구간의 이용자들은 보편적 공급 구간의 이용자들에게 할인된 비용을 보전할 수 있도록 하는 요금을 부담하도록 한다. 즉, 2015년 현재 19.0%의 전력 소비량을 보여 주는 1, 2구간 사용자에게 제공되는 할인 요금액을 12%의 전력 소비량을 보여 주는 5, 6구간 사용들의 요금에 반영하여 지원토록 하는 방안이다. 이는 전력 다소비 가구

그린 챌린지: 한국환경보고서 2017

들의 낭비적인 전력 소비를 막는 효과도 가질 것이다. 넷째, 다인 가구의 경우에 전기 요금을 할인해 주는 현행 제도를 강화한다 (예를 들어 한 단계 아래 요금을 적용할 수 있다). 이상의 개편 방향을 반영하여 도식화해 보면 아래 그림과 같다.

대안적인 가정용 전기 요금 누진제 개편안 * 그림 안의 데이터는 2015년 기준

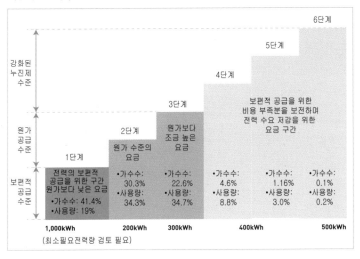

"기장 주민 투표 1주년이 지났다.
앞으로 우리가 만들어 갈 사회는
앞서 억눌리고 왜곡되고 외면되었던
목소리들이 주목받을 수 있는
사회가 될 것이다.
그러기 위해서는
질긴 연대가 필요하다.
작게는 탈핵 정책을 지지하는 서명조차도
질긴 연대를 이어지게 하는
힘이 될 것이다."

기장 해수–담수 공급 찬반 주민 투표

포기와 배제의 시간을 넘어서고 있는 사람들

정수희 에너지정의행동 활동가

그린 챌린저: 한국환경보고서 2017

2017년 3월, 기장 주민 투표 1주년 사업을 준비하는 주민들의 마음은 분주했다. 2016년 주민 투표를 치러냈을 때처럼 이 일을 해낼 수 있을까 하는 두려움과 누구와 함께 이 일을 해야 할까라는 어려움이 자리했다. 그러나 주민들은 1년 전 그때처럼 1주년 사업 역시 잘 해낼 것이라는 믿음이 있었다.

"핵발전소 주변이라는 특성으로 인해서 어떻게 보면 자의 반 타의반으로 포기나 배제를 시켰던 배경과 역사가 있지 않았을까요?" 김준한 신부가 한 말이다. 기장에는 현재 7기의 핵발전소가 가동 중에 있고, 3기의 핵발전소가 건설 중이거나 추진 중에 있다. 핵발전소가 가동되고 있는 지역이다 보니, 이와 관련한 주민들의 선택권은 이미 '포기'되거나 '배제'당하는 경우가 많다. 핵발전소를 추가 건설하는 일, 발전소의 출력을 증강하는 일, 발전소 내 핵폐기물을 이동시키는 일 등에서 정부와 한국수력원자력은 언제나 원하던 바를 이루어냈다. 그 과정에서 주민들의 의사와 선택은 보상의 문제로만 국한되었다. 주민들에게는 보상 이외에 다른 의견을 표하거나 관철시킬 권리와 힘이 없었다.

기장 해수-담수 수돗물 공급 문제도 처음에는 그러했다. 부산시 상수도사업본부는 절차와 과정상 "일부 주민들의 반대 의견"은 전혀 문제가 되지 않는다는 입장이었다. 주민 투표가 목전에 있을 무렵에는 "해수-담수 수돗물을 지역 주민들이 마셔서, 핵발전소의 안전성을 주민들이 직접 증명해 줘야 하지 않냐"는 국회의원 후보의 발언도 있었다. 핵발전소 주변 지역이기 때문에 약간의 소란은 있을지언정, 결국 주민들이 정부나 지자체의 결정을 수용할 것이라는 인식이 정부와 지역 정치인, 지자체에 팽배했다. 핵발전소 주변 지역이라는 특수성이 누구라도 누리고 있는 권리를 포기하도록 강요하고, 실질적인 참여를 배제해 온 역사가 일상으로 자리 잡고 있었다. 우리는 이를 부정할 수 없다.

"우리는 마루타가 아니다"

기장 해수-담수 수돗물 공급 계획이 처음 알려진 것은 2014년 11월이었다. 이미 2008년부터 기장 해수-담수 시설이 추진되고 있었지만, 주민들은 이 시설이 수돗물을 공급하는 시설임을 알

143

지 못했다. 그도 그럴 것이 부산시는 애초에 이 시설이 삼투압 방식을 이용한 대규모 해수-담수 시설을 상업화하기 위한 '시험용' 시설이며, 여기서 생산되는 담수는 '공업용'으로 활용될 것이라 설명하였다. '시험용·공업용'으로 추진되고 있던 기장 해수-담수 시설이 완공을 1여 년 앞두고 '수돗물 공급 시설'로 둔갑한 것이다.

모두가 잘 알고 있다시피, 기장에는 40년째 핵발전소가 가동되고 있다. 2014년 11월은 균도네 가족이 한국수력원자력을 상대로 제기한 "갑상선암 소송"[1]이 승소한 직후였다. 핵발전소가 인근 지역 주민들의 건강에 미치는 부정적 영향이 사실로 드러나고 있던 때였다. 더욱이 고리 1호기 블랙아웃 사태와 신고리 핵발전소 시험 성적서 위조, 한국수력원자력 비리 사건 등으로 핵발전소에 대한 신뢰가 땅으로 떨어진 때였다. 이러한 악조건에서 부산시 상수도사업본부는 기장 해수-담수 시설의 담수를 수돗물로 공급한다는 계획을 일방적으로 발표한 것이다.

그린 챌린지: 한국환경보고서 2017

---

1   일명 '균도네 소송'이라 불리는 균도네 가족의 갑상선암 소송은 후쿠시마 사고 직후인 2011년 4월 서울대학교 의학연구원에서 발표한 보고서 「원전 종사자 및 주변 지역 주민 역학조사 연구」가 발단이 되었다. 이 보고서에는 1991년부터 2011년까지 핵발전소 가동으로 인한 주변 지역 주민들의 암 발생 위험도를 역학적으로 평가한 연구 결과가 담겨 있었는데, 여성의 경우 핵발전소 주변 지역 주민들의 갑상선암 발병 비율이 타 지역과 비교하여 1.5배 이상 높다고 보고되어 있다. 이 보고서를 바탕으로 균도네 가족은 2012년 7월 한국수력원자력을 상대로 손해배상 소송을 시작하였고, 2014년 10월 부산지방법원은 원고 일부 승소 판결을 내렸다. 즉 균도네 가족이 겪고 있는 여러 질병 가운데, 균도 엄마의 갑상선암 발병에 한국수력원자력이 책임이 있다고 판단하고 이에 대한 손해배상 판결을 내린 것이다. 서울대학교 보고서와 균도네 소송은 핵발전소의 가동이 지역 주민의 건강에 유해한 영향을 미칠 수 있다는 인식을 형성하게 하였다.

기장군 주민들은 최초의 핵발전소 가동에 이어 핵발전소 인근의 바닷물을 수돗물로 마시는 최초의 주민이 되는 상황이었다.

기장 해수-담수 시설의 수돗물 공급 사업은 기장군 3개 읍면과 해운대구 1개 동에 추진된다고 발표되었다. 기장군 주민들은 최초의 핵발전소 가동에 이어 핵발전소 인근의 바닷물을 수돗물로 마시는 최초의 주민이 되는 상황이었다. 핵발전소 가동으로 인해 인근 지역 주민의 건강에 미치는 부정적 영향이 규명된 지 얼마 지나지 않아, 기장군 주민들은 또다시 핵발전소 인근 바닷물을 수돗물로 마시며 건강상에 아무런 영향이 없다는 것을 증명해 줘야만 하는 셈이다.

주민이 마시는 물은
주민이 결정한다

부산시는 기장 해수-담수 수돗물 공급을 추진하며 과정상에 아무런 문제가 없었다고 주장하였다. 즉 시설을 추진하는 과정에서 시설 부지에 해당하는 주민들에게 시설 추진에 대해 충분히 설명했고, 보상도 끝났다는 것이다.

그러나 시설 추진 과정에서 부지 인근 주민뿐 아니라 수돗물 공급 대상인 기장군 3개 읍면 주민들에게 시설 추진을 설명하고 동의를 받았냐는 질문에 부산시는 답변을 하지 못했다. 또한 부지 인근 주민들을 대상으로 한 설명회에서 해수-담수 시설을 수돗물 공급 시설로 활용한다는 계획을 발표하였냐는 질문에도 부산시는 답변하지 못했다.

기장 해수-담수 수돗물 공급 계획에 대한 기장군 및 해운대구 주민들의 반발이 거세지자, 부산시는 2015년 6월 "수질검증협의회"를 추진하여 주민들의 불신을 불식시키려 하였다. 그러나 기장군 주민 대표와 부산시 상수도사업본부 인사들로 구성된 수질검증협의회는 준비 모임 중에 무산되어 버렸다. 수질검증협의회의 정관 협의 과정에서 "물이 안전하다는 것이 확인되면 '주민 투표를 통해 최종 결정할 수도 있다'"는 규정이 문제가 되어 상수도본부 측 위원들이 자리를 박차고 퇴장해 버렸기 때문이다. 이후 부산시는 해수-담수 사업에 호의적인 인사들을 중심으로 "수질검증연합위원회(이하 수질검증연합회)"를 다시 구성했다.

수질검증연합회는 2015년 8월에 활동을 시작하여 같은 해 11월에 조사 활동을 종료하고, "기장 해수-담수화 물 공청회"를 개최하였다. 이를 바탕으로 2015년 12월 4일 금요일 저녁, 부산시는 언론을 통해 기습적으로 통수 예정일을 통보하였다.

그간 기자회견, 서명, 항의 방문 등의 소극적 방식으로 활동을 해오던 기장 주민들은 부산시의 기습적 통수 통보를 기점으로 하여 적극적으로 재조직되었다. 부산시가 통수 통보를 한 12월 4일부터 기장군 주민들은 군청 앞 농성을 시작하고, 다음날은 토요일에도 불구하고 7시간 동안 군수 면담을 진행하였다. 그리고 12월 7일 월요일에는 주민 300여 명이 시청과 군청을 항의 방문하였다. 이날 항의 방문에는 기장읍 3개 초등학교 학생들이 등교를 거부하고 부모들과 함께 항의 방문에 동참하였다. 매일 저녁 100여 명이 넘는 주민들이 참여한 촛불집회가 이어지고, 2,000여 명의 주민들이 참여한 인터넷 커뮤니티에는 하루에도 수백 개의 글들이 올라왔다.

그리고 그 중심에는 "주민 투표"가 있었다. 삼척과 영덕의 주민 투표 사례를 통해 기장 주민들은 이 사안 역시 주민 투표로 주민들이 직접 결정해야 할 사안임을 확신했다. 매일 이어지는 촛불집회와 농성을 통해 주민들은 주민 투표 실시에 대한 압력을 넣기 시작했다. 그리고 주민들의 이러한 거센 분위기에 기장군의회가 바로 반응을 했다. 부산시가 통수 통보를 한 후 2주밖에 지나지 않았는데도, 기장군 의회는 "주민 투표 촉구 결의안"을 만장일치로 통과(2015년 12월 18일)시킬 수밖에 없었다.

기장 주민들에게는 주어진 시간이 얼마 없었다. 주민들의 거센 항의로 부산시가 통수하기로 예정한 12월 7일은 넘기기는 하였으나, 언제 물이 공급될지 몰랐다.

주민들의 주민 투표의 요구는 막다른 골목에 서게 된 주민들의 마지막 선택이었다. 주민들은 균도네 갑상선암 소송을 담당하고 있는 변호사를 초빙해 주민 투표 설명회를 가지고, 내부적으로 주민 투표에 대한 논의를 확산시켜 나갔다. 주민 투표 방법으로는 주민투표법에 따른 주민 투표와 삼척과 영덕에서의 경우처럼 민간 주도 주민 투표가 동시에 고려되었다. 강제 통수 시점이 얼마 남지 않았다는 판단이 두 가지 방법 모두를 고려하도록 만들었다.

주민 투표가 이룬 성과

2016년 1월 3일, 기장 해수-담수반대대책협의회 주민들은 부산시를 상대로 기장 해수-담수 주민 투표 대표자 증명서 교부 신청서를 제출하며, 민간 주도 주민 투표 돌입 기자회견을 함께 가졌다. 주민 투표 논의 과정에서 기장군과 부산시가 주민 투표를 수용할 의사가 없음이 확인되었기 때문에, 주민 투표법상 절차에만 의존할 수 없었다. 주민들은 기자회견 직후 부산의 시민사회 대표자들과 간담회를 가지고 기장 주민 투표에 함께해 줄 것을 요청하였다.

그린 챌린지: 한국환경보고서 2017

인명부 작성을 위해 서명을 다니고 있는 기장 주민들. ⓒ 장영식

    그리고 1월 20일, 부산시는 기장 해수-담수 사업이 국책사업이라는 이유를 들어 주민 투표 대표자 증명서 교부를 거부했다. 주민들은 대표자 증명서 교부를 거부한 부산시를 대상으로 취소 소송을 제기함과 동시에, 1월 25일부터는 민간 주도 주민 투표 추진을 위한 '주민 투표 동의 서명'에 들어갔다. 주민 투표 동의 서명이 시작된 지 20일 만에 민간 주도의 "기장 해수-담수찬반주민투표관리위원회(이하 주민투표관리위원회)"가 출범(2016년 2월 15일)하였다. 부산의 여러 시민사회 단체 인사들과 변호사들로 구성된 주민 투표관리위원회는 3월 19일과 20일을 주민 투표일로 정하고 주민 투표 업무를 시작했다.

    주민 투표가 공식적으로 언급이 된 것은 2015년 12월 18일, 기장군의회가 '주민 투표 촉구 결의안'을 만장일치로 통과시키면서였다. 그리고 두 달이 채 지나지 않아 민간 주도의 주민투표 관리위원회가 구성이 되고, 만 석 달째인 3월 19일과 20일에 주민 투표가 실시되었다.

주민 투표 인명부를 확보하기 위해 서명을 진행하고, 기금을 마련하고, 자원봉사자를 모집하여 주민 투표를 성사시키는 데 석 달이 소요되었다. 석 달은 주민 투표를 성사시키기에 짧은 시간이다. 하지만 전체 5만 9,931명의 유권자 중 1만 4,308명이 투표에 참여하여, 89.3%가 해수-담수 수돗물 공급에 반대한다는 의사를 표출하였다.

그간 부산시와 언론은 '일부' 주민만이 기장 해수-담수 수돗물을 반대한다며, 주민들의 저항을 단지 보통의 사업 추진 과정에서 발생하는 민원으로 여겨 왔다. 그러나 기장 주민 투표 이후 부산시는 더 이상 대다수 주민들의 의향을 무시한 채 일방적으로 정책을 추진할 수 없었다.

주민 투표를 3월에 진행한 것은 4월에 있을 20대 총선을 염두에 둔 것이기도 했다. 총선 전에 주민들의 의사를 확인하여, 총선 후보들로 하여금 주민들의 뜻을 거스르지 못하도록 해야 했다. 그러나 4월에 치러진 20대 총선에서 기장 주민들은 국회의원 당선자로부터 명확한 입장을 듣지 못했다. 선거구 개편으로 기장군에서 처음으로 단독 국회의원 선거를 치렀지만, 당선자는 윤상직 전 산업부 장관이었다. 윤 당선자는 후보 시절부터 "기장 해수-담수 수돗물 공급 사업이 철회된다면 핵발전소의 안전성을 주민들 스스로가 부정하는 바 지역 경제에 좋지 않은 영향을

그린 챌린지: 한국환경보고서 2017

기장해구대공급 문제
수돗물 공급 문제
주민투표 대상이다!

서병수 시장님!
법원의 판결입니다!
기장주민투표 수용하여
기장해수담수 공급
철회하십시오!

부산지방법원의 판결 이후 주민들은 부산시청 앞 1인 시위를 진행하였다.
© 장영식

미친다"며 철회 불가의 입장을 밝혔다.

윤상직 국회의원은 당선 직후 기장군 의회를 움직여 부산시가 제안한 "기장군 의회 수질 검증안"을 받아들이게 하였다. 이로서 기장군 의회가 주도하여 수질 검증이 재실시되는데, 이는 세 번째 수질 검증이었다.

기장군 의회가 주도하는 수질 검증에는 군의원들의 인맥이 동원되어, 찬반 운동에 직간접적으로 개입한 지역의 인사들이 위원으로 참여했다. 찬반 의향을 가진 인사들이 동등하게 수질 검증에 참여해, 주민들을 대신해 해수-담수의 안전성을 확인하겠다는 취지였다. 대신 군의회는 이번 수질 검증이 해수-담수 공급과는 무관한 것이라고 주장하였다. 하지만 주민들은 군의회의 이러한 주장을 곧이곧대로 해석할 수가 없었다.

그러던 가운데 지난 1월 29일에 제기한 '주민 투표 대표자 지위 확인 소송'에 대한 판결이 났다. 부산지방법원은 "기장 해수-담수 수돗물 공급은 부산시의 사무이고, 기장군 주민들에게 과도한 부담을 주는 사안으로 주민 투표의 대상이다"라며 국책 사업을 핑계로 주민 투표를 거부한 부산시의 결정이 부당하다는 판결(부산지방법원 판결문 2016. 9. 8.)을 내렸다. 주민들의 요구가 정당한 요구였음을 법원이 인정한 것이다.

부산지방법원의 판결이 난 것은 군의회 주도의 수질검증위원회의 활동이 시작된 직후였다. 주민 투표 성사에도 불구하고 총선 패배와 수질 검증 재실시로 불안감이 커지고 있는 가운데 난 법원의 판결은 주민들에게 큰 힘을 불어넣어 주었다.

그리고 비슷한 시기에 출범한 '기장해수담수반대부산범시민대책위원회(이하 범시민대책위)' 역시 기장 주민들의 싸움에 다시 한 번 정당성을 실어 주고, 반대 운동을 확장케 하였다.

직접 민주주의의
힘을 실현하다

　기장 주민 투표와 법원의 판결, 추석을 전후로 한 지진 발생에 따른 여론 악화 등의 이유로 부산시는 기장 주민들에게 해수-담수를 원하는 사람들에게만 공급하겠다는 일명 '선택적 물공급 계획'을 발표(2016년 12월 19일)하였다.

　'선택적 물공급 계획'은 여전히 많은 문제를 가지고 있다. 부산시는 단 한 가구라도 수돗물 공급을 원치 않으면, 그 구역에는 해수-담수를 공급하지 않겠다는 뜻을 밝혔다. 그러나 물 공급을 원하는 사람들의 의사를 어떻게 확인할 것인지, 상대적 약자인 세입자들의 의사는 어떻게 반영할 것인지, 공공 시설 및 상업ㆍ공업 용수로 인해 불가피하게 음용이 발생하는 상황에서 생기게 되는 문제들은 어떻게 해결할 것인지 등 구체적인 계획들은 밝히지 않았다.

　기장 주민들과 범시민대책위는 선택적 공급 계획 발표가 주민들에게 또다시 책임을 전가하고, 주민 내부 갈등을 조장한다는 비판의 목소리를 높이고 있다.

　기장 주민 투표가 실시된 지 1년이 되었다. 그 사이 기장 주민들은 기장에서 핵 산업계를 견제할 가장 큰 세력으로 성장하였고, 또한 지역과 사회에 참여하는 가장 적극적인 시민이 되었다.

　주민 투표를 준비하는 과정에서 사진조차 찍히길 거부하

2판 이슈 : 2016년 10대 환경 뉴스

던 주민들은 주민 투표일이 다가오자 카메라 앞에 당당히 포즈를 취하게 되었다. 동의 서명을 받으러 다니는 동안에는 평생 한 번도 경험해 보지 못한 모욕을 당하기도 하였지만, 함께하는 사람들을 통해 "우리들의 요구가 무리한 것이 아니라, 매우 정당하다"는 신념을 획득할 수 있었기 때문이다.

기장에서의 싸움은 여전히 진행 중이다. 그러나 이제 기장 주민들은 혼자 싸우지 않는다. 기장 해수-담수의 문제는 이제 기장 주민들만의 문제가 아니라, 안전의 문제로, 부산 전체의 문제로 확대되었다. 또한 기장 주민들은 기장의 문제가 핵발전소로 인해 발생한 문제임을 인식하고, 탈핵 운동 진영과 지속적인 연대를 하고 있다. 나아가 기장 주민들은 탈핵뿐만 아니라 사회적 소수여서 희생을 강요당하고, 선택을 강요당하는 사람들과 연대를 하고 있다.

부산시가 '선택적 물공급'이라는 계획을 밝히면서 부산시는 기장 주민들의 싸움이 일단락될 것이라 믿었을 것이다. 그러나 기장 주민들은 '선택적 물공급'이라는 허울 좋은 명분이 사회적 차별을 만들어내고, 결국 원치 않는 수돗물을 강제하게 될 것이라는 사실을 잘 알고 있다. 더 나아가 기장 주민들은 대규모 해수-담수 시설이 주변 해양 환경에 미치는 영향에 대해서 고민하고, 사람뿐만 아니라 주변 자연환경에 부담을 덜 주는 방식의 삶을 고민하기 시작했다.

주민 투표 1주년 행사를 준비하며, 기장 주민들은 주민 투표 이후 그들의 변화된 삶을 기록하기 시작했다. 주민 투표는 직접민주주의의 힘을 믿은 순진한 사람들의 우직한 실천이었다. 그러나 아직도 주민들의 싸움은 끝나지 않았고, 여전히 많은 불안과 걱정에 하루하루를 보내고 있다.

포기와 배제의 시간을 넘어

주민 투표를 경과하면서 기장 주민들은 싸움의 정당성을 확인할 수 있었다. 이는 기장을 넘어선 많은 시민들의 연대를 통해 가능할 수 있었다.

그러나 기장군 의회의 수질 검증 활동으로 주민 조직 내의 갈등은 매우 증폭되었다. 기장 해수-담수 반대 운동에 적극적으로 함께해 왔던 군의원과 지역 내 인사들이 수질 검증 활동에 적극적으로 참여하면서 어떻게 대응할 것인지와 관련해서 주민 조직 내 갈등이 폭발한 것이다. 또한 부산시의 '선택적 공급' 발표 이후에도 이를 둘러싼 해석에 주민 간 갈등이 나타났다. 부산시의 '선택적 공급' 발표를 사실상 부산시의 해수-담수 수돗물 공급 포기로 해석해야 한다는 의견과 그렇지 않고 신중히 접근해야 한다는 의견이 주민들 내부에서 합의되지 않고 외부로 표출되었다. 이는 어쩌면 당연한 일일지도 모른다. 그러나 주민들은 연대를 해준 사람들을 실망시키지 말아야 한다는 부채감 때문인지 주민 내부의 갈등 발생에 대해 미안해했다.

주민들의 적극적인 의지와 행동이 아니었다면, 기장 해수-담

기장 해수−담수 문제는 시민의 안전, 복지와 환경, 인권의 문제로 인식되었다.
그러나 핵발전소 지역 주민들의 삶은 쉽게 간과된다. 고리 핵발전소 전경.
ⓒ 장영식

수 문제는 탈핵 운동 진영에도 큰 의제가 되지 못했을 것이다.
언제나 그랬듯 핵발전소가 있는 지역이기 때문에 지역 주민들이
겪게 되는 부당한 일 가운데 하나로 여겼을 것이다. 안타깝지만
주민들이 직접 나서지 않는 이상, 탈핵 운동 진영이 직접 나서서
할 수 있는 일은 매우 제한적이라 여겨졌을 것이다.

　　핵발전소 지역은 오랜 싸움과 지속적인 보상으로 주민 운
동의 정당성과 의미를 제대로 평가받지 못하는 경향이 있다. 이
는 자의반 타의반으로 포기되거나 배제되어 온 하나의 역사이기
도 하다.

　　후쿠시마 사고 이후 핵발전소 문제는 단지 핵발전소 인근
지역 주민들만의 문제가 아니라 이웃 도시와 나라 전체, 더 나아

가 인류 전체의 문제로 확대되고 있다. 이는 핵발전소 건설 문제가 단지 해당 지역 주민들의 동의를 얻는다고 할 수 있는 문제가 아니라 국책 사업에 걸맞게 국민적 수준의 논의와 합의가 필요하다는 사회적 공감대가 형성된 것이라고 할 수 있다. 그러나 핵발전소 인근 지역 주민들이 겪고 있는 여러 문제들에 대해서는 핵발전소를 추가 건설하는 문제만큼이나 사회적 공감대가 형성되어 있지 않다.

기장 해수-담수 문제가 부산 전체의 문제로 확장되면서 전체 시민의 안전 문제로, 복지와 환경의 문제로, 기본권과 인권의 문제로 인식되었다. 그러나 여전히 핵발전소 지역 주민들이 겪고 있는 건강상의 문제, 생활환경의 문제, 생존의 문제는 쉽게 간과되고 왜곡된다.

기장 주민 투표 1주년이 지났다. 앞으로 우리가 만들어 갈 사회는 앞서 억눌리고 왜곡되고 외면되었던 목소리들이 주목받을 수 있는 사회가 될 것이다. 그러기 위해서는 질긴 연대가 필요하다. 작게는 탈핵 정책을 지지하는 서명조차도 질긴 연대를 이어지게 하는 힘이 될 것이다.

"구상나무는 전 세계에서
오직 우리나라의 지리산, 한라산,
덕유산 등에만 서식하는
국제적인 보호종이다.
한국 특산 전나무속 수종인
구상나무의 고사가 특히 심각한
문제인 이유는
기후변화에 가장 직접적인
영향을 받고 있는 고산 침엽수이며,
구상나무가 한반도에서 멸종하는 것이
즉 지구상에서 완전히 멸종하는 것을
의미하기 때문이다."

7

사라지는
한반도의
고산 침엽수

서재철 녹색연합 전문위원

그린 챌린지: 한국환경보고서 2017

한반도 고산 침엽수가 빠른 속도로 죽어 가고 있다. 한라산과 지리산의 구상나무를 비롯하여, 오대산, 태백산, 설악산 등의 분비나무가 고사되고 있다. 지리산, 덕유산, 계방산 등의 가문비나무도 비슷한 상황이다. 원인이 명확하지는 않다. 현재까지 정부나 학계, 현지 관계 기관 등의 조사 및 검토 의견을 종합하면 기상이변, 즉 기후변화의 영향으로 추정하고 있다. 심각한 양상이다. 특히 한라산과 지리산의 구상나무와 오대산과 설악산의 분비나무는 멸종을 언급할 정도로 급속히 쇠퇴, 고사하고 있다

　　2016년 4월 4일 녹색연합에서 한라산과 지리산 구상나무, 설악산 분비나무 등 주요 고산 침엽수의 집단 고사 결과를 발표했다. 2014년 3월부터 2016년 3월까지 2년에 걸쳐 모니터링한 결과였다. 그런데 이번 봄을 지나고 나니 그 속도가 더욱 빠르게 진행되어 가고 있었다. 현장은 우리의 예상보다 더 빠르게 죽음의 길

로 접어들고 있었다. 이런 상황이 왜 일어나는지, 우리가 할 수 있는 것은 무엇인지, 질문과 의문이 교차하지만, 이렇다 할 구체적인 대책은 묘연하다. 한 가지 분명한 것은 죽음의 전체적인 현황부터 기본적인 실태까지 제대로 파악하지도 못하고 있다는 점이다.

한라산 구상나무의 고사 실태와 양상

구상나무는 가문비나무, 좀비나무, 분비나무 등의 고산 수종들과 함께 한반도 기후변화의 척도가 되는 '기후변화 지표종'이다. 지구온난화로 인해 평균 기온이 지속적으로 상승할 경우 타 수종에 비해 분포 면적이 급격하게 감소될 것으로 예측되고 있다. 실제로 우리나라에서 가장 넓게 분포하는 한라산 구상나무 군락조차 소멸 위기에 놓여 있다.

기후변화에 의한 한라산 구상나무의 위기가 본격적으로 언급된 것은 2007년 6월이었다. 제주 한라산연구소는 2007년 6월에 한라산 구상나무 숲의 고사 진행률이 8.1%라고 언급했다. 한라산 북부 및 서부 지역에 분포하는 구상나무가 적설량이 적고, 지구온난화 등의 영향으로 성장이 둔화돼 8.1%가 고사했다는 것이다.

환경부는 2009년 3월, 기후변화로 인해 한라산 구상나무 숲의 3분의 1이 사라진 것으로 발표했다. 환경부는 국가장기생태연구 2008년도 조사 결과에서 "한라산 해발 1000m 이상 고산지대를 조사한 결과 구상나무 숲의 면적이 1967년 935.4ha에서 2003년 617.1ha로 감소했다"고 밝혔다. 36년 동안 34%가 줄어든 것이다.

구상나무 숲은 안정된 극상림으로 한 그루가 죽으면 그 자리에 새 나무가 돋아났다. 최근엔 물참나무 등 온대성 나무가 자라는 경향이 나타는 것으로 보고 있다. 기온 상승에 따라 한대림이 온대림으로 바뀌고 있는 것이다.

2013년부터는 구상나무 숲에 대한 보존 대책이 본격적으로 언급되기 시작했다. 국제자연보전연맹(IUCN)은 2013년 3월 제주도 한라산 등에 분포한 구상나무를 멸종 위기종으로 지정했다. 1998년 이래 '위험에 처한 적색 목록' 6등급 가운데 위기 근접종으로 분류했던 한국 특산종인 구상나무를 2012년 개정판에서 멸종 위기종으로 두 등급 상향시킨 것이다.

한라산 구상나무는 총 795ha의 숲이 형성돼 있으나 2000년대 들어 급속도로 면적이 감소하고 있고, 나무가 활력을 잃어 가면서 말라 죽는 현상이 급증하는 것으로 관찰되고 있다. 이는 기후변화 등에 따른 급속한 분포 면적 감소 때문이다. 평가서에 따르면 구상나무는 가야산, 지리산, 덕유산 및 제주도의 한라산에 분포하고 있으며, 분포 면적은 12km²로 추정되고 있다. 그러나 분포 지역 간 거리가 멀어 유전자 교환이 이루어지는 데 어려움이 있는 등 종 집단 유지에 문제가 있으며 분포 면적의 감소 또한 명백하게 드러나고 있다.

특히 한라산에서는 제주조릿대와 소나무의 침입이 구상나무 자생지의 여건을 악화시키는 것으로 분석됐다. 아울러 국제자연

보전연맹은 만약 구상나무 분포 면적이 $10km^2$ 이하로 축소된다면 극심 멸종 위기종으로 분류될 것이라는 경고도 덧붙이고 있다.

2014년 9월에는 한라산의 구상나무 절반가량이 말라 죽었다는 조사 결과가 나왔다. 한라산연구소가 2013년 10월부터 2014년 4월까지 구상나무 분포 지역 10곳을 대상으로 표본 조사한 결과, 구상나무 2그루 가운데 1그루가 말라죽은 것으로 조사됐다.

한라산연구소는 "한라산 구상나무는 1990년대까지 노령화, 종간 경쟁 등으로 자연적인 고사가 주요 요인이었다. 그러나 2000년대부터는 기후변화에 의한 적설량 감소, 차가운 바람에 의한 건조 등이 고사에 영향을 주고 있다"고 밝혔다. 구상나무는 눈에 덮인 채 온도를 유지하며 겨울을 나지만 최근 기상 이변에 따른 적설량 감소로 차가운 바람이 직접 나무에 몰아치면서 생육에 이상이 생기고 있다. 태풍, 집중 강우 등이 뿌리를 흔들어 성장 기반을 악화시키는 것도 고사의 한 요인으로 보고 있다.

실제로 한라산국립공원의 주요 탐방로를 살펴보면 멀쩡히 살아 있는 구상나무를 찾기가 매우 어렵다. 한라산의 성판악 코스, 영실 코스 등 주요 법정 탐방로의 구상나무 숲은 대부분 하얗게 말라서 죽어 있는 고사목 군락으로 변해 있다. 키 큰 구상나무부터 어린 구상나무까지 예외 없이 죽어 있거나, 죽어 가는 경향을 보이고 있다. 잎이 다 떨어지고 줄기와 가지만 남은 것이 70~80%가량이다. 아울러 잎이 떨어지면서 붙어 있는 잎들 중 갈색으로 붉게 물들면서 죽어 가는 것이 20% 내외로 추정된다. 살아 있는 나무들도 활력이 떨어져 말라죽고 있다. 한라산 탐방로, 즉 등산로에서 구상나무 고사목을 쉽게 관찰할 수 있다.

등산로 주변의 구상나무 역시 대부분 죽어 가고 있다. 앙상한 뼈만 남은 듯 허옇게 말라 있는 고사목이 즐비하다. 한라산을 평생 한두 번 혹은 몇 년에 한 번 오는 육지의 등산객들은 본래 고사목 지대로 여기고 지나간다. 하지만 한라산을 수시로 오르는 제주 사람들은 다르게 받아들인다. 그 푸르고 푸르렀던 상록수 구상나무가 뼈만 남은 모습에 '이것이 정말 기후변화인가' 하는 우려를 나타낸다. 한라산 구상나무는 지난 2009년을 전후로 집단 고사의 양상으로 접어들었다. 그 이후 고사의 면적과 양상이 본격화되어 지금은 주요한 등산로에서 보이는 구상나무는 죽은 것이 산 것보다 더 많다.

한라산은 대한민국이 국제 사회에 보전을 약속하며, 세계자연유산으로 등재된 곳이다. 그래서 한라산은 국내의 기준을 넘어서 유네스코의 관리 기준에 입각하여 보전하고 관리해야 하는 곳이다. 그러나 제주특별자치와 환경부 등 관계 당국은 보다 적극적인 보전 대책을 마련하지 못하고 있다. 세계유산 관리를 제대로 하지 않고 있는 것이다. 국제적인 보호종인 구상나무의 죽음에 대해 체계적이고 정밀한 전수 조사는커녕 기초 조사도 못하고 있는 실정이다.

지리산 구상나무는 어떨까?

구상나무는 전 세계에서 오직 우리나라의 지리산, 한라산, 덕유산 등에만 서식하는 국제적인 보호종이다. 한국 특산종답게 학명에도 한국이 명시되어 있다. 이러한 구상나무의 집단 고사는 한라산에서 시작하여 최근에는 지리산에서도 뚜렷하게 발견되고 있다.

2014년부터 지리산 반야봉, 천왕봉, 토끼봉, 연하봉 일대에 우리나라 고유종인 구상나무의 고사가 진행 중에 있다. 국립공원 주능선을 중심으로 집단 고사가 눈에 띈다. 한국 특산 전나무속 수종인 구상나무의 고사가 특히 심각한 문제인 이유는 기후변화에 가장 직접적인 영향을 받고 있는 고산 침엽수이며 구상나무가 한반도에서 멸종되는 것이 즉 지구상에서 완전히 멸종하는 것을 의미하기 때문이다.

지리산에서 구상나무의 집단 고사는 빠르게 진행 중이다. 2014년 이후로 최근 2~3년 동안 구상나무 집단 고사의 징후가 본격적으로 나타났다. 노고단, 임걸령, 반야봉, 토끼봉, 연하봉, 천왕봉, 중봉 등 해발 1,400~1,900m 전후의 위치에서 집단 고사가 진행되고 있다. 특히 돼지령, 반야봉, 토끼봉, 연하봉에서의 구상나무 집단 고사 속도는 심각한 수준이다. 1,732m 높이의 반야봉의 경우 정상부터 해발 1,500m 일대까지 곳곳에서 죽어 가는 구상나무를 찾아볼 수 있다. 이 상태라면 향후 10년 안에 반야봉 1,600m 위쪽에 서식하는 구상나무는 대부분 고사될 우려가 있다. 토끼봉의 구상나무 고사는 등산로 근처에서도 집단적으로 나타나고 있는 상황이다.

지리산에서 집단 고사하고 있는 구상나무의 키는 7~20m 내외로 줄기와 가지만 남은 채 잎이 모두 떨어진 상태이다. 초기

구상나무의 고사가 특히 심각한 문제인 이유는 구상나무가 한반도에서 멸종하는 것이 지구상에서 완전히 멸종하는 것을 의미하기 때문이다. ⓒ 녹색연합

고사가 시작될 때는 줄기의 겉껍질이 벗겨지면서 검은색을 띠게 된다. 초기에는 가지 끝이 일부 남아 있지만 1년 정도가 지나면 가지 끝 부분의 잔가지는 완전히 사라지게 되고 줄기와 굵은 가지가 하얗게 변하여 마치 해골과 같은 모습을 보인다. 지리산의 경우 노고단에서부터 돼지령, 임걸령, 반야봉, 토끼봉, 연하봉 등의 지역을 따라 이러한 모습을 확인할 수 있다. 지리산국립공원의 서부 지역 주능선에서는 회색빛이나 검은빛을 띠는 고사목들이 천연림 사이에 자리하고 있다.

 지리산은 한라산, 덕유산과 함께 희귀종 구상나무의 집단

그린 챌린지: 한국환경보고서 2017

서식지이다. 그러나 구상나무의 집단 고사가 지리산을 빠르게 덮치고 있다. 천왕봉과 반야봉 일대에서는 멀쩡한 구상나무를 찾아보기 힘들 정도이다. 녹색연합은 2016년 지리산 동부 천왕봉과 서부 반야봉 일대의 구상나무 집단 고사 실태를 직접 눈으로 확인했다. 두 권역에서 구상나무가 무리를 이루어 급격하게 죽어 가고 있었다.

특히 등산로 주변의 구상나무는 정상적인 개체를 거의 찾아볼 수 없었다. 키 3~20m, 지름 10~40cm로 크고 작음에 관계없이 대부분의 구상나무의 잎이 반 이상 붉은빛으로 변하며 떨어지고 있는 상태였다. 잎이 사라진 잔가지는 마치 뼈를 바르고 난 생선처럼 앙상한 몰골을 하고 있었다. 고사 초기에는 잔가지 끝에서 푸른 잎이 붉게 변하며 서서히 사라지고 결국엔 잎이 거의 남아 있지 않은 상태에 이른다. 이 단계까지 진행된 구상나무가 다시 되살아나는 것은 거의 불가능하다.

게다가 구상나무는 뿌리가 옆으로 뻗는 침엽수의 특성을 그대로 가지고 있기 때문에 고사목이 되면 제자리에 서 있지 못하고 쓰러지는 경우가 종종 발생한다. 경사 지역에 고사목이 쓰러지면 폭우가 내릴 경우 산사태로 이어질 위험이 크다. 이미 늦었지만 더 늦기 전에 구상나무의 거대한 무덤으로 변해 가고 있는 지리산에 관심을 갖고 세밀한 관찰과 기록을 시작해야 한다.

앙상한 가지만 남은 채 쓰러진 구상나무 군락이 빠른 속도로 죽음을 맞은 원인은 명확히 밝혀지지 않았다. 하지만 기후변화로 인한 겨울철 이상 고온과 봄 가뭄이라고 추측하고 있다. 구

2편 이슈 : 2016년 10대 환경뉴스

구상나무는 고사목이 되면 제자리에 서 있지 못하고 쓰러지는 경우가 있다. 경사 지역에 고사목이 쓰러지면 폭우가 내릴 경우 산사태로 이어질 위험이 크다. 지리산 노고단~돼지령. ⓒ 녹색연합

그린 챌린지: 한국환경보고서 2017

상나무는 상록수다. 그래서 겨울철에도 광합성 등 생리적 활동을 지속해야 한다. 하지만 겨울철 가뭄으로 수분이 공급되지 않으면 신진대사의 장애를 겪는다. 가뭄에 견디기 위해 나무는 잎 뒷면의 기공을 닫는데, 그러면 체내에서 탄수화물을 만들지 못하고 소비만 하게 되어 나무가 쇠약해진다. 구상나무의 고사가 능선 상에서도 햇빛 노출이 많고 기온이 상대적으로 높은 남서 사면에 집중되어 있는 현상이 원인을 뒷받침해 준다.

구상나무는 세계자연보전연맹이 지정한 멸종 위기종으로 어린 나무들이 잘 발견되지 않고, 발견된다 해도 그 상태가 온전하지 않다. 멸종 위기가 현실화되고 있는 것이다. 신갈나무 등 구

상나무와 경쟁하는 활엽수종이 지구온난화에 따라 저지대에서 고도를 높여 올라오면 고지대에 서식하는 구상나무는 버틸 수 없다. 구상나무 군락지에서 경쟁 수종을 줄이는 등 인위적으로 구상나무를 보호하고 복원해야 할 필요성이 제기되는 이유이다.

2017년 2월 국립공원관리공단은 구상나무의 나이테 분석을 통해 고사 과정을 구체적으로 밝혀냈다. 봄철 수분 부족과 강해진 태풍을 고사의 원인으로 보고 있다. 겨울철 적설량이 부족하거나 봄철 이상 고온으로 눈이 빨리 녹아 버리면 구상나무가 수분 부족으로 병드는 것이다. 빈약한 적설량이나 봄철 강수량, 이상 고온 그리고 강한 태풍은 모두 온난화의 여파다. 2016~2017년 겨울 함백산 적설량은 예년보다 턱없이 부족하다. 2월 중순이면 1m 이상 눈이 쌓였어야 하지만 30cm 정도에 불과하다.

태백산-함백산 분비나무도 이미 시작되었다

태백산과 함백산의 분비나무도 고사의 초기 단계로 접어들고 있다. 태백산과 함백산은 2016년 8월 국립공원으로 지정되었다. 그러나 국립공원의 아고산 생태계 대표 수종인 분비나무가 기후변화의 영향으로 집단 고사하고 있다. 태백산을 포함하여 오대산, 소백산의 분비나무가 집단 고사하는 현상은 우리나라 중부 고산 생태계가 죽어 가고 있음을 의미한다.

2016년 9월 태백산 국립공원을 조사한 결과, 분비나무의

60%가 완전히 고사하였고 40%의 고사가 진행 중에 있었다. 진한 초록빛 수관을 자랑하며 온전하게 자라고 있는 건강한 분비나무를 더 이상 태백산에서 찾아볼 수 없는 것이다.

태백산 유일사, 천제단, 무쇠봉, 문수봉까지 이어지는 주요 능선의 분비나무는 대부분 고사되었거나 고사 중이었다. 온전한 개체는 찾아보기 어려우며 고사 과정에 있는 분비나무들이 뿌리채 뽑혀 쓰러져 있거나 밑동이 부러져 쓰러져 있는 경우도 곳곳에서 보였다. 약 50그루 이상이 쓰러져 있는 상태였고, 주요 탐방로 주변의 분비나무 역시 대부분 죽어 가고 있었다.

태백산을 포함하여 아고산대 고산 침엽수의 명확한 고사 원인과 과정에 대한 면밀한 조사 없이는 분비나무와 같은 고산 침엽수의 복원을 기대할 수 없으며 침엽수뿐 아니라 생태계 전반에 걸쳐 영향을 줄 수 있는 변화를 파악하는 것도 어렵다. 기후변화로 인한 생물다양성 관리에 정부의 적극적인 대응이 절실한 상황이다.

함백산(1,572m)도 이제 집단 고사의 초기 단계에 접어든 것으로 보인다. 백두대간 고산 지역의 분비나무 전체가 멸종 위기에 빠져들고 있다. 함백산 분비나무는 구상나무와 더불어 우리나라의 대표적인 고산 침엽수다. 소백산과 태백산, 오대산, 설악산 등 통상 해발 1,200m가 넘는 산에 서식한다.

함백산 정상에 오르면 분비나무 군락을 쉽게 볼 수 있다. 그러나 분비나무 잎을 뒤집어 보면 병세를 알 수 있다. 건강한 분비나무 잎은 뒷면이 하얗다. 잎을 보호하는 유지 성분이 덮고 있다. 뒷면의 흰색은 다른 침엽수인 소나무나 전나무와 다른 특징

그린 챌린지: 한국환경보고서 2017

을 보인다. 바람이 불면 은빛으로 빛나며 독특한 아름다움을 선사한다. 하지만 함백산 정상의 분비나무 잎들은 흰 유지 성분이 없이 녹색이 그대로 드러나 있다. 일부는 갈색으로 변하기도 했다. 건강을 잃고 속으로 시름시름 앓고 있는 것이다.

가지 끝 부분에서 잎들이 떨어져 나간 나무들도 있다. 일부 가지는 잎이 모두 사라진 채 하얗게 말랐다. 병든 것이다. 이렇게 한번 약해진 나무는 다시 건강을 회복하기 어렵다. 지금은 비록 부분적으로 푸른 잎이 남아 있지만, 2년 안에 죽음을 맞이하게 되는 것이다.

함백산에는 마치 뼈를 드러내듯 하얗게 죽어 있는 분비나무들이 곳곳에서 눈에 띈다. 크기로 보아 한창 젊게 커야 할 나무들도 있다. 일부 나무는 넘어져 뿌리를 드러냈다. 분비나무는 상대적으로 뿌리를 깊게 내리지 않는 천근성淺根性 수종이다. 원래 강풍에 취약하다. 하지만 분비나무는 수십 년 이상 백두대간의 강풍을 견뎌 왔다. 그러나 건강성이 떨어지다 보니 뿌리도 부실해져 강풍에 넘어간 것이다.

뚜렷이 쇠퇴하는 오대산 분비나무

오대산 아고산 생태계의 대표 수종인 분비나무도 기후변화의 영향으로 고사하고 있다. 남한의 대표적 산림 생태계를 자랑하는 오대산 역시 기후변화의 현실 앞에 고산 침엽수의 떼죽음을 맞이하고 있다.

2016년 9월 오대산 국립공원을 조사한 결과, 분비나무의 집단 고사 진행을 확인했다. 오대산 국립공원의 경우 분비나무가 멸종 단계로 접어든 상태로 추정된다. 백두대간 주능선이 지나가는 오대산 두로봉 일대가 분비나무의 고사목 전시장으로 변하고 있었다.

10~20m 높이의 분비나무는 거의 죽어 있는 상태였고 그나마 살아 있는 분비나무의 내부도 자세히 살펴보면 고사가 진행되고 있었다. 가지의 끝에 붙은 잎이 붉게 타들어 가거나 떨어지고 있는 등 죽어 가는 모습을 보이는 분비나무가 대부분이었다. 온전한 분비나무를 찾는 것이 힘들 지경이다. 폭염과 수분 스트레스로 인한 고사로 추정된다. 오대산 두로봉 정상부터 두로령 사이의 사면에는 완전히 죽은 분비나무가 70%가량이며 죽어 가고 있는 나무가 30%였다. 건강한 분비나무는 없는 것이다.

2006년 설악산의 분비나무 집단 고사가 나타난 이후 오대산까지 분비나무의 집단 고사가 이루어지고 있는 것으로 볼 때, 백두대간 아고산대 침엽수 벨트 전체가 죽음의 길로 접어들고 있는 것으로 판단된다. 지리산의 구상나무, 덕유산의 구상나무, 소백산의 분비나무, 태백산의 분비나무, 오대산의 분비나무, 설악산의 분비나무 등은 아고산대 벨트를 형성한다. 이 고산 침엽수들의 고사는 한반도 백두대간의 남한 구간 전체가 기후변화로 인해 쇠퇴 단계로 이어지고 있음을 상징한다. 이런 현상이 한반도의 아고산대 생태계 전체에 어떤 영향을 주는지 면밀한 관찰이 필요하다.

그린 챌린지: 한국환경보고서 2017

2006년 설악산의 분비나무 집단 고사가 나타난 이후 오대산까지 분비나무의 집단 고사가 이루어지고 있다. 백두대간 아고산대 침엽수 벨트 전체가 죽음의 길로 접어들고 있는 것으로 판단된다. 설악산 대청봉. ⓒ 녹색연합

설악산 분비나무도
죽음의 길로 접어들고 있다

분비나무의 죽음은 남한의 서식지 전 지역에서 나타난다. 설악산의 경우 대청봉에서 귀떼기청봉에 이르기까지 군락지가 집단으로 고사되고 있다. 오대산과 태백산, 소백산도 마찬가지

현상이 일어나고 있다. 거의 절반가량의 분비나무가 이미 고사했다. 나머지도 건강성을 잃고 있다.

설악산은 천연보호구역이면서 국립공원으로 백두대간보호지역이기도 하다. 죽어 가는 분비나무의 실태조차 파악하지 못하고 있다. 기록이 필요한 때다. 설악산 주능선은 분비나무의 거대한 고사목 지대로 변해 가고 있다. 설악산은 유네스코 생물권보전지역으로 1990년대에 문화재청이 지구촌에서 생물 자원의 보전과 공존을 약속한 곳이다.

나무의 죽음에 주목하라

한반도 침엽수의 집단 고사는 한라산부터 설악산까지 전체적으로 나타나고 있다. 구상나무도 분비나무도 겨울철 눈으로 수분을 공급받는다. 눈이 적게 오면 수분 스트레스에 시달린다. 구상나무와 분비나무의 고사는 기후변화라는 포괄적인 자연 현상으로 추정된다. 전문가들은 겨울철에 눈이 적게 내려 건조해지면서 수분 스트레스가 증가한 것을 이유로 꼽는다. 또한 여름철에 태풍의 세기가 강해져, 구상나무의 뿌리를 뒤흔들어 허약하게 만드는 등의 이유가 조심스럽게 거론된다. 정부 차원의 본격적이고 책임 있는 진단이 절실하다.

구상나무와 분비나무가 고사하는 원인은 비슷하다. 분비나무와 구상나무는 형태뿐 아니라 유전적으로도 비슷한 근연종이다. 열매가 아니면 구분도 매우 어렵다. 구상나무 역시 한라산과

174

한 종의 급격한 소멸은 다른 생명 종에게도 심각한 타격을 줄 수 있다. 자연의 모든 생명은 수많은 관계로 서로 얽혀 있다. 분비나무와 구상나무 다음에는 어떤 종이 사라질까? 설악산 소청봉 주변 분비나무 집단 고사. ⓒ 녹색연합

지리산, 덕유산에서 군락지가 빠르게 쇠퇴하고 있다.

한라산부터 설악산까지 고산 침엽수의 고사 및 쇠퇴는 모두 원인 규명이 필요하다. 아울러 죽어 가는 곳이 어디부터 어디까지인지 고사목의 현황 파악이 필요하다. 그럼에도 불구하고 정부는 원인 분석은 고사하고, 가장 기초적인 면적조차 제대로 파악하지 못하고 있다.

분비나무나 구상나무의 죽음에 주목할 필요가 있다. 지금 같은 급격한 변화는 우려가 크다. 한 종의 급격한 소멸은 다른 생명 종에게도 심각한 타격을 줄 수 있다. 자연의 모든 생명은 수많은 관계로 서로 얽혀 있다. 분비나무와 구상나무 다음에는 어떤 종이 사라질까? 이 점이 우리가 이 문제에 주목해야 하는 이유다.

2부 이야기: 2016년 10대 환경뉴스

"백두대간이
생물다양성과 자연 유산의 보고임은
다시 강조할 필요도 없다.
생물다양성이 국가의 성패를 가늠할
시대가 다가오고 있다.
백두대간보호지역의 관리가
곧 국가 경쟁력의 관리다.
백두대간보호지역의
향후 10년을 책임질
제2차 백두대간 기본계획은
그 실행 단위가 없다면,
종지 쪽지에 불과하다.
아무리 좋은 내용을 써놓은들,
2명의 백두대간 담당자가
그 계획을 실행할 리 만무하다."

8

한반도의 등줄기
백두대간의 위기

배제선 녹색연합 자연생태팀장

그린 챌린지: 한국환경보고서 2017

한반도를 타고 흐르는 백두대간

백두대간은 백두산부터 지리산 천왕봉까지 하나로 이어지는 거대한 산줄기(1,400km)를 말한다. 이 백두대간 개념이 회복된 지는 얼마 되지 않는다. 일제 강점기를 거치면서 우리 조상들의 고유 지리 체계가 완전히 사라졌기 때문이다. 일본 지질학자 고토 분지로가 자원 수탈을 목적으로 약 14개월간 조선의 지형과 지질 연구를 진행해 1903년 『조선산맥론』을 발표했고 그것이 우리나라 산맥 체계의 근간을 이루게 되었다. 현행 교과서에 수록된 14개의 산맥 이름 중 '함경산맥'을 제외한 나머지 13개의 산맥 이름이 100여 년 전 일본인 고토 분지로가 지은 이름이다. 고토 분지로가 만들어낸 산맥은 실제 눈에 보이는 산의 줄기가 아니다. 지질 구조선을 기반으로 땅 속의 광맥 줄기를 기본으로 하였기 때문에 지형과 일치하지 않는다. 일제에 의해 국토의 지형마저 왜곡된 것이다. 우리는 지금 어떻게 백두대간을 알게 되었을까?

산악인이자 고지도 연구가였던 고故 이우형 선생은 〈대동여지도〉 연구에 몰두하였다. 그는 1980년 우연히 『산경표』라는 책을 발견하게 된다. 이 책을 통해 이우형 선생은 『산경표』를 기반으로 한 '우리 땅 산줄기 물줄기'를 연구해 우리나라의 척추가 태백산맥이 아니라 '백두대간'이라는 사실을 알게 된다. 그러나 '백두대간'과 '정맥'의 개념이 복원되는 것은 쉽지 않았다. 2016년인 지금의 교과서에도 태백산맥이 등장하고 있으니 말이다.

1980년대 후반 산악인들은 지도를 보며 우리 산줄기를 찾아 나섰다. 백두대간의 물리적 공간에 대한 실체는 산악인들에 의해 세상에 알려지게 된 것이나 마찬가지다. 그렇다면 『산경표』는 무엇일까? '산경'이란 산들의 세로 줄기를 말하는 것이며 이를 우리나라의 산맥 체계를 이에 따라 도표로 정리한 것으로, 한반도를 1개의 대간과 정간, 그리고 13개의 정맥으로 분류했다. 이는 '산자분수령山自分水嶺'의 원리에 입각해 있는데, 산과 물은 서로를 넘지 못한다는 의미로 산줄기가 물을 가르면서 뻗어나가는 모양을 표현한 것이다. 이는 실제로 물이 거꾸로 거슬러 올라 산을 넘을 수 없는 이치와 같다. 따라서 이론상으로만 보자면 백두산 정상에서 출발해 '백두대간'만 따라가면 단 한 번도 강이나 계곡을 건너지 않고 지리산 천왕봉까지 갈 수 있다는 이야기다. 백두대간은 백두산에서부터 지리산까지 이어지는 한반도를 남

179

북으로 종단하는 그야말로 '하나의 거대한 산줄기'로 우리나라 지형의 중심 뼈대다. 물론 현재는 실핏줄 같은 도로 개설로 인해, 남한의 백두대간은 평균 7.7km에 한 번씩 끊어져 있다.

백두대간이 앓고 있다

백두대간은 분단 상황 때문에 남한에서 갈 수 있는 구간은 민간인통제선 북쪽 지역을 제외하고 강원도 진부령부터 지리산 천왕봉까지다. 산림청에서 공식 발표한 거리로는 701km다. 한반도 지형의 척추일 뿐만 아니라 우리나라 전체 식물종의 33%가 서식하고 있으며 특산 식물의 27%, 희귀식물 17%, 대부분의 야생동물 약 560종이 서식하고 있는 생태의 중심축이기도 하다. 국립공원 7개소를 포함해 6개 도, 32개 시에 걸쳐 있는 한반도를 관통하는 거대한 생태 벨트다.

그런데 한반도 생태축인 백두대간의 한가운데가 쓸려나가고 있다. 넘쳐나는 이용자와 관리 부실 때문이다. 백두대간보호지역은 2003년에 제정된 「백두대간 보호에 관한 법률」을 근거로 2005년에 그 물리적 공간이 확정되었다. 7개 국립공원을 포함하고 있는 백두대간은 지정 당시부터 많은 이용자들로 마루금 등산로 훼손이 심각했다. 등산로는 사람이 다니는 길인데, 훼손이 나 봐야 그게 얼마나 될까 생각할 수도 있다. 그러나 관리 부실과 수용 한계를 넘은 이용 행태가 만나면 그 결과는 엄청나다.

그린 챌린저: 한국환경보고서 2017

백두대간보호지역의 마루금 등산로는 산 정상부를 따라 진행되기 때문에 오르고 내림이 급한 경사지가 대부분이다.

산 정상부는 바람과 기온의 변화가 심해 식물들이 자라기 어려운 환경이다. 등산객의 발에 밟혀 식물들이 죽고 맨땅이 드러나면 자연적인 복원을 하는 데 오랜 시간이 걸린다. 또, 약간의 훼손이 발생했을 때, 초기 대응을 해주지 않으면 풍화 작용과 호우가 많아 토사 유실로 인한 구곡화와 산사태 등과 같은 극심한 훼손으로 이어진다.

녹색연합은 2001년 백두대간보호지역이 지정되기 전에 마루금 등산로 훼손 실태를 파악하고자 전수조사를 실시했다. 국립공원이 많은 백두대간은 생각했던 것보다 상황이 심각했다. 당시에는 복원이나 복구에 대한 개념이 활발하지 않았기 때문이기도 하다. '백두대간'의 개념이 복원되면서 역설적으로 백두대간이 더 많이 훼손되는 계기가 되기도 했다. 이전에는 국립공원에 대한 이용 압력이 높았다면, 이제는 실체가 드러난 백두대간 전역에서 훼손이 가속화되고 있다. 이는 백두대간을 종주하고자 하는 열망 때문도 있지만, '자연의 적절한 이용'에 대한 인식이 부족한 탓도 있다. 아웃도어 열풍이 말해 주듯이 자연을 대상으로 하는 국민 여가 활동이 급증하고 있는 것에 반해, '지속가능한 이용과 보전'에 대한 인식은 그 속도를 따라가지 못하고 있다. 이는 관리 책임을 맡고 있는 정부의 책임이 크다.

백두대간보호지역이 물리적 공간으로 확정된 지 10년이 되는 해인 지난 2015년, 녹색연합은 10년간의 변화상을 확인하기 위해 2001년과 동일한 구간을 동일한 방법으로 다시 조사했다. 활동가 2명과 회원 3명이 함께했으며, 총 68일 동안 진행되었다. 백두대간 마루금 등산로 조사는 200m마다 한 번씩 측점을 잡아 등산로의 노폭, 지표식물이 살아 있는 정도, 침식 깊이, 흙이 쓸려나가고 드러난 나무뿌리의 노출 정도, 암석의 노출 정도를 조사해 기록한다. 약 3,500개에 달하는 측정 지점의 평균값을 구하는 방식이다. 실측 거리 732.92km를 걷는 내내 제대로 된 흙길을 밟을 수가 없었다. 나무뿌리가 드러난 곳이 대부분이며, 흙이 모두 쓸려 내려가 나무가 통째로 넘어간 곳도 적지 않았다. 특히, 다른 지역보다 탐방 압력이 매우 높은 국립공원은 나무 데크와 돌계단, 철 계단 등의 시설물이 마루금을 점령하고 있었다. 자연 자원에 대한 보전, 관리보다 이용자 탐방으로 쏠려 있는 국립공원의 정책을 그대로 반영하는 것이기도 하다. 이용자를 위한 과도한 편의 시설은 백두대간을 동네 뒷산보다도 오르기 쉬운 산으로 만들었고, 끊임없이 탐방객을 마루금으로 정상으로 불러올리기 때문이다.

■ **조사 범위**
  • 백두대간보호지역 지리산 천왕봉~진부령의 마루금 등산로
    (백두대간 남한 구간 향로봉~천왕봉 중 군용도로(임도)로 이루어져 있는 향로봉~진부령 구간을 제외)

■ **조사 내용 및 방법**
  • 조사 내용
    − 백두대간 마루금 등산로 훼손 실태 조사
    − 안내판, 데크 등 각종 시설물 조사

- 조사 방법
  - 남한 구간 중 향로봉~진부령 구간을 제외한 총 732.92km 를 46개 구간으로 나누어 조사
  - 신속관측평가법[1]에 따라 각 구간의 등산로를 200m 간격마다 조사
  - 조사 지점에 대해 물리적인 상태를 나타내는 지형, 해발고 등의 입지 조건과 등산로 폭, 나지 노출 폭, 침식 깊이 조사
  - 2001년 녹색연합에서 실시한 '백두대간 마루금 등산로 실태 조사'와 동일한 방법과 구간으로 진행, 15년 전과 비교 분석

2015년 조사는 날씨와 부상자 발생 등의 이유로 해를 넘겨 2차, 3차에 걸친 추가 조사가 진행되었으며, 방대한 자료를 분석하는 데는 6개월이 넘는 시간이 소요되었다. 그리고 68일 동안 걸으며 보았던 훼손 현장이 종이 위에 수치로 드러났다. 백두대간 보호구역이 지정되고 10년 동안 오히려 나지裸地[2]가 약 21.8% 나 늘었고, 이는 국제 규격 축구 경기장의 107배가 넘는 규모로 76만 9,566m²가 풀 한 포기 없는 속살을 드러내고 있는 것이다. 또한, 성인 허리까지 땅이 깎여 내려간 극심한 훼손지는 약 7% 나 된다.

보통 노폭 1m 이하, 침식 깊이 5cm 이하, 지표 식물이 살아 있는 경우를 건전하다고 구분한다. 그런데, 보호지역인 백두대간 마루금의 건전 구간은 조사 지점 총 3,629개소 중 699개소로 19.2%에 불과하다. 1차 조사와 비교했을 때 훼손 폭이 50% 이상 급격히 증가한 곳은 충북 괴산과 경북 문경시의 경계가 되는 조령~하늘재와 충북 영동군과 경북 김천시의 경계가 되는 작점

---

1   등산로의 상태를 종합적으로 평가 · 비교하는 방법으로 콜Cole(1983) 이 제시했다.

2   나무나 풀이 없이 흙이 그대로 드러난 땅을 말한다.

고개~궤방령 구간이다. 사람들의 이용도 많겠지만, 가장 중요한 것은 관리의 손길이 제대로 미치지 않았다는 것이다.

등산로는 사람이 다니면서 만들어지는 길이다. 사람들의 이용이 계속되는 한 지속적인 관리가 함께 이루어져야 한다. 어떻게 관리하느냐에 따라 훼손 속도를 늦출 수 있고, 예방할 수도 있다. 실제로, 50~100cm 이상씩 패여서 골이 형성되는 경우는 배수로를 만들어 주고 등산로 확대 방지 조치와 흙막이 등 초기 대응을 안 했기 때문에 발생하는 경우가 대부분이다.

[표1] 2001년 대비 통계 비교표(실측 거리 732.92km/조사 지점 3,629개소)

연도	2001	2015	2001	2015	2001	2015	2001	2015
세부 항목	조사 구간 (200m 간격)		등산로폭 (cm)		나지 노출폭 (cm)		침식 깊이 (cm)	
통계	2,847	3,629	112	128	86	105	11.8	10.8

[표2] 2015년 백두대간보호지역 마루금 등산로 훼손 유형별 빈도수

측점	뿌리 노출		암석 노출		노폭 확대		노선 분기		등산로 정비		훼손지	
개소	개소	비율	개소	비율	개소	비율	개소	비율	개소	비율	개소	비율
합계 3,629	1,539	42.4	906	24.9	649	17.8	466	12.8	1,389	38.2	252	6.9

구간별 비교

2001년 대비 노폭, 나지 노출 폭, 침식 깊이 등이 50% 이상 증가한 곳은 46개 구간 중 조령~하늘재 구간과 궤방령~작점고개 구간이다.

2015년 현재 노폭과 나지 폭이 가장 넓은 구간은 지리산 노고단~정령치 구간이다. 이 구간은 2001년 당시에 이미 훼손이

그린 챌린지: 한국환경보고서 2017

184

조령~하늘재. ⓒ 녹색연합

궤방령~작점고개. ⓒ 녹색연합

매우 심각했다. 이후 야면석 깔기, 흙막이, 돌계단, 데크 등 등산로 정비(등산로 정비율 76%. 상태 양호)를 지속적으로 진행해 침식 깊이는 과거보다 다소 줄었으나 등산로 시설 정비 비율이 약 75%로 흙을 밟을 수 있는 곳이 거의 없다.

노고단~정령치. ⓒ 녹색연합

육십령~삿갓재. ⓒ 녹색연합

그린 챌린지: 한국환경보고서 2017

　　침식 깊이가 가장 높은 구간은 평균 24.7cm로 덕유산의 육
십령~삿갓재 구간이다. 등산로 정비(39%. 상태 양호) 구간은 침
식 깊이 통계에서 모두 제외하였다.

　　훼손 유형 중 뿌리 노출과 암석 노출 빈도가 가장 많은 구
간은 덕유산의 삿갓재~빼재 구간이다. 뿌리가 노출된 곳은 79개

삿갓재~빼재. ⓒ 녹색연합

조령~하늘재. ⓒ 녹색연합　　　궤방령~작점고개. ⓒ 녹색연합

백봉령~삽당령. ⓒ 녹색연합   고치령~박달령. ⓒ 녹색연합

소, 암석 노출은 64개소나 된다.

측점 외에 물골이 형성되어(구곡화) 토양이 심하게 쓸려 나가 복구가 시급한 지역은 별도의 훼손지로 구분하였다. 총 252곳으로 약 6.9%이다. 46개 구간 중 훼손지가 가장 많이 발생한 곳은 조령~하늘재, 궤방령~작점고개 구간이다.

등산로 폭 1m 이하이면서 침식 깊이 5cm 이하로 지표식물이 살아 있는 '건전'한 백두대간보호지역 마루금 등산로는 전체 측점 3,629개소 중 699개소로 19.2%다. 이중 백봉령~삽당령 구간이 58%, 고치령~박달령 구간이 50%로 가장 많았다.

유실된 토양 1cm가 스스로 회복되려면 최소한 100년에서 수백 년이 걸린다. 또한 한 번 복구된 곳이 영원히 유지되는 것이 아니며 이용자가 있는 한 등산로 정비는 끊임없이 이루어져야 한다. 지속적인 관리가 추가 훼손과 훼손의 가속을 방지할 수 있다. 국가보호구역에 맞는 등산로 관리를 위해서 '보호와 이용'의 측면을 모두 고려해 이질감 없는 등산로 정비, 주변 식생 복원, 예약 탐방제, 탐방 문화 개선을 위한 대국민 홍보 등 다각적

그림 챌린지: 한국환경보고서 2017

이고 거시적인 관점의 관리 방안을 고민해야 한다. 궁극적으로는 선진국과 같이 예약제를 도입하는 것이 바람직하다. 그러나 국민 정서를 고려해 단계적으로 밟아 나가야 한다.

백두대간보호지역
전담 조직의 필요성

2005년 백두대간보호지역이 지정되었다. 국립공원, 생태경관보전지역, 산림유전자원보호구역 등 보다 상위법에 의거해 명실상부한 한반도의 생태축이라는 개념으로 지정된 것이다. 그러나 백두대간보호지역에 속한 국립공원은 공단이, 나머지 지역을 산림청이 관리하고 있다. 이렇다 보니 국가의 정책이 제각각이다. 국립공원 지역에는 '백두대간'에 대한 개념 소개는 있으나 이곳이 '백두대간보호지역'이라는 설명은 단 한 곳도 없다. 국립공원은 공단에서 관리를 하고, 백두대간보호지역에 대한 전체 관리권은 산림청이 갖고 있기 때문이다.

또 생태축 잇기 사업은 어떠한가? 산림청, 국토부, 환경부에서 백두대간의 끊어진 허리를 잇겠다며 고작 폭 14~18m의 터널형 이동 통로를 만들면서 '생태축 잇기', '생태축 복원'이라고 각각 사업을 벌이고 있다. 때문에 육십령의 경우 이미 야생동물 이동 통로가 있음에도 불구하고, 얼마 떨어지지 않은 곳의 능선부에 다시 터널형 이동 통로가 만들어졌다. 이는 전형적인 예산 낭비이자 생태축 개념을 제대로 이해하지도 못한 것이다. 도시의 육교에 견줄 만한 터널을 만들어 놓고 생태축을 잇고 복원했다고 주장하는 정부 정책에 안타까운 마음마저 인다. 특정 면적 이상의 산림으로 되돌려지는 '숲의 복원'이 이루어져야만 한다. 그래야만, 야생 생물들의 서식지가 함께 복원될 수 있다.

한반도의 온갖 멸종 위기 동식물의 마지막 서식지인 백두대간보호지역에 고작 교량에 흙을 올리는 것은 결코, 생태축 복원이 될 수 없다. 산림청에서 2016년에 발표한 「백두대간 2차 기본계획서」를 보면, 보호지역 지정 전인 1990년대와 지정 후인 2010년까지 20년 동안 백두대간보호지역 핵심 구역 안에서 개발지나 나지는 26.5%나 증가되었고, 또 초지나 농경지 개간은 43.1%로 증가했다. 백두대간 보호지역이 지정된 지 만 10년이 지났지만 전 국토를 아우르는 보호지역을 지정하면서 이를 관리·보호할 수 있는 전담 조직과 예산에 대해서는 오히려 정책적으로 후퇴해 왔다. 그런데, 산림청은 2005년 백두대간 관리 인력을 14명에서 10년 뒤 2명으로 축소했다. 반면 백두대간 테라피 단지, 백두대간 수목원 등에는 수천억 원을 들여 개발을 하고 별도의 관리 조직인 법인을 만들어 발 빠르게 대응하고 있다. '보호지역'에 대한 정부의 인식 수준을 그대로 반영하는 대목이다.

2010년 일본 나고야에서 개최된 제10차 생물다양성협약에서 「나고야 의정서」[3]를 채택했으며. 이로 인해 전 세계가 본격적인 생물 자원 전쟁에 돌입했다. 국가 생물 자원의 보전은 피할 수 없는 선택이자 미룰 수 없는 우리의 의무이다. 백두대간은 국

그린 챌린지: 한국환경보고서 2017

3 이에 따르면 특정 국가의 생물 유전 자원을 상품화하려면 해당국에 미리 통보하고 승인을 받아야 하며 이익의 일부를 공유해야 한다.

립공원이 7곳, 도립공원 2곳, 생태경관보전지역 2곳, 야생생물보호구역 1곳, 천연기념물보호구역 1곳, 문화재보호구역 21곳, 산림유전자원보호구역 44곳, 자연휴양림지구 42곳, 산림보호지역 15곳, 시험림 1곳, 산지전용제한지역 69곳, 유네스코생물권보전지역 1곳 등을 망라하고 있다. 우리나라에서 생물다양성이 가장 풍부한 핵심 생태축이다. 백두대간이 생물다양성과 자연 유산의 보고임은 다시 강조할 필요도 없다. 생물다양성이 국가의 성패를 가늠할 시대가 다가오고 있다. 백두대간보호지역의 관리가 곧 국가 경쟁력의 관리다. 백두대간보호지역의 향후 10년을 책임질 제2차 백두대간 기본계획은 그 실행 단위가 없다면, 종지쪽지에 불과하다. 아무리 좋은 내용을 써놓은들, 2명의 백두대간 담당자가 그 계획을 실행할 리 만무하다. 그동안 백두대간 보호를 위한 행정 조직은 계속해서 축소되었고, 국립공원과 대비했을 때, 현장 조직이 미흡하다. 국립공원이 올해로 50주년을 맞는다. 공단의 인력이 약 700명에 달한다. 백두대간의 보전 관리에 대한 연구, 훼손 지역 실태 조사 및 상시적 관리, 복원, 주민 관계 등등 제대로 된 관리를 위해서는 최소한 공단 수준의 전담 조직 건설이 반드시 필요하다.

"우리는 다시 출발점에 서 있다.
하지만 오늘의 출발점은
10년 전의 출발점과는 다르다.
과거는 갈등과 분열의 출발점이었으나,
지금은 주민 공동체의 화합과 참여에
기반한 새로운 해양 생태계
통합 관리 모델을 찾기 위한
새로운 여정의 출발점이다.
가로림만의 새로운 미래를 만들기 위한
사회적 지혜와 역량의 결집이
필요한 이유다."

9

가로림만 해역 해양보호구역 지정의 의미와 과제

장지영 생태지평연구소 협동처장

명호 생태지평연구소 부소장

해양보호구역 지정으로 되살아난
가로림만 갯벌

"가로림만 해양보호구역 지정은 최초로 2개의 시·군에 걸친 만灣을 단일 보호구역으로 지정한 것으로, 앞으로 조력발전소 건설을 둘러싼 수십 년간의 지역 간 갈등을 종식하고 갯벌 보전에 주력할 수 있을 것으로 기대된다."

이는 2016년 7월 28일 해양수산부가 가로림만 해역을 해양보호구역으로 지정하면서 배포한 보도자료 내용의 일부이다. 2006년 가로림만 조력발전 사업에 대한 환경영향평가 용역이 착수된 이후 11년 만에 이 사업을 둘러싼 기나긴 싸움은 이로써 일단락되었다.

그린 챌린저: 한국환경보고서 2017

가로림만은 왜 중요한가

　　가로림만加露林灣은 충청남도 서산시 대산읍 오지리와 태안 군 이원면 내리 사이를 입구로 하여 육지 쪽으로 깊숙이 형성되 어 있는 반폐쇄성 내만內灣으로, 우리나라에 얼마 남지 않은 자 연 상태의 갯벌이다. 입구의 폭은 약 2km이나, 가로림만 내부 전 체 해역 면적은 112.57km²(이중 갯벌 면적 81.9km²), 해안선 길이 는 161.84km에 달한다.

　　가로림만은 2002년 환경부 전국자연환경 조사 결과 "서해 안 지역 중 자연성이 잘 보전되어 있는 갯벌 지형", 2005년 해양 수산부 조사 결과 "우리나라 갯벌 중 보존 상태가 가장 양호한 지역", 2007년 해양수산부에서 수행한 가로림만의 환경가치평 가 연구 결과 '전국 환경 가치 1위'로 평가된 지역이다. 이와 같 이 가로림만은 우리나라 연안 지역 중 생태 가치가 가장 우수한 지역으로 확인된 곳이라고 할 수 있다. 또한 점박이물범, 붉은발 말똥게, 거머리말, 흰발농게, 상괭이, 넓적부리도요, 황새, 표범장 지뱀, 수달, 삵 등 많은 법적 보호종들의 서식처이자 다양한 수산 생물의 산란장이기도 하다.

　　그리고 이곳에는 바다와 함께 살아온 주민들이 있다. 2015년 기준 가로림만 지역에는 총 1,697명의 어촌계원(서산시 1,103명, 태안군 594명)으로 구성된 22개 어촌계(서산시 15개, 태안군 7개)가 있다. 어촌계에 가입되어 있지 않은 어민들까지 포함하면 전체 어가 인구는 약 2,725명으로 충청남도 전체 어가 인구의 10%를 차지하는 매우 중요한 지역이다. 2015년 기준 어업을 통한 연간 총 생산량은 약 5,188톤이며, 주 생산 품목은 굴, 바지락, 낙지, 꽃게, 우럭, 감태, 놀래미, 해삼 등이다. 어업 면허는 총 179개(양식업 160개, 마을 어업 19개)로 면적은 173.1ha이다. 주요 양식 어종은 바지락, 굴, 가무락, 미역 등이다. 가로림만 지역은 충남 지역 양식 및 연안 어업의 중심지 중 하나이며, 대대로 어업을 통해 생계를 유지해 온 지역 공동체에게는 매우 중요한 삶의 터전이기도 하다.[1]

이렇게 생태적으로나 지역적으로 중요한 가로림만을 둘러싼 지난 10여 년간의 격렬한 논쟁은 지난 수십 년간 우리 사회에 있었던 갯벌의 보전과 개발을 둘러싼 논쟁을 대표하고 있으며, 동시에 갯벌 생태계의 진정한 보전 주체가 누구인가를 되돌아보게 하는 계기가 되고 있다.

가로림만 조력발전 사업
추진 과정

가로림만은 조수간만의 차가 평균 4.87m(대조기 조차 6.81m)이며, 만 입구가 약 2km로 좁은 편이어서 일제 강점기 때부터 조력발전소의 최적지로 꼽히던 곳이다.[2]

---

1   한국해양수산개발원 · 충남연구원, 「가로림만 권역 지속가능발전전략 수립에 관한 연구」, 2016.

2   국가기록원, 「농업생산기반조성」, 『중요 공개기록물 해설집 IV-농업수산식품부 편』, 2011, 94쪽.

그린 챌린지: 한국환경보고서 2017

서해안에서의 조력발전 타당성 조사는 일제 강점기인 1929년 조선총독부 체신국에서 시행한 '인천만 조력발전 방안에 대한 조사' 이후 여러 차례에 걸쳐 수행되었다.[3] 이후 1957년 정부는 서해안 지역에 대한 출력량을 조사하였고, 1970년대 초 석유파동이 발생하면서 대체에너지 개발 및 탈석유전원개발정책의 일환으로 당시 박정희 대통령이 조력발전소 가능성 검토를 지시함에 따라 1973년 연구가 본격화되었다.

이에 따라 상공부 내 조력발전 개발 추진 실무위원회가 구성되었고,[4] 이후 1974년 한국해양연구소에 의해 충청남도 가로림만과 천수만을 대상으로 한 조력발전 예비타당성조사가 실시되었다.[5] 조사 결과를 기반으로 1980년 정부는 경제장관협의회를 통해 가로림만을 조력발전 후보지로 결정하였고, 동력자원부는 한국전력공사에 조력발전 사업 추진을 지시하였다.

이후 구체적인 사업이 추진되지 않아 무산되는 듯 보였던 가로림만 조력발전 사업은 2002년 산업자원부가 '국가에너지 기본계획'을 수립하면서 다시 수면 위로 떠오르기 시작하였다. 이어 2005년 산업자원부와 한국서부발전의 신·재생 에너지 공급 협약 체결 및 2006년 3월 가로림만 조력발전 사업 환경영향평가 용역이 착수되면서 본격화되었다.

3   이광수 외, 「우리나라 조력발전 현황과 전망」, 《해안과 해양》(2012년 9월 호), 2012, 33쪽.

4   박태순 외, 「갈등해결의 도구적 접근의 한계와 극복 방안」, 고려대학교 한국사회연구소 학술심포지엄 '한국의 공공갈등과 한국인의 갈등의식', 2014, 153쪽.

5   국립해양조사원 홈페이지. www.khoa.go.kr

가로림만을 지키기 위한 치열한 싸움

말 그대로 '전쟁'이 시작되었다. 가로림만을 둘러싼 논쟁은 두 가지 방향으로 전개되었다. 첫 번째는 환경영향평가에 대한 철저한 검증과 논리적 싸움이었고, 두 번째는 사업 추진 측에 맞서 갯벌 보전을 요구하는 지역 주민들의 처절한 반대 투쟁이었다. 이 두 가지 싸움은 매우 협력적으로 이루어지면서 궁극적으로 가로림만 보전이라는 중요한 결정을 만들어 냈다.

첫째, 「환경영향평가서」에 대한 철저한 검증과 논리적 싸움은 다음과 같이 전개되었다.

가로림만 조력발전 사업은 2006년 3월 환경영향평가 착수와 더불어 12월 산업자원부의 제3차 전력수급기본계획(2006~2020년)이 공고되면서 본격적으로 시작되었다. 2007년 「환경영향평가서」 초안이 환경부에 제출되었으나 사전 환경성 검토가 먼저 필요하다는 이유로 반려되었다. 2009년 사전 환경성 검토 협의가 완료된 후, 2010년 「환경영향평가서」 초안, 2011년 「환경영향평가서」 본안이 환경부에 제출되었다. 그러나 환경부는 2012년 "침·퇴적 변화 예측 및 수질 모델링 미흡, 염분도 조사 및 하천 유사량 추정 미흡, 멸종 위기종(점박이물범) 서식지 훼손에 따른 보존 대책 미비"를 이유로 다시 반려하였다. 그리고 2014년 「환경영향평가서」 본안이 다시 환경부에 제출되었고, 환경부는 「환경영향평가서」 검토 과정에서 해양수산부, 충청남도, 서산시, 태안군, 한국환경정책평가연구원 등 관계 기관 의견 수

렴을 진행하였는데, 모든 기관들이 일관되게 가로림만 조력발전 사업 추진에 대해 부정적 의견을 제출하였다. 환경부는 관계 기관 협의 결과를 바탕으로 두 차례 보완을 요구하였고, 환경부의 보완 요구에 따라 같은 해 8월 「환경영향평가서」 보완서가 다시 제출되었으나, 결국 10월 6일 환경부는 이를 최종 반려하였다.[6]

　　당시 환경부는 "가로림만 갯벌이 침식 또는 퇴적하는 변화에 대한 예측이 부족했고, 멸종 위기 야생 생물 II급인 점박이물범의 서식지에 대한 훼손을 막는 대책이 미흡하다. 또한 지난 2012년 평가 당시 반려했던 사유도 충분히 해소되지 않았고 연안 습지, 사주 등 특이 지형에 대한 조사 및 보전 대책 미비, 갯벌 기능 변화 예측 미비, 경제성 분석 재검토 등 보완 요구 사항이 제대로 반영되지 않았다"는 사유로 가로림만 조력발전 사업에 대한 「환경영향평가서」를 최종 반려하였다.[7] 그리고 2014년 11월 가로림만 조력발전 사업에 대한 공유수면매립 면허가 만료되면서 가로림만 조력발전 사업은 최종적으로 무산되었다.

　　둘째, 가로림만 보전을 위한 주민들의 처절한 반대 투쟁은 다음과 같이 전개되었다.

　　2006년 가로림만 조력발전 사업 추진이 공론화되면서, 그해 3월 어촌계를 중심으로 '가로림만 조력발전소 반대투쟁위원회'가 결성되었고, 여기에 지역 환경·시민 단체 등이 결합하면서 서산·태안 지역 내 강력한 보전 주체가 형성되었다. 당시 가로림만 지역 중 서산시에 속하는 13개 어촌계 중 11개 어촌계가

6　　환경부 환경영향평가정보지원시스템(EIASS), www.eiass.go.kr
7　　환경부 보도자료, 「환경부, 가로림만조력 '환경영향평가서' 반려키로」, 2014년 10월.

가로림만 조력발전 사업에 대해 반대 입장을 표명하였고, 지역에서는 조력발전 사업 백지화 서명 운동이 진행되었다. 2011년 32개 지역 단체들로 결성된 '가로림만 조력댐 백지화를 위한 서산태안 연대회의'는 서산-태안 지역 사회 역량을 총 결집시켜 2014년 「환경영향평가서」 최종 반려까지 무려 9년 동안 의견서 제출 및 궐기대회, 서명 운동, 정책토론회, 해상시위, 190일간의 서산시청 앞 농성, 2차에 걸친 도보 대행진 등 이들이 할 수 있는 모든 수단과 방법을 강구하여 반대 투쟁을 전개하였다.

무려 9년이라는 긴 시간 동안 환경영향평가를 둘러싼 논리적 싸움은 치열하게 전개되었고, 그 과정에서 혼신의 힘을 다하여 가로림만을 지키고자 했던 지역 주민들의 투쟁이 강력히 결합되면서 가로림만 조력발전 사업을 결과적으로 막아낼 수 있었던 것이다. 이들이 버틴 9년이라는 기간 동안 조력발전 사업의 타당성 결여는 보완이 불가능하였고, 반대로 가로림만 갯벌의 생태적 중요성은 더욱 부각되었기 때문이다.

왜 가로림만에 보호지역 지정이 필요한가?

2014년 10월 「환경영향평가서」 최종 반려, 11월 공유수면매립 면허까지 만료되면서 사업 추진 측이 가로림만 조력발전 사업을 재추진하기 위해서는 공유수면매립 면허부터 다시 취득해야 했다. 이런 상황에서 같은 해 12월 산업통상자원부 산하 전기

그린 챌린지: 한국환경보고서 2017

위원회가 조력발전 사업의 준비 기간을 2020년까지 5년 연장하도록 승인하면서 일단락되었던 가로림만 조력발전 사업 추진의 불씨가 되살아나게 되었다.

지난 9년간 대형 국책 사업 추진을 둘러싼 주민 간 찬반 갈등이 극심해지면서 바다를 공유하며 서로 의지해 살아 오던 지역 주민들 사이에 심각한 분열과 불신이 자리하게 되었다. 이러한 상황에서 「환경영향평가서」의 최종 반려는 조력발전 사업을 찬성해 온 주민들에게 국책 사업 무산이라는 패배감과 원망을 안겨주었고, 바로 이때 산업통상자원부의 발전 사업 준비 기간 연장은 지역에 다시 긴장감을 고조시키고, 갈등의 골을 깊게 하는 자극제가 된 것이다.

당장 가로림만 조력발전 사업 추진 가능성을 확실하게 잠재우고, 주민들의 갈등을 해결할 묘책이 필요한 때였다. 하지만 당시 가로림만 조력발전 사업 추진 여부에만 모든 이목이 집중되어 있는 상황에서는 새로운 묘책을 찾는 것이 쉽지 않았다.

그래서 '가로림만을 보호지역으로 지정하자'는 전혀 다른 의제를 지역에 던짐으로써 이슈 전환을 노리게 된 것이다. 처음에는 지자체와 지역 주민들 대부분이 지역에 분열이 이렇게 극심한데 갈등 해결이 우선이지 보호지역 지정은 또 다른 갈등을 부추긴다며 강한 거부감을 표시하였다. 심지어는 가로림만 조력발전 사업을 강력하게 반대했던 핵심 주민 대표 중 일부도 보호지역 지정을 공개적으로 반대하는 상황이 벌어지기도 하였다.

하지만 산업통상자원부의 발전 사업 준비 기간 연장 결정이 주민들에게는 또다시 가혹한 투쟁을 예고하는 선전포고였기 때문에 어떤 방법으로든 이를 막을 안전장치가 필요했다. 결국 보호지역으로 지정하지 않고는 이 기나긴 싸움과 골 깊은 갈등이 끝날 수 없음을 인식한 주민들은 가로림만 보호지역 지정 논의에 참여하기 시작했다.

2015년 2월 2일 '세계 습지의 날'을 맞아 '가로림만 보호구역 지정 필요성 및 지속가능한 관리방안 토론회'를 개최하여 처음으로 가로림만 보전 방안에 대해 구체적인 제도 검토와 의견을 모으는 자리가 마련되었다. 이때 다루어진 의제들은 '법에 근거한 보호지역 제도 비교', '가로림만 적용 가능성', '보호지역 지정에 따른 규제 사항과 혜택' 등이었다. 특히 가로림만 보전 방안으로 해양보호구역(갯벌습지보호지역, 해양생태계보호구역), 국립공원, 세계지질공원 등이 제안되었고, 조력발전 사업 찬반 논란을 넘어 지자체와 지방 의회, 지역 시민 단체, 지역 주민들에게 새로운 고민의 시발점이 되었다.

해당 논의에서 가장 중요하게 고려된 점은 가로림만 조력발전 사업을 저지할 수 있는 법적 보호 제도 중에서 주민 수용성이 높은 보호 제도를 적용하는 것이었다. 가로림만 인근 서산-태안 지역에는 이미 천연기념물 등 문화재보호구역, 해양생태계보호구역, 태안해안국립공원, 수산자원보호구역 등 다양한 보호구역이 지정되어 해당 지역 주민들은 각 보호지역으로 인한 다양한 행위 제한 등에 대해 선험적 경험을 가지고 있었기 때문이다. 그래서 주민 동의 없는 보호지역 지정은 불가능한 상황이었

그림 챌린지: 한국환경보고서 2017

다. 물론 신두리 사구와 같이 여러 가지 보호지역이 같은 지역을 대상으로 중첩 지정된 사례도 있어 실제 각 보호 제도가 구체적으로 어떤 내용으로 규제하고 있는지에 대한 명확한 정보가 없어 주민들 간에 오해가 발생하기도 했다.

결론적으로 주요 산업인 어업을 중심으로 어민들과 협력적으로 보전·관리 정책이 추진될 수 있다는 측면에서 주민들은 해양수산부가 관리하는 해양보호구역 제도에 대해 긍정적 입장을 가지게 되었다. 해양보호구역 제도는 보호구역 내 공유수면 매립 및 형질 변경 행위, 공유수면 내 건축물이나 기타 공작물 축조 행위, 모래·규사·토석 채취 행위, 공유수면 구조 변경 및 해수 수위 또는 수량 증감 행위, 보호대상해양생물의 산란지·서식지 훼손 행위 등을 제한하는 데 반해, 주민들의 고유한 생활 양식 유지 또는 향상을 위하여 필요하거나 기존에 영위해 온 영농·영어 행위는 인정하고 있기 때문이다.

지역 주민들과 지자체는 해양보호구역 제도가 다른 제도와 비교하여 주민 수용성이 높고 지역 경제 활성화에도 도움이 된다고 판단한 결과, 해양보호구역 지정을 위한 공식 절차에 돌입하게 되었다. 어촌계·수협·지자체 등을 대상으로 해양수산부가 지속적으로 설명회를 개최하였고, 가로림만 주민들과 함께 이미 해양보호구역으로 지정되어 있는 고창 갯벌과 순천만 갯벌 등으로 비교 답사를 진행하면서 현지 어민들과의 간담회도 진행하는 등 다양한 차원의 의견 수렴 과정을 거쳤다.

그 결과 2016년 7월 28일 '가로림만 해역 해양보호구역(해양생물보호구역)'이 지정되었다. 2006년 가로림만 조력발전 사업 환경영향평가 착수 이후 11년 만이며, 조력발전 사업 추진이 무산된 후 약 1년 10개월 만에 지역 공동체 동의하에 해양보호구역으로 지정된 것이다.

가로림만 해역 해양보호구역 지정의 의미

가로림만 해역 해양보호구역 지정은 장기간 대형 국책 사업 추진 과정에서 발생한 격렬한 갈등 상황에 비추어 볼 때, 매우 빠른 속도로 진행되었다. 특히 어촌계 등 지역 공동체가 앞장서서 대형 개발 사업으로부터 자연생태계를 지켜내고, 주도적으로 보호지역 지정까지 이끌어냈다는 측면에서 매우 소중한 사례라고 할 수 있다. 이는 10년이라는 세월 동안 무수한 갈등과 논란을 겪은 지역 공동체의 절실함 때문에 가능했다.

그런 배경 하에서 가로림만 해양보호구역 지정 의미는 다음과 같이 정리할 수 있다.

첫째, 가로림만 지역이 더 이상 조력발전 사업 등 대규모 국책 사업에 의한 위협으로부터 벗어날 수 있도록 최소한의 법적 안전장치가 마련되었다는 점이다.

둘째, 2001년 무안 갯벌을 시작으로 2017년 현재 27개 지역이 해양보호구역으로 지정되었는데, 가로림만에 지정된 해양보호구역 면적이 9만 1,237km²로 지금까지 지정된 해양보호구역

그린 챌린지: 한국환경보고서 2017

중 단일 면적으로는 최대 규모라는 점이다.

셋째, 지금까지 지정된 해양보호구역은 모두 단일 행정구역 영역 안에서만 지정되었는데, 가로림만은 서산시와 태안군 2개 시·군이 공유하고 있는 '만' 전체를 하나의 해양보호구역으로 지정했다는 점에서 새로운 해양 생태계 통합 관리 모델의 출발점이 된다는 것이다.

이로써 가로림만 해역 해양보호구역 지정은 조력발전 사업으로부터 확실한 안전장치를 확보했을 뿐 아니라, 해양보호구역 정책의 질적 발전에도 크게 기여하는 결과를 낳았다고 할 수 있다.

가로림만 보전 주체, 바로 주민과 지역 공동체

여기서 우리는 가로림만 보전 운동을 성공으로 이끌었던 원동력이 무엇인지 다시 한 번 살펴볼 필요가 있다.

가장 강력한 원동력은 지역 주민들이 강고한 보전 의지를 가지고 10년이라는 세월을 버텨 왔다는 것이다. 특히 가로림만 조력발전소 반대투쟁위원회를 이끌어 온 박정섭 위원장을 비롯한 어촌 계장들과 지역 주민들의 피땀 어린 투쟁은 단순히 몇 문장으로 설명하기 어렵다. 바로 가로림만 보전 운동이 다른 자연 생태계 보전 운동과 극명하게 구분되는 점은 보전의 주민 주체가 강력하고 명확하게 형성되어 있다는 것이다. 그리고 주민을 중심으로 외곽 지원 세력으로 환경·시민 단체와 전문가가 적극적으로 결합하는 구조가 만들어졌다.

이는 새만금 간척 사업과 같이 지금까지의 개발과 보전으로 대립되는 대부분의 주요 환경 사안에서 환경 단체가 주도하고 일부 주민들이 협력하거나 갈등하는 구조와는 상반된 양상을 보였다. 환경 단체가 앞장서기보다 가로림만 갯벌에 태를 묻고 살아온 주민들의 목소리가 그 어떤 전문가나 환경 단체보다 확고하고 논리정연했기 때문이다.

이러한 주민 주도의 보전 운동은 직접적으로 지자체의 보전 정책을 견인하는 결과를 낳았다. 특히 충청남도는 2013년부터 안희정 지사의 '역간척' 제안을 통해 연안 및 하구 생태복원 정책을 적극적으로 추진하고 있다. 이러한 정책 기조 아래 충청남도는 장기화되고 있던 가로림만 조력발전 사업을 둘러싼 지역 내 갈등과 분열을 해결하기 위해 적극적으로 개입하는 등 조정자의 역할을 충실히 수행하면서 상생하는 대안을 찾기 위해 노력하였다. 이 역시 새만금 간척 사업 논쟁 당시 전라북도 강현욱 지사가 삭발까지 하면서 새만금 간척 사업을 적극적으로 옹호하던 모습과는 완벽하게 대비된다.

가로림만 사례는 자연생태계 보전과 관리 주체가 누구인가에 대해서 새롭게 검토하게 한다. 우리는 지역 공동체 기반 자연 자원 관리Community-Based Natural Resource Management가 중요하다고 하면서도, 결과적으로 주민을 대상화시키거나 계몽의 대상으로 바라보는 시각을 암묵적으로 용인했음을 인정할 필요가 있다. 그런 차원에서 가로림만 사례는 중요한 자연 자원의 보전과 관리가 궁극적으로 해당 지역 주민 공동체로부터 시작되고 결정된다는 점을 다시 확인하게 한다. 자연 자산과 지속가능한 방법으로 선순환적 관계를 형성한 지역 공동체의 경우 다양한 이해관계자 모두가 지속가능한 보전과 현명한 이용의 주체가 될 수 있기 때문이다.

갈등 해소의 출발점,
가로림만 지속가능한 발전 전략의 공론화

가로림만 조력발전 사업이 무산된 후 충청남도는 빠른 시일 내에 지역 갈등을 해결하고 가로림만 지역의 미래 발전 전략을 마련하기 위해 2016년 '가로림만권역 지속가능발전전략 수립 연구용역'을 한국해양수산개발원과 충남연구원에 발주하였다. 이번 연구용역은 발주 전부터 전문가 자문단을 구성하여 용역의 성격과 내용에 대해 사전 준비를 철저히 하였고, 연구 시작부터 분야별 전문가, 지자체, 지역 시민 단체 등이 참여하는 '지속가능발전협의회'와 지역 주민들이 참여하는 '지속가능발전 주민협의회'를 별도로 구성하여 운영하고 있다. 이를 통해 연구진이 정기적으로 연구 진행 경과와 내용을 보고하고 의견을 수렴하도록 만드는 등 철저한 공론화 과정을 통해 가로림만 지역발전 전략을 수립하고 있는 것이다.

이 과정은 조력발전 사업을 놓고 찬반으로 갈라져 갈등해 온 주민들에게는 낯선 경험이 되고 있다. 지금까지 정부 정책에서 무시되거나 형식적인 의견 수렴 절차만을 경험해 온 주민들에게 자신들이 겪은 삶의 애환과 고민, 어업을 통해 체득한 가로림만 생태계에 대해 이야기할 수 있는 기회를 제공하고, 주민들의 의견에 귀 기울여 정책에 반영하겠다는 지자체와 연구진들의 태도 자체가 갈등 해소와 신뢰 구축의 출발점 역할을 하고 있기 때문이다. 가로림만 조력발전 사업이 무산된 후 패배감과 불신으로 마음의 문을 닫았던 찬성 주민들도 이제는 주민협의회에 참여하면서 함께 상생할 방안을 모색하고 있다. 이미 지역 내 갈등은 상당한 속도로 해소되고 있다.

그 과정에서 주민들이 생각하는 가로림만의 문제점과 요구사항들을 확인할 수 있었다. 가장 많이 제기되는 문제는 가로림만 갯벌 생태계가 예전과 달리 오염되고 어업 생산량도 급격하게 줄고 있다는 것이다. 그래서 조력발전 찬성 주민들은 "고령화되고 있는 상황에서 노동력도 없고 어업 생산량도 감소하고 있으니 먹고살기 어려워 지역 개발을 위해 조력발전 사업을 찬성한 것이다"라고 이유를 설명하고 있다. 여기에 가로림만 입구를 연결하는 방조제가 다리 역할을 할 것이라는 기대감은 태안군 주민들과 가로림만 내 섬 주민들에게는 매우 매혹적인 제안이었다.

하지만 조력발전 사업이 백지화되고 해양보호구역이 지정된 지금 주민들은 가로림만 갯벌을 예전처럼 회생시키기 위해 원인과 대안을 자신들의 경험을 통해 찾고 있다.

첫째, 육상으로부터 내려오는 민물이 바다로 유입되는 소하천(도랑) 하구의 대부분이 농업용수 확보를 위해 막히면서 민물 공급이 부족하자 가로림만 내 염분도가 증가하면서 어업 생산량

'지속가능발전협의회'와 지역 주민들이 참여하는 '지속가능발전 주민협의회'는
철저한 공론화를 통해 가로림만 지역발전 전략을 수립하고 있다. 이를 통해 지역
갈등 해소와 대안 수립에 공동으로 참여하고 있다. ⓒ 장지영

과 종다양성이 감소하고 있다는 것이다. 그래서 막혀 있는 소하
천(도랑) 하구 복원이 필요하다고 요구하고 있다. 둘째, 반폐쇄성
내만으로 형성되어 있는 가로림만으로 태안군 하수종말처리장
배출수, 양식장 오폐수, 생활하수 등 각종 오폐수가 직접 유입되
면서 가로림만 해역을 오염시키고 있다는 것이다. 그래서 가로
림만으로 직접 유입되는 오폐수에 대한 대책이 필요하다는 것이
다. 셋째, 지역 경제 활성화를 위해 어업과 관광 산업이 활성화될
수 있도록 지원이 필요하다고 요구하고 있다. 마지막으로 가로
림만 입구를 연결하는 교량 건설을 희망하고 있지만 이에 대해
서는 교량을 대체할 수 있는 다양한 대안이 있다면 열어 놓고 검
토하자는 입장이다.

다시 출발점에 서며

조력발전 사업 백지화와 해양보호구역 지정으로 가로림만의 미래가 최종 결정된 것은 아니다. 누군가는 생태·환경적 관점으로 바라보고 있고, 또 다른 누군가는 여전히 개발의 욕망을 투영하고 있는 공간이기 때문이다.

가로림만 갯벌은 전형적인 내만형 갯벌로서 병목 유형의 공간적 특성을 가진 곳이기에 1970년대 이후 정부와 기업을 비롯한 자본이 중심이 되어 지속적으로 근대화라는 미명 하에 개발 계획에 노출되어 왔다. 이런 계획에서 주민들은 고려의 대상이 아니었다. 그러나 지금은 중앙정부의 일방적인 계획 수립이 불가능하다.

세계적으로 가장 높은 수준의 보호지역 유형으로 분류되고 있는 유네스코 세계유산 제도는 대표적으로 "유산 보호를 위해 중앙정부 및 지자체 이외에도 연구 기관 및 다양한 분야의 전문가, 시민 단체, 지역 주민 등 이해 당사자의 협력적 참여와 공감대 형성"이 무엇보다 중요함을 강조한다.[8] 자연생태계 보전에 있어 일방통행식의 관리 체계는 점차 실효성 없음이 입증되고 있고, 대다수 보호지역 관리의 핵심 주체로 지역 공동체의 역할이 강조되고 있는 상황이다. 가로림만 갯벌의 실질적인 보전 주체역시 어촌계를 비롯한 주민 공동체이며, 앞으로도 주민들의 노력 여하에 따라 가로림만의 운명은 달라질 수 있다.

그렇기 때문에 우리는 다시 출발점에 서 있다. 하지만 오늘

8   ICOMOS 한국위원회, 『한국의 세계유산 잠정목록 선정요강 및 지침』, 2006, 247쪽.

그림 챌린지: 한국환경보고서 2017

가로림만 갯벌의 실질적인 보전 주체 역시 어촌계를 비롯한 주민 공동체이며, 앞으로도 주민들의 노력 여하에 따라 가로림만의 운명은 달라질 수 있다. ⓒ 황평우

의 출발점은 10년 전의 출발점과는 다르다. 과거는 갈등과 분열의 출발점이었으나, 지금은 주민 공동체의 화합과 참여에 기반한 새로운 해양 생태계 통합 관리 모델을 찾기 위한 새로운 여정의 출발점이다. 가로림만의 새로운 미래를 만들기 위한 사회적 지혜와 역량의 결집이 필요한 이유다.

　마지막으로 가로림만을 지키는 데 결정적으로 기여한 점박이물범이 가로림만을 대표하는 브랜드로 주민들과 함께 대대손손 이어져 자연과 인간이 공존하는 공동체의 상징으로 새롭게 거듭나길 기대해 본다.

"대한민국에는 아직도,
수많은 동물이 '사유재산', '상품',
'식품'이라는 인위적 굴레를 뒤집어쓴 채
자본주의 사회에 편입되어 있다.
환경 보전과 동물 복지 모두를 생각할 때
안타까운 추세이나,
이에 대한 사회적 토론 및 합의는
미흡하다.
이제는 동물 보호와 산업화의
끊임없는 줄다리기 속
한국 사회의 현주소를 짚어 보고,
보다 이상적인 공존 방식을 위해
필요한 법제도적 변화를
점검해야 할 때이다."

10

대한민국
동물 보호의
길을 묻다

이지연 전 동물자유연대 활동가

2016년, 한반도의 푸른 땅 한번 밟아 보지 못하고 중성화된 1,000마리의 사육곰을 아는가? 이들은 모두 과거의 언젠가 아시아 야생의 우거진 수풀을 누볐을, 그러다 웅담을 위해 포획, 수입되어 우리나라 백두대간이 아닌 농가의 철창에 갇힌 안타까운 반달가슴곰의 후손들이다.

1980년대 초반, 정부의 농가 소득 장려책으로 수입된 재수출용 사육곰은, 한국이 1993년 '멸종 위기에 처한 야생 동식물 종의 국제 거래에 관한 협약(CITES)'에 가입하면서 상업적 거래가 금지되자 재수출이 불가능해졌다. 사육곰들은 전국적으로 1,000여 마리에 이르는데, 좁은 철창 안에서 쓸개즙을 채취당하며 지내야 한다. 민관이 함께 사육곰을 더 이상 증식하지 않기로 합의하였지만, 곰들의 운명은 달라지지 않았다. 몸 바쳐 쓸개를 내놓을 때까지, 그 비좁은 철창을 절대 벗어나지 못할 것이다. 마지막까

우리는 과연 인도적인 인간-동물 관계에 기반한 사회로 나아가고 있을까? 사육 곰은 평생 철창에 갇혀 쓸개즙을 채취당하며 살아야 한다. ⓒ 녹색연합

지 슬프고 씁쓸한, 대한민국 사육곰의 역사다.

우리는 과연 인도적인 인간-동물 관계에 기반한 사회로 나아가고 있을까? 2016년 한 해, 청와대 오찬에는 해양 생태계 파괴 식품의 대명사인 샥스핀이 올라왔고, 박근혜 정부는 반려동물을 '신산업'의 영역에 포함시켜 육성하겠다는 의지까지 표명하였다. '돌고래의 무덤' 장생포 고래생태체험관에서는 울산 남구청이 추가 반입한 큰돌고래가 닷새 만에 또다시 폐사하였다. 조류 인플루엔자 발생으로 유례 없이 3500만여 마리의 가금류가 살처분되었고, 가장 최근에는 뉴트리아 담즙에 웅담의 성분인 UDCA가 높게 검출된다는 소식이 전국의 보신광들을 흥분시켰다.

대한민국에는 아직도, 수많은 동물이 '사유재산', '상품', '식

샥스핀 : 2016년 10대 환경 이슈   2판

품'이라는 인위적 굴레를 뒤집어쓴 채 자본주의 사회에 편입되어 있다. 환경 보전과 동물 복지 모두를 생각할 때 안타까운 추세이나, 이에 대한 광범위한 사회적 토론 및 합의는 미흡하다. 이제는 동물 보호와 산업화의 끊임없는 줄다리기 속 한국 사회의 현주소를 짚어 보고, 보다 이상적인 공존 방식을 위해 필요한 법제도적 변화를 점검해야 할 때이다. 우리는 동물을 사회적으로 어떻게 정의할 것이며, 그들과 어떻게 공존할 것인가?

통상 '동물'이라는 단어 앞에 야생, 애완/반려, 농장, 전시, 실험 등의 수식어를 붙이는 사회적 현상의 근원에는, 동물을 인위적 관점에서의 존재 이유, 용도를 기준으로 끊임없이 구분하고 재정의하려는 인간의 오랜 특성이 있다. 어떤 동물인지에 따라 그 수요와 공급을 둘러싼 이해관계자와 관할 정부 부처의 역학 관계가 다르므로, 대한민국 '동물' 산업화를 논하기 위해서는 크게 전시, 반려, 농장 동물 정도로 구분하여 이야기를 풀 필요가 있다.

무법 지대에서
고통받는 전시 동물

2017년 2월 9일, 환경, 동물 단체의 반대 목소리에도 불구하고, 장생포 고래생태체험관의 수족관에 울산 남구청이 수입한 일본 다이지 큰돌고래 2마리가 추가 반입되었다. 영화 「더 코브」

[표 1] 울산 고래생태체험관 돌고래 반입/폐사 현황 (동물자유연대 제공)

내용	시기	돌고래 이름 (나이, 성별)	폐사	비고
개관	2009년 11월 24일			
1차 수입 (큰돌고래 4마리, 일본다이지)	2009년 10월 8일	장꽃분 (16, 암컷)		
		고아롱 (13, 수컷)		
		고이쁜 (7, 암컷)	2009년 12월 14일	개관 1달 만 폐사
		고다롱 (11, 수컷)	2015년 8월 30일	고아롱과 신체 다툼으로 폐사 (은폐 시도)
2차 수입 (큰돌고래 2마리, 일본 다이지)	2012년 3월	장두리 (4, 암컷)		
		장누리 (5, 암컷)	2012년 9월	반입 6개월 만 폐사
자체 번식 (장꽃분)	2014년 3월	장생이 (1, 수컷)		3일 만 폐사
	2015년 6월	모름 (1, 모름)		6일 만 폐사 (은폐 시도)
3차 수입 (큰돌고래 2마리, 일본 다이지)	2017년 2월 9일	모름 (암컷)	2017년 2월 13일	5일 만 폐사
	2017년 2월 9일	모름 (암컷)		

에서 묘사되고 있듯이 다이지 마을의 돌고래 포획 과정은 매우 잔인하여 세계동물원수족관협회(WAZA)에 이어 일본동물원수족관협회(JAZA)까지도 반입 보이콧을 선언할 정도이다. 울산 남구청은 2009년부터 벌써 3차례, 이번에도 다이지 핏빛 고래 산업의 소비자를 자처했다. 그간 울산 남구청의 태만한 시설 및 건강 관리로 조기 폐사한 5마리처럼(표 1 참조), 이번에 들어온 2마리 중 1마리 역시 '닷새 만에' 가슴에 피가 고이는 '혈흉'으로 폐사하였다. 일본 출발 직전의 검진 결과에서 건강했던 것을 보면

분명 30시간의 항해에 따른 뱃멀미와 시속 80km 화물 트럭의 차멀미로 인한 부상과 스트레스 탓이라는 목소리가 높다. 살아 있는 돌고래로 전시 관람료를 챙기려다, 이번에도 혈세 1억 원을 공중 분해한 울산 남구청의 돌고래 전시 행정은 과연 누구를 위한 것인가?

안타깝지만 이번 울산 남구청의 돌고래 수입과 조기 폐사 사례가 전시용 고래류 수입 금지를 위한 초석이 된다면 그나마 다행이다. 동물자유연대가 그동안 추적해 온 바에 따르면, 국내 8개의 국립, 사설 수족관에는 41마리의 큰돌고래, 남방큰돌고래와 흰돌고래(벨루가)가 사육되고 있다. 지난 2016년 말, 민관 협의 끝에 이루어진 「해양생태계의 보전 및 관리에 관한 법률」 개정으로 남방큰돌고래 등 보호 대상으로 지정된 해양 포유류의 전시, 교육용 포획이 금지되었지만, 그 외 보호 대상이 아닌 해양 포유류의 국내 포획 및 수입에 대한 규제는 이루어지지 않고 있다. 이제는 환경부와 해양수산부가 지난 2016년 1월 일본 다이지 큰돌고래 수입과 관련하여 표명했던 '자제 권고', '금지에 준하는 엄격한 심사' 의지를 법제화를 통해 실질화할 차례이다.

두 부처는 울산 남구청의 큰돌고래수입을 밀실에서 허가했지만, 향후 울산 고래생태체험관의 돌고래 수입을 금지하고, 민관 협의 후 '비인도적' 방법으로 포획한 돌고래의 수입도 금지하는 내용으로 법을 개정하겠다는 방침이다. 국내 수족관에 다이지 큰돌고래 다음으로 많이 들어와 있는 러시아 벨루가의 수입은 차단할 수 없다는 점에서 아쉬움이 남지만, 그럼에도 완전한

그린 챌린지: 한국환경보고서 2017

218

전시용 고래류 포획 및 수입 금지로 한 걸음 더 나아가는 셈이다.

지능이 뛰어나고 활동 범위가 넓어 '비인간 인격체'로 주목받는 돌고래 외에도, 사실 우리나라에는 훨씬 더 많은 수의 야생동물이 인위적으로 번식되거나 야생에서 포획되어 거래되고 있다. 포유류, 양서·파충류, 조류 등 수입 혹은 밀수된 야생동물을 이용해 각종 기형적인 수익 창출 행위를 일삼는 실내, 이동 동물원 업체가 점점 늘어나는 추세인 것이다. 이러한 업체들은 좁은 실내 공간에 동물을 사육, 전시하며 일반 동물원에서는 제공하지 않는 직접적인 '만져 보기' 혹은 '먹이 주기' 체험 기회를 제공한다. 이보다 더 열악하게는, 개방된 형태의 전시 시설도 갖추지 않고 창고식 시설에 동물을 보관, 사육하다 전국 각지의 지자체, 기업, 어린이집 행사가 잡힐 때마다 차량으로 동물을 이동시켜 체험 서비스를 제공하는 일명 '이동 동물원' 업체도 있다. 이러한 이동 업체는 어떤 종, 몇 마리의 동물이 들고 나는지, 폐업 후 동물 처리는 어떻게 하는지, 평소 사육 환경은 어떠한지 등에 관한 추적이 불가능하다는 점에서 그 문제가 가장 심각하다. 동물 체험 시설, 행사에서는 손님이 원한다면 개체를 즉시 분양하는 판매 행위도 이루어지고 있으며, 이는 야생동물 포획, 번식에서 매매, 결국 유기로 이어지게 된다.

현행 동물보호법과 2016년 5월 제정된 「동물원 및 수족관 관리에 관한 법률」로는 야생동물을 돈벌이로 삼는 업체들에 의한 동물 학대, 밀수, 환경 파괴, 공중 보건 저해 등의 문제를 해결할 수 없다. 현행 동물보호법은, 정당한 사유 없이 가학적으로

아프리카TV의 BJ가 이동 동물원 업체로부터 협찬받은 CITES 1급 샴악어를 방송에 이용하고 있다.

그린 챌린지: 한국환경보고서 2017

죽이거나 상해를 입혀야 학대로 처벌한다. 즉 야생동물을 반입하여 각종 돈벌이에 이용하다 폐사하는 사례에 대한 처벌 규정은 없다. 그나마 국제적 멸종 위기종의 경우는 사육 시설이나 양도·양수 사전 신고가 「야생생물 보호 및 관리에 관한 법률」에 의무화되어 있지만, 그도 아닌 동물(미어캣, 북극여우, 너구리 등)에 대해서는 수입, 반입, 증식, 관리, 판매 등 그 어떠한 것도 규제할 수 없다. 이에 동물자유연대는 동물원법의 시행령 제정에 앞서 사설, 이동 동물원도 그 적용 대상에 포함시킬 것을 꾸준히 제안해 왔다.

전시와 체험으로 인한 동물의 희생이 이렇듯 극명하다면, 다만 인간의 눈요기를 위해 동물을 번식시키고 가두는 것이 과연 정당한지 다시 생각해 볼 필요가 있다. 현 세대가 무지와 욕심으로 멸종을 앞당기고, 미래 세대에게는 원하는 대로 동물을 다루어도 된다는 생명 경시 사상이나 왜곡된 생태 의식을 심어주고 있는 것은 아닌가? 동물 체험 및 전시에 대한 시민 인식 개선과 그에 합당한 정부 정책 방향의 재설정이 시급한 시점이다.

산업화의 경계에 놓인, 반려동물

2016년 7월 7일, 박근혜 대통령이 주재한 '제10차 무역투자 진흥회의'에서 정부는 반려동물을 할랄·코셔, 부동산서비스, 스포츠 산업, 가상현실과 함께 '신산업'의 영역으로 규정하고, 관련 산업을 육성하기 위한 투자 활성화와 법 개정을 추진하겠다고 밝혔다. 관할 부처인 농림부 발표 자료에 따르면, 반려동물 연관 산업에는 생산·유통업, 사료·용품업(의류, 완구), 서비스업(병원, 보험, 미용, 장례 등)이 포함된다. 이미 1,000만을 넘은 반려동물 보유 인구가 국민 소득 상승과 함께 점점 증가하는 상황에서 관련 산업을 제도권 내에서 양성화하여 규제, 관리하겠다는 입장으로 해석되나, 그 '산업화'의 대상에 살아 있는 '반려동물'에 대한 생산·유통업도 포함했다는 점은 보다 비판적으로 검토할 필요가 있다. 사료·용품업 및 서비스업의 경우 시장 경쟁을 통해 다양해진 양질의 서비스를 반려동물에게 제공하여 복지 향상을 꾀한다는 점에서 긍정적이지만, 과연 반려동물의 생산 및 유통을 우리는 수익 창출 및 경쟁을 통한 효율성 제고의 방편에서 접근해도 좋은가?

　정부의 투자 활성화 대책 발표가 있기 두 달 전, 동물자유연대가 조사한 전남 화순의 불법 번식장이 방송을 통해 전해지면서, 일명 '강아지 공장'을 중심으로 이루어지는 반려동물의 무분별한 불법 생산과 유통에 대한 사회적 공분이 뜨겁게 일었다. 번식장에서는 용이한 배설물 처리를 위해 설치한 철제 뜬장에서 수많은 모견이 땅도 밟지 못한 채 위태한 출산을 반복하고 있었다. 번식업자는 수의학적 전문 지식도 없는 상태에서 온갖 자가 진료와 제왕절개를 강행한다. 몸을 추스르기에 적합한 영양, 채광, 환기는 오로지 생산성을 기반으로 운영되는 공장식 번식장에선 기대할 수 없다. 농림축산식품의 행정 단속과 지도 부재가 낳은 결과이다. 번식장에서 생산된 새끼들은 경매장을 통해 전국 각지의 펫샵, 동물병원, 개인 소비자에 이르는 애견 산업의 수요·공급 고리를 따라가게 되는데, 우리나라에서는 대형 마트까지 업계에 동참하고 있는 실정이다(동물자유연대, 2016). 동물보호법에 명시된 규제도 관리·감독하지 않고 있는 정부가 과연 반려동물 경매업 신설 및 온라인 판매를 적극 '허용'하는 산업 육성책으로 불법 행위를 근절시킬 수 있을지 또한 의문이다.

　반려동물 정책은 생산성이 아닌 복지의 관점에서 풀어 나가야 한다. 해외 선진국의 사례처럼 반려동물 생산 '허가제'를 도입하고, 현 동물보호법보다 강력하고 실효성 높은 영업 기준을 적용해야 한다. 소수의 인정받은 브리더를 통해 운영하고 있는 동물 복지 선진국의 경우, 개체별 출생, 질병, 양도·양수에 관한 정보를 기록, 전달하는 개체 이력제와 동물의 신체·정신적 건강을 보장하는 행동의 폭넓은 자유 및 사육 시설 기준, 번식장 사육 두수 및 개체별 번식 횟수 제한 등의 요구 사항을 만족했을 때만 허가증을 발부하고 있다. 또한, 영업자 준수 사항 위반 시 허가 취소까지도 가능한 강력하고 실효성 있는 처벌 규정이 필요하다. 나아가 최근 미국 샌프란시스코의 결정처럼, 종국에는 반려동물을 쉽게 전시하며 판매하는 '펫샵'을 금지하고, 건전한 입양 문화를 구축하는 방향으로 바뀌어야 할 것이다(Visser, 2016). 이러한 추세를 따르려면, 그 철학에는 가격 중심의 생산성이 아닌 생명 존중의 윤리성이, 방향에는 산업화가 아닌 동물 복지가 전제되어야 한다.

한편 반려동물 산업 육성책에서 짚고 넘어가야 할 또 다른 쟁점은 반려동물의 범위 확대다. 현행 동물보호법은 반려동물을 개, 고양이, 토끼, 페럿, 기니피그, 햄스터에 한정하고 있는데, 이번 육성 계획에는 그 대상인 반려동물을 기타 조류, 파충류, 어류까지 확대하겠다는 내용도 포함되었다. 이는 자칫하면, 현재는 비교적 소규모로 이루어지는 야생동물의 개인 소유용 수입(밀수), 번식, 직거래 및 온라인 판매를 적극 확대하거나, 환경부가 관리하는 동물과 중첩되어 혼선을 빚는 결과로 이어질 수 있다는 점에서 신중해야 한다. 가정 환경에서는 그 생태 복지적 기준을 충족할 수 없는 대형, 특이 동물의 반려동물화가 규제의 구멍

동물자유연대가 고발한 이동 동물원 업자의 창고 압수 수색에서 발견된 국제적 멸종 위기 동물의 사체들. ⓒ 동물자유연대

을 통해 이루어지고 있는 시점에서, 이를 정책적으로 막을 것인지 아니면 제도권으로 편입하여 규제하면서 키울 것인지는 정부가 일방적인 계획으로 발표할 것이 아니라 충분한 사회적 토론과 합의를 거쳐야 한다. 또한 무분별한 사육 및 유기로 인한 동물 복지 저해와 생태계 교란의 문제 역시 고려되어야 한다.

극단적 산업화의 피해자,
농장 동물

이미 공장식 산업의 영역에 완벽하게 편입되어 고통받는

생명체는 역시 식용으로 소비되는 농장 동물이다. 2016~2017년, 3000만 마리의 가금류가 살처분되었다. 2003년 고병원성 조류인플루엔자(AI)가 국내에서 처음 발생한 후 지금까지 살처분된 가금류의 총 수가 8000만 마리였던 것을 감안하면, 이번 겨울의 사태가 얼마나 심각했는지 드러난다. 10년이 넘는 시간이 흐르는 동안 국가와 우리 사회에는 어떤 변화가 있었는가. 연간 9억여 마리의 동물이 도축되는 나라에서, 우리는 아직도 AI, 구제역으로 해마다 치르는 살처분의 재앙이 자연재해인지, 공장식 축산업 축소와 방역 개선으로 막을 수 있는 인재인지를 따지며 우왕좌왕하는 수준에 머무르고 있는 것은 아닌가!

공장식 축산업은 이제 인간 건강과 동물 복지, 그리고 환경 보전 등 모든 방면에서 방어하기 힘든 21세기 동물 산업화의 폐해를 보여 주고 있다. 국제연합 식량농업기구(FAO)에 따르면 축산업은 인간이 배출하는 온실가스 총량의 약 14.5%를 차지하고 있으며(FAO, 2013), 살처분과 배설물로 인한 환경오염 또한 심각한 문제로 대두되어 왔다. 침출수로 인한 주변 토양 및 지하수 오염을 방지하기 위해 섬유강화플라스틱(FRP) 저장 탱크가 보급되기 시작했지만, 그마저도 규모, 재질, 강도에 대한 기준이 대응 매뉴얼에 한참 못 미치고 대량 보급이 어려워 살처분으로 인한 2차 환경오염은 제대로 관리되고 있다고 보기 어렵다. 닭 한 마리당 A4 용지 한 장 크기도 채 되지 않는 0.04m²의 평균 면적을 제공하는 배터리 케이지, 돼지가 몸을 돌리기도 힘든 철제 스톨 등 현 공장식 축산업의 밀집 '감금틀' 식 사육 시스템은 면역력을 약화시켜 질병 확산을 부추기지 않는 것이 이상할 정도이며, 이를 예방하기 위해 끊임없이 투여되는 항생제는 결국 소비자의 몸으로 돌아간다. AI로 인한 직간접적 사회 비용이 최대 1조 4770억 원에 이른다는 현대경제연구원의 발표를 보아도 알 수 있듯(현대경제연구원, 2016), 공장식 축산업은 더는 값싼 공급책이 아니다.

강력한 조기 방역을 위한 농가 거리 제한제나 동절기 축산 휴업제 등이 논의되어 왔지만, 결국 이 모든 것의 원천적인 해결은 동물 복지 축산의 확대일 것이다. 유럽연합은 벌써 2012년과 2013년, 배터리케이지와 스톨 사육을 금지하였고, 대형 마트와 식품 유통업체가 조달받는 축산 식품에 대한 복지 규정을 높이고 있다. 미국에서도 역시 맥도날드의 '케이지 프리' 선언 후 스타벅스, 월마트, 타코벨 등 200여 개에 달하는 굴지의 기업이 그 선례를 따랐다. 최근 《중앙일보》 보도에 따르면, 한국의 복지 농장 비율은 1.5%로, 영국 48%, 독일 89%, 스웨덴 78%에 비해 심각하게 뒤처지고 있다(박진석, 2017). 그동안 환경, 동물 단체가 끊임없이 외쳐 왔듯, 이제는 그동안 지나치게 값쌌던 축산물에 대한 윤리적 비용을 감수하더라도, 동물 복지 축산으로의 전환을 준비해야 한다.

이 밖에 식품으로 상업화되는 다른 동물 종에 대한 고려 역시 필요하다. 앞서 반려동물에서 보았듯, 새로운 동물이 보양, 사치 식품으로 상업화될 가능성에 대해서는 늘 경계해야 한다. 2016년 청와대 오찬에 샥스핀 메뉴가 등장한 사건 이후 공론이 뜨거웠지만, 다수의 국내 특급 호텔은 아직도 대체 메뉴를 찾지 못했다는 이유로 계속해서 샥스핀을 판매하고 있다. 상어는 생태계 균형에 중요한 기능을 담당하는 최상위 포식자로, 샥스핀을 위해 주로 포획되는 14종의 상어 모두 멸종 위기에 처했다는 점을 고려하면(Shark Savers, 2017), 한국도 유럽연합, 미국, 싱가포르, 대만 등의 선례를 따라 유통 및 판매를 규제 혹은 금지해야 할 것이다. 그러나 중국보다도 빨리 산업화의 길에 접어드는 식용 개 문제의 해결에 미온적인 농림축산식품부, 사육곰 사태 후에도 뉴트리아의 담즙 가치에 대한 연구를 용역 · 활용하는 환경부, 좌초 · 혼획을 가장한 고래 고기의 유통을 막지 못하는 해양수산부를 생각할 때, 아직 갈 길은 멀어 보인다.

우리는 어디로
나아갈 것인가

앞서 논한 바를 종합적으로 고찰하자면, 대한민국에서 '동물' 산업화는 '어떤' 동물이냐에 따라 그 진행 방향과 상황, 논점이 달라진다. 그러나 복잡한 현실태를 관통하는 질문은, 결국 우리가 이용과 존중 중 무엇을 동물에게 사회적으로 인정할 것인가에 있다. 인간에게 동물은 조건 없이 이용해도 마땅한 존재인가, 아니면 절대 이용해서는 안 되는 존재인가? 이용하더라도 그 과정에서 가능한 한 인도적으로 존중받아야 하는 존재인가? 어떤 동물이냐에 따라 혹은 어떤 용도냐에 따라 다르다면, 그것은 왜 그러한가? 이러한 질문들에 대한 논의가 그동안 우리 사회에서는 너무도 소극적으로 진행되어 왔으며, 그런 와중에 농림축산식품부, 환경부, 해양수산부 3개 부처로 갈린 동물들은 보호와 상업화, 그 사이 어디쯤을 두서없이 배회하고 있다. 서론에서 던졌던 질문처럼, 75억 인구가 지구 곳곳을 점령한 지금, 이제는 우리가 동물과 어떠한 관계로 공존할 것인지에 대한 사회적 합의가 필요하다.

이와 관련하여 인간-동물 관계를 분석해 온 학자들은, 인간이 얼핏 객관적으로 동물을 구분하여 그에 상응하는 공간에 가두고 그에 걸맞게 대우하려는 행위가 사실은 얼마나 주관적이고 가변적이며 모호한지 여러 차례 지적하였다(Philo and Wilbert, 2000). 즉 현재 반려, 전시, 농장, 실험 등의 영역에 속하여 그에 해당하는 정책의 적용을 받는 동물도 얼마든지 사회적 인식의 변화에 따라 그 삶을 달리할 수 있다는 것이다. 한때 식용이었으나 이제는 보호 야생동물인 반달가슴곰이 그렇고, 한때 전시용이었으나 이제는 제주도 앞바다를 마음껏 누비는 남방큰돌고래 제돌, 춘삼, 삼팔, 태산 그리고 복순이 그렇다. 즉 이 글의 독자도 현재의 틀에서 벗어나 동물의 생태적 특성, 지능, 고통을 느끼는 정도에 따라 그 동물의 현 사회적 역할이 적정한지 고민하고, 과연 이들을 착취와 산업화의 대상으로 삼는 것이 바람직한지 사유해 보았으면 한다. 정답은 없지만, 모든 고통받는 동물에게 그 고통을 해소 받을 기회를 주기 위해 활동하는 한 사람으로서, 다

그린 챌린저: 한국환경보고서 2017

음의 세 가지 정도는 부탁하고 싶다.

첫째, 동물을 학대하지 말자!

둘째, 열악한 동물원 및 동물 쇼의 소비자가 되지 말자!

셋째, 채식을 지향하되, 육식을 하고자 한다면 윤리적 비용을 지불하자. 동물 복지 축산물이 있다.

특집:
2017년
녹색 포커스
5가지

Ohne
Gentechnik

"야생동물이 뛰어놀고
햇살과 함께 유리알처럼
맑은 강물이 반짝거리며
황금빛 모래사장이 펼쳐진 강,
물수제비 뜨는 아이들의 웃음소리로
넘쳐나던 강,
허리춤까지 잠기는 물속에서
낚싯대를 휘두르던 아빠,
곰나루 소나무 언덕 아래에서
나물을 뜯던 엄마.
4대강 삽질 전 금강의 모습이다."

1

4대강의
숨길을 열자

김종술 오마이뉴스 시민기자

그린 챌린지: 한국환경보고서 2017

비단물결 흐르던 금강

해가 뜨기 전 어스름한 강변이 자욱한 안개로 덮여 있다. 잠에서 깨어난 하늘이 기지개를 켜면서 강렬한 햇살과 함께 유리알처럼 밝은 강물이 반짝거리며 황금빛 모래사장이 아름답게 펼쳐진다. 혼자라고 생각했는데 나보다 먼저 강변을 뛰어놀던 그 아이(고라니)와 눈이 마주쳤다. 그 아이는 시선을 고정하고 숨소리까지 멈췄다. 시계 초침도 멈춘 듯한 정적도 잠시, 그 겁쟁이 녀석이 '나 잡아 봐라' 하며 엉덩이를 높이 쳐들고 힘껏 뛰어오른다.

"개개개 비비비……."

순간 앙상한 버드나무 꼭대기에서 게으르게 늦잠을 자던 백로가 어설픈 날갯짓으로 날아오른다. 눈치 빠른 개개비도 갈

234

대숲을 흔들며 사이사이를 헤집고 뽀로롱 사라지고, 졸졸졸 강물이 노래하고 개구쟁이처럼 물밖에 몸을 내던지며 첨벙거리던 물고기까지 끼어들어 침묵 속에 빠졌던 강변이 한순간에 시끄러운 장터로 깨어난다.

어설픈 모래성을 쌓고 두꺼비집을 만드느라 모래사장을 뒹굴던 아이. 허리춤까지 잠기는 물속에서 낚싯대를 휘두르던 아빠. 곰나루 소나무 언덕 아래에서 나물을 뜯던 엄마까지. 들뜬 가슴을 억누르며 지켜봤던 금강의 옛 모습이다.

장밋빛 허구로 시작한 4대강 사업

부패한 권력은 생명을 아랑곳하지 않는 삽질로 4대강을 파헤쳤다. 이러한 사업은 지난 2007년 한나라당 대통령 후보로 나선 이명박이 내세운 '한반도 대운하' 공약에서 유래한다. 대운하 토목공사에 대해 언론계와 학계, 시민 단체 등은 경제성과 환경성, 타당성이 부족하다고 비판했다. 국민들도 허무맹랑한 이야기에 반대의 목소리를 높였다. 그러자 대통령이 된 이명박은 '대운하'를 '4대강 사업'으로 이름만 바꾸어 대규모의 토목공사를 강행하였다. 자연에게도 국민에게도 커다란 재앙이 된 4대강 사업은 이렇게 시작되었다.

2008년 12월 국가균형발전협의회는 4대강 사업을 '한국형 뉴딜 사업'으로 규정하고 2012년까지 22조 원을 투입하기로 확정하였다. 22조 원은 국민들의 피와 땀이 서린 세금이다. 그러나 4대강 사업과 관련하여 예비 타당성 조사는 생략되었고, 환경영향평가와 문화재 사전 조사도 대충 구색만 맞출 뿐이었다.

　　이명박 정부는 4대강 사업을 정당화하기 위해 "기후변화에 따라 홍수 및 가뭄 피해에 따른 근원적 대책이 필요하고 생태 환경 복원 및 국민 여가 확대에 따른 공간 확보와 일자리 창출 및 내수 진작을 위한 프로젝트"라고 했다. 물을 가로막는 보 건설과 4.2억㎥의 강바닥 준설로 8억㎥의 물을 확보하고 홍수도 예방할 것이라고 했다. 수질도 개선하겠다고 했다. 그뿐 아니라 4대강 사업으로 34만 개의 일자리를 창출하고, 40조 원에 달하는 생산 유발 효과도 장담했다. 이런 홍보에 많은 학자들이 앞장섰고, 일부 언론 역시 실현 가능한 계획인 양 홍보해 주었다. 그야말로 장밋빛 미래가 곧 현실이 될 것처럼 호들갑을 떨었다. 수천, 수만 년 강물이 흘러 만들어진 4대강, 그러나 결과는 정반대였다.

60만 마리 물고기의 떼죽음

　　4대강 사업 이전의 금강은 넓은 모래사장에서 시작해 발목 깊이로 3m 정도의 여울이 발달한 곳이었다. 따라서 빠른 유속으로 용존 산소량이 풍부했다. 공사를 위해 강에 중장비가 들어

오면서 재앙은 시작되었다. 낮은 물웅덩이에서 살아 가던 물고기들은 공사를 위해 수위를 낮추면서 집단 폐사했다. 웅덩이에 갇히고 흙탕물에 죽어 가는 물고기는 공사장 곳곳에서 목격되었다. 허연 배를 드러낸 물고기는 처참하게 죽어 갔다. 하루, 이틀…… 10여 일 동안 지속된 떼죽음으로 구더기가 들끓고 물고기의 씨는 말라 버렸다.

이렇게 시작된 물고기 떼죽음은 지난 2012년 60만 마리 이상의 집단 폐사로 이어지기도 했다. 환경부는 "원인은 알 수 없지만, 4대강 사업이라고 단정할 근거가 없다"는 황당한 발표만 내놓았다.

이후에도 수백 마리에서 수천 마리까지 물고기 떼죽음은 연중 지속적으로 발생되었다. 흐르던 강물이 사라지고 고인 물로 변해 유수성 어종이 살지 못하는 것은 어쩌면 당연한 결과일 것이다. 오늘도 물고기 사체를 발견해 치웠다. 금강은 4년째 '근조'다.

녹조 라테에 이어 녹조 축구장, 얼음 녹조까지

고인 물은 썩는다는 것은 만고의 진리이다. 콘크리트에 갇힌 물은 스멀스멀 녹조를 만들어냈다. 잔디밭도 이보다 진할 수 없다. 4대강 사업 이후 강물은 마치 초록색 융단을 깔아 놓은 것처럼 변해 버렸다. 두꺼운 녹조층 때문에 산소가 부족해진 물고

2016년 백제보 상류가 녹조로 뒤덮이면서 녹조 구장, 녹조 카펫이란 신조어가 만들어졌다. ⓒ 김종술

녹조를 제거하기 위해 백제보 상류에서 수자원공사가 조류 제거선을 운영하고 있다. ⓒ 김종술

기들은 머리를 내밀고 숨 가쁘게 움직인다.

2011년 4대강 공사가 진행되며 흐르던 강물이 고이게 되자 금강과 낙동강에서는 녹조가 발생했다. 해를 거듭하면서 녹조는 대규모로 번식했다. 녹조 라테에 이어 녹조 축구장 등 4대강 신조어가 만들어졌다. 수온이 오르는 봄부터 발생하기 시작한 녹조는 여름과 가을에 극에 치달았다. 한겨울 얼음판에서도 녹색 페인트를 뿌려 놓은 듯 얼음 녹조가 발생했다.

2016년 금강에서 처음으로 발견된 얼음 녹조는 남극과 북극을 오가면서 미세 조류를 연구한다는 국책연구원까지 불러들였다. 얼음판을 깨뜨리자 얼음 조각에서 녹조 알갱이가 선명하게 들어난 얼음 녹조는 충격 그 자체였다. 연구원들은 "사전에 저온 얼음 조각이나 얻어 가면 성공이라고 생각했는데, 학자로서 엄청난 재료를 확보했다"고 탄성을 지를 정도였다.

썩은 강에 나타난 '괴물' 큰빗이끼벌레

> "태형동물인 큰빗이끼벌레 첫 번째 개충은 유성생식으로 정자와 난자가 수정해서 만들어진다. 큰빗이끼벌레 군체를 보면 안에 새까만 점 같은 것이 있는데 그것을 '휴면아' 또는 '휴지아'라고 한다. 월동을 하고 난 후 봄에 수온이 12도 정도 오르면 첫 번째 개충이 (무성생식의 한 가지인) 출아법에 의해 군체를 형성, 엄청나게 커진다.

3부 특집: 2017년 녹색 포커스 5가지

수온 25도는 큰빗이끼벌레가 제일 좋아하는 온도로 이때 급격하게 번성한다. 이후에 수온이 15~16도로 떨어지면 군체가 와해된다. 다 죽게 되면 휴면아(휴지아)가 바닥에 가라앉거나 물 위에 떠 있다. 이후에는 큰빗이끼벌레의 휴면아가 물속에서 다시 월동을 하는데 추위에도 엄청나게 강하다. 큰빗이끼벌레 같은 종은 염분에도 강하다."

지난 2015년 7월 서지은 우석대학교 교수(생물학과)가 필자와의 인터뷰에서 밝힌 내용이다. 그는 국내 유일의 태형동물 전공자다. 큰빗이끼벌레는 1995년 우리나라에서 처음으로 댐과 저수지에서 발견된 바 있다. 큰빗이끼벌레의 등장은 4대강 사업으로 흐르던 강물이 담수로 변했다는 것을 증명하는 것이다. 당시 일부 학자들은 큰빗이끼벌레의 먹이가 녹조이기 때문에 '수질 개선'에 도움을 준다는 말까지 했다. 서지은 교수는 "큰빗이끼벌레가 있다가 안 보인다면 그곳은 물이 지저분해졌다고 보면 될 것이다."라고 했다.

툭 던진 말은 적중했다. 2015년부터 금강에서 보이기 시작한 실지렁이와 붉은깔따구가 2016년 1300만 명의 식수원인 낙동강과 한강에서도 나타났다. 강바닥 펄 속에서 꿈틀거리는 붉은깔따구와 실지렁이는 환경부가 정한 4급수 수질 최하위 지표종이다. 시커먼 펄 흙 속에서 서식하는 저서성 대형무척추동물(현미경으로 구분할 수 있는 미소 생물이 아닌 육안으로 직접 식별 가

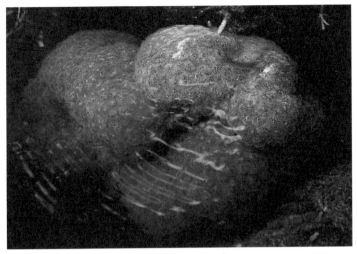

4대강 사업 이후 2014년 금강에서 처음으로 발견된 큰빗이끼벌레. ⓒ 김종술

2016년 충남 공주보 상류 500m 지점 물속에서 퍼올린 흙 속에 득실거리는 붉은깔따구. 환경부 수생태 4급수 오염 지표종이다. ⓒ 김종술

능한 1mm 이상 크기의 무척추동물의 통칭)인 3cm 길이의 붉은 깔따구와 10cm 길이의 실지렁이다. 인터넷 백과사전에선 이렇게 설명한다.

> "깔따구는 진흙이나 연못 등의 물속 또는 썩어 가는 식물체에서 산다. 성충은 모기와 유사하나 입이 완전히 퇴화되어 물지는 않으나, 한 번에 대량 번식하여 성가시고 미관에 좋지 않으며 알레르기 질환을 일으키기도 한다. 깔따구는 지역의 환경 조건이나 오염 정도를 가늠할 수 있는 지표동물의 하나로, 생화학적 산소요구량(BOD)이 6ppm 이상 되는 4급수에서 서식하는 생물이다. 한국, 일본, 유럽, 북아메리카 등지에 분포한다."

하수구나 썩은 토양에서 살아갈 정도로 독한 놈이라 함부로 만져서도 안 된다. 환경부는 이들이 사는 물도 접촉하면 피부병을 일으킬 수 있다고 표기해 놓았다. 실제로 실지렁이와 붉은 깔따구를 만지면 가렵고 몸에 울긋불긋한 붉은 반점까지 생겼다. 어쩔 수 없이 만지는 날이면 가려움과 두통으로 쉽게 잠들지도 못한다. 지금껏 강에서 만난 놈 중 최고로 독한 놈들이다.

짙고 넓게 번식한 녹조와 시궁창 펄 밭으로 변한 4대강은 강한 악취까지 풍긴다. 해질 녘이면 공주시는 하얀 연기를 내뿜으며 강변을 방역하느라 정신이 없다. 4대강 준공 4년 만에 4대강이 시궁창과 같은 4급수로 변했다는 이야기다.

보로 인해, '깊은 수심은 물의 온도 차에 따른 성층 현상 강화,' '성층 현상은 물속으로 산소 공급을 제한,' '급격한 무산소층 형성,' '조류 증가와 맞물려 혐기화로 바닥이 썩어 가게 됨,' '무산소층에서는 저서생물이 살 수 없음,' '먹이 감소와 서식처 조건 악화로 어류의 개체수 급격한 감소,' '하류 해안 지역의 환경 생태에 악영향' 등도 나타나고 있다.

해체된 가정과 공동체, 그리고 빼앗긴 삶의 터전

황무지처럼 버려진 섬(하중도)과 둔치 국가하천부지 갈대밭에 지게를 지어다가 둑을 쌓고 갈대 뿌리를 캐고 잡풀을 뽑아 농토로 개간했다. 가난한 농촌에 희망이 생기고 쌀농사, 수박농사를 지었다. 모래와 펄이 뒤섞인 기름진 강변은 비료 농약을 뿌리지 않아도 풍요로웠다. 육체는 고달팠지만, 미래가 보였다. 옆집 숟가락 하나 젓가락 하나까지 헤아리며 행복한 나날을 보냈다.

1년에 1억 원이 넘게 소득을 올리는 가구도 생겨났다. 벼농사로만 5000만 원. 자식들을 7000만 원 월급쟁이로 키우기도 하면서 행복한 나날을 보냈다. 이명박 정부가 4대강 사업을 한다는 소문이 돌자 평생직장을 잃을지 몰라 불안한 주민들은 반대 투쟁에 나섰다. 이재오 특임장관이 내려와서 절반 정도는 공원으로 만들고 나머지는 논으로 농사짓게 해준다고 약속했다. 주민들은 정부를 믿고 수용했다. 그러나 '농업인손실보상금' 조로 m^2당 2,140원씩 보상금 받고 쫓겨났다.

받은 보상금으로 싼 대토를 구하려고 이곳저곳을 다녔으나 마땅한 가격의 대토를 구하는 것은 어려웠다. 보상금을 받은 사람과 받지 못한 사람들의 갈등으로 마을 공동체에 균열이 생겼다. 보상금을 받은 주민들은 이를 노리고 전국에서 몰려든 도박패의 유혹과 덫에 걸리기도 했다. 한순간에 물거품처럼 사라진 보상금으로 농토를 구하지 못한 주민들은 뿔뿔이 흩어졌다.

장밋빛 미래는 사라지고
먼지와 악취, 지하수 오염만

정부는 4대강 사업으로 강바닥에서 4억 5000만m^3의 모래를 파냈다. 금강 사업 지구의 준설량도 4767만m^3나 된다. 수천 년간 도심에서 흘러든 오폐수와 중금속이 고스란히 남아 있던 강에서 나온 준설토를 민가가 인접한 곳에 야적하면서 주민들의 고통은 이만저만이 아니었다.

"새벽 6시에 강모래를 실은 대형 덤프 트럭들이 줄지어 들어서고 꽝꽝거리며 뒤 문짝을 여닫으면서 내는 소리가 얼마나 큰지 자다가 깜짝 놀라서 심장마비가 걸릴 정도였다. 썩은 모래를 집 앞에 산처럼 쌓아 놓으면서 냄새가 얼마나 나던지 코를 막고 살았다. 방안에 수북이 쌓인 모래 가루를 닦아내면서 피부병에 걸렸는지 몸이 가려워 약을 먹고 빨래를 널지도 못하고 방문 한 번 열지 못하고 살았다." 4대강 준설토 야적장이 있는 부여읍

그린 챌린저: 한국환경보고서 2017

저석리 할머니의 하소연이다.

강변과 인접한 충남 부여군 가회마을은 방울토마토 생산지로 유명한 곳이다. 주민 대부분이 방울토마토를 재배해 판매한 수익으로 생계를 이어 갔다. 그러나 4대강 사업이 시작되면서 비닐하우스는 철거 대상이 됐다.

발단은 이렇다. 농지를 갈아엎은 자리에 자전거 도로와 공원, 체육 시설 등을 건설하기 위해 2010년 9월 초, 마을에 대형 덤프트럭이 모습을 드러냈다. 충남 논산시 강경읍과 부여군 세 도면을 잇는 황산대교 인근은 4대강 사업의 일환으로 실시된 농지 리모델링 사업 대상지였다. 대형 덤프트럭은 이곳에서 7km 떨어진 지역에서 준설토를 나르는 작업을 했다.

현장을 오가는 하루 100여 대의 대형 덤프트럭은 밤낮을 가리지 않고 수없이 흙먼지를 날리며 종횡무진 마을을 휘젓고 다녔다. 주민들은 소음과 진동, 비산먼지에 괴로워했다.

충남 부여군 금암 2리는 28가구가 옹기종기 살아가는 작은 마을이다. 주민들은 공동으로 사용하는 우물과 지하수를 식수로 사용한다. 마을 중앙에 산처럼 쌓인 모래가 빠져나가면서 조금만 참으면 끝날 줄 알았다. 그러나 착각이었다. 환경부에서 실시한 수질 조사에서 공동 우물과 가정집 13가구의 지하수에서 질산성질소와 대장균이 기준치를 초과하는 결과가 나왔다.

질산성질소나 대장균이 검출되었다는 것은 썩은 물이 유입됐거나 지하수가 썩어 가고 있다는 징후다. 시골의 주민들은 대부분 건수(평상시에는 말라 있다가 땅속으로 흘렀던 빗물 등이 솟아나 잠시 고이는 샘물)를 사용한다. 4년간이나 방치된 준설토로 인해 오염원이 유입된 것으로 추정되는 이유이다. 먹는 물 기준치 (1리터 당 10mg)를 초과한 질산성질소를 섭취할 경우 청색증을 유발할 수 있기 때문에 음용을 금해야 한다.

그러나 조사를 맡았던 환경부는 끓여 먹으면 된다고 고지했다. 부여군도 먼 산 불구경 하듯 거리를 두었다. 고령의 주민들과 어린아이들은 마땅히 지하수를 대체할 수단이 없어, 오염된 물을 음용해야만 했다.

돈 먹는 하마로 전락한 수변공원

농민들에게 빼앗은 둔치는 3조 1143억 원을 투입해 357곳의 수변공원으로 만들어졌다. 2016년 유지 관리비만 449억 원이 들어갔다. 그러나 공원 관리는 엉망이다. 공원에 심어 놓은 조경수는 말라 죽어 간다. 황량한 강변에 가져다 놓은 체육 시설은 녹슬어 고스란히 썩어 간다. 여름이면 사람 키보다 높게 자란 잡풀들과 외래 식물로 인해 우범지대로 변하고 있다.

2010년 4대강 사업으로 착공한 익산시 용안생태습지공원은 2012년 5월 개장했다. 187억 7830만 원의 국비가 투입됐고, 금강변에 67만m²(20만 2,000평) 규모로 조성됐다. 2013년에는 5억 원을 들여 추가로 코스모스길을 만들었다. 또다시 2015년 2월, 익산시는 농림축산식품부로부터 3억 원을 지원을 받아 4.8km에

그린 챌린지: 한국환경보고서 2017

구간에 9,000개의 바람개비를 설치했다.

그러나 텅 빈 주차장은 빗물이 빠지지 못하고 발목까지 흥건하게 물이 차 있다. 축구장 입구에 설치된 운동 시설은 이용한 흔적을 찾아보기 어려웠다. 둔치에 심어진 단풍나무도 비바람에 넘어지고 말라 죽었다. 강변의 갈대숲 사이사이 파고든 미국자리공과 칡넝쿨, 그리고 환경부가 지정한 생태계 교란종 가시박은 나무가 숲을 죽여 놨다. 콘크리트 자전거 도로를 오가던 도마뱀과 개구리, 지렁이까지 로드킬로 죽어 있다.

"둔치가 포장되고 옛날부터 찾아오는 낚시꾼들만 편해졌지. 덕택에 쓰레기장으로 변한 거 말고 무슨……. 그나마 있던 젊은 사람들도 할 일이 없으니 다 떠나갔어. 금싸라기 같은 농지에 농사나 짓게 됐으면 사람들이 왜 떠났겠어. 생태공원? 그거 돈 먹는 하마지……." 지역 주민의 말이다.

국민 혈세 22조 원로 만든 독성의 '녹조 라테'

"낙동강 녹조 물을 2리터 먹을 경우 사람도, 동물도 사망한다."
4대강을 다녀간 녹조 전문가 박호동 일본 국립 신슈대 교수는 2015년 4대강의 녹조를 분석한 후 이렇게 답했다. 남조류(녹조)는 '마이크로시스틴'이란 독성 물질을 분비하는데, 4대강에서 최대 182ppb(ug/L)가 나타났다는 것이다. 세계보건기구(WHO)의 기준치는 1ppb(ug/L)이다. 그래서 '녹조 라테' 대신에 독성이 있는 녹조라는 뜻을 담은 '독조 라테'란 말까지 생겼다.

"세계 선진국에서도 녹조 속의 독소를 100% 제거하지 못한다. 고도 처리에서도 미세 조류로 불리는 남조류 세포가 정수 처리 과정을 빠져나와 정수된 물에 존재할 수 있기 때문이다."

이는 우리나라 정부가 내세운 "남조류 독성은 정수하면 마실 수 있다"는 주장을 정면으로 반박하는 내용이다. 99% 정수처리를 해도 1%의 독성이 마시는 물에 남아 있게 된다는 말이다. 쉽게 말해 최대 녹조 농도가 182ppb(ug/L)인 4대강 물을 정수 처리하면, 1%에 해당하는 1.82ppb(ug/L)의 독성 물질은 아무리 애를 써도 들어 있다는 것이다. 이는 기준치 1ppb(ug/L)를 초과한다. 이명박 정부가 국민 세금 22조 원을 들여 독성의 녹조 라테를 만든 셈이다.

2016년 국토위 국감에서 정부가 4대강에 녹조가 극심해 수질이 악화하자 이를 해결하기 위해 보 수위를 하한수위까지 낮춰 방류한 것으로 드러났다. 이는 사실상 정부도 4대강 보 수질 악화와 개선을 위한 방안이 '수문 개방'임을 알고 있다는 것을 스스로 인정한 것이다.

당시 국회 국토교통위 더불어민주당 안호영 의원(완주, 진안, 무주, 장수)이 수자원공사로부터 제출받은 자료에 따르면, 수공은 녹조 저감을 위해 지난해부터 '펄스형 방류'를 해온 것으로 나타났다. 펄스형 방류란 항상 일정하게 방류하는 기본 보 운영 방식과 달리 평상시보다 많은 양의 물을 일시에 방류하는 보 운영 방식이다. 즉 녹조 성장을 억제하기 위해 보의 물을 한꺼번에 방류했다는 얘기다.

2016년 8월 현재 4대강 '펄스형 방류 횟수'는 금강 7회, 낙동강 6회, 영산강 3회 등 모두 16회에 달한다. 2015년에도 낙동강에서 8회, 금강에서 5회 등 모두 13회에 걸쳐 펄스형 방류가 이루어졌다. 그만큼 녹조가 심각했다는 방증이다. 하지만 펄스형 방류는 일시적이었을 뿐 별다른 효과를 거두지 못한 것으로 나타났다. 방류 다음 날부터 오히려 남조류 등의 농도가 증가했다.

그러자 수자원공사는 2016년 6월 낙동강수계 댐과 보 등의 연계운영협의회에서 단계적으로 보의 수위를 하한수위까지 방류하기로 하고 2016년 7월 시범 적용하는 보 운영 방안을 마련했다. 시범 적용안을 보면 관리수위에서 어도제약수위, 취수제약수위를 거쳐 하한수위까지 단계적으로 방류하게 돼 있다.

실제 수자원공사는 2016년 8월 방류량을 늘려 달라는 환경부의 요청에 따라 칠곡보와 함안보 등 4개 보는 어도제약수위까지, 합천보는 취수제약수위까지 방류한 것으로 나타났다. 이는 정부가 "취수제약수위나 하한수위까지 보의 수위를 낮춰 방류하는 것은 지하수의 저하, 취수 및 양수의 어려움으로 불가하다"는 기존 태도를 스스로 뒤집은 것이다.

2016년 10월 26일, 국회의원 회관에서 국회의원과 4대강 사업 피해 주민 및 환경 단체가 모여 낙동강 · 금강 · 한강 · 영산강의 농민 · 어민들의 증언을 듣고 4대강 재자연화 및 책임자 처벌의 방법을 모색하는 '4대강 사업 피해 증언 대회'가 열렸다.

낙동강에서 온 유점길 씨와 곽창수 씨는 "4대강 사업 후 1년

산, 2년산 어린 물고기의 수가 점차 감소되면서 어민들의 피해가 막심하다"면서 "보가 만들어진 후 식수원은 녹조가 점령하고, 낙동강 6개 보에선 큰빗이끼벌레, 붉은깔따구, 실지렁이가 발견되는 등 수질 악화에 의한 피해가 크다"고 전했다.

한강의 피해 사례를 전한 신재현 씨와 최영섭 씨는 "4대강 사업으로 수심이 깊어져 위험해 친수성이 없어졌고 여주에 보 건설 이후 동양하루살이가 급격하게 번식해 주변 식당의 저녁 영업에 막대한 피해를 입히고 있다. 한강 역시 붉은깔따구, 실지렁이가 발견되고 있고 수질 악화가 심각한 수준이다"라고 말했다.

건강뿐 아니라 안전을 위협하는
세종보 만들고 훈포장 잔치

2년 만에 속도전으로 밀어붙였던 보의 안전성은 더욱더 심각하다. 지난해 7월 세종보에서 유압 호스가 터져 기름이 유출됐다. 최첨단을 자랑하는 전도식 가동보을 올리고 내리는 유압 실린더의 관이 터지면서 발생한 사고이다. 보 하류에 밀가루를 풀어 놓은 듯 하얀 기름이 띠를 두르고 흘러내리고 있었다. 그러나 수자원공사는 먼 산 불구경 하듯 바라만 볼 뿐 대처는 없었다.

"친환경 기름이라 괜찮다."

지난 2009년 5월 착공한 세종보는 2177억 원의 예산을 투입하여 건설했다. 총 길이 348m(고정보 125m, 가동보 223m), 높이

그린 챌린지: 한국환경보고서 2017

2.8~4m의 저수량 425m³의 '전도식 가동보'다. 2012년 6월 20일 준공했고, 정부는 시공사인 대우건설에 훈·포장을 수여한 바 있다. 하지만 완공 5개월 만에 수문과 강바닥 사이에 쌓인 토사가 유압 장치에 끼면서 결함이 드러났고, 한겨울에도 잠수부가 동원되어 보수했던 곳이다. 해마다 2월과 3월이면 수문을 열고 점검과 유지·보수를 하고 있다. 지난 3월에도 점검과 보수를 마쳤다. 7월에는 수문 고장으로 유압 실린더가 터지면서 기름이 유출됐다. 그리고 9월에 또다시 보수 공사를 진행했다.

부실 공사로 몸살을 앓고 있는 공주보는 2016년 이어 또다시 세굴(강물에 의해 강바닥이 파임) 현상이 발생해 2017년 4월까지 보강 공사를 벌인다. 공주보 하류는 인근에서 퍼온 흙으로 가설도로를 만들어 놓았다. 보 안전을 위해 설치한 물받이공과 사석보호공이 만나는 지점에 대형 중장비까지 동원해 시트 파일(널말뚝)을 박고 있다. 이후 유실된 사석 바닥보호공을 채운 뒤 시멘트를 붓는 순서로 공사를 진행할 예정이다.

2009년 10월 SK건설이 착공한 공주보(길이 280m, 폭 11.5m)에는 총 공사비 2081억 원이 투입됐다. 하지만 이후 하상 세굴과 보의 누수, 어도의 문제점 등 결함이 발견되면서 준공일이 2011년 12월에서 이듬해 4월로, 다시 6월로, 7월 20일에서 8월 1일로 수차례 미뤄지다 어렵사리 마무리됐다. 겨울철 콘크리트 타설로 문제가 많았던 공주보는 준공 1년도 안 된 2013년 1월 공도교(길이 280m, 폭 11.5m)의 난간 콘크리트가 녹아 내리는 것처럼 떨어졌다. 보의 누수도 발생했다. 이후에도 해마다 세굴에 따른 보강

3부 특집: 2017년 녹색 포커스 57가지

최첨단을 자랑하는 세종보. 그러나 2016년 수문을 여닫는 과정에서 유압 실린더 호스가 터지면서 기름이 유출되었다. ⓒ 김종술

준공과 동시에 보의 누수와 세굴이 발생한 공주보. 반복되는 누수로 인한 보수 공사를 하고 있다. ⓒ 김종술

그린 챌린지: 한국환경보고서 2017

공사를 진행 중이다.

1년에 서너 차례씩 고장 나는 수문, 보 하류의 세굴, 보의 누수 등 보의 안전상의 문제가 발생하면 현장을 들키고도 언제나 오리발이었다. 준공과 동시에 누수와 세굴이 발생한 공주보, 백제보, 세종보도 정기 점검이라고 했다. 4대강 속도전으로 밀어붙이면서 준공과 동시에 깨지기 시작한 공주보 공도교도 염화칼슘을 뿌려서 발생한 것이라고 했다.

4대강 사업에 대한 청문회를 실시해야

4대강 사업, 그 뒤 5년. 멀쩡했던 강이 굴착기로 파헤쳐진 뒤 물을 가두면서 죽고 있다. 모래톱이 눈부시고 여울이 반짝이던 곳, 1000만 명의 식수원인 낙동강에는 죽은 물고기 뱃속에 기생충이 가득하고 남조류의 독소가 녹아 있다. 비단결 금강 썩은 펄 속에 시궁창 깔따구와 실지렁이가 득시글거린다. 보가 철거되지 않는 한 피해는 계속 커질 것으로 보인다. 혈세 22조 원을 들인 사업의 기막힌 진실. '4대강 청문회'가 열려야 한다.

미국에는 4대강에 세운 16개의 댐보다 많은 수천수만 개의 댐이 건설되었다. 세계 최대 댐 보유 국가로 250만 개나 된다고 한다. 4대강에 세운 높이의 댐만 해도 1만 개에 육박한다. 미국은 그 댐을 철거하기 시작했다. 지난 100년간 1,300여 개의 댐을 허물었다. 2012년 한 해 동안 63개의 댐을 철거했다. 이명박 정권은 '녹색 르네상스'라는 구호를 외치면서 4대강에 댐을 세웠지만, 미국은 지금 경제를 살리려고 댐을 철거한다.

3장 특집: 2017년 녹색 포커스 57가지

"미국에서 댐 철거를 고려함에 있어 가장 큰 영향을 미치는 것은 경제성이다. 미국 위스콘신에 위치한 14개의 댐 철거 사례 보고서를 살펴보면 댐 보수를 통해 댐 수명을 연장하기 위한 비용은 댐 철거에 예상되는 비용보다 세 배나 높다고 한다."[1]

"또한 어업은 주민들에게 있어 중요한 수입원의 하나로 어획 및 생태·낚시 관광을 통한 수입, 유지 보수 및 어도 설치를 위한 비용, 댐을 통한 전력을 생산하는 것에 대한 종합적인 비교를 통해 댐 철거를 결정한다."[2]

금강이 충격적일 정도로 망가지고 주민들의 분노가 절규에 가까운 수준임에도 4대강 사업에 앞장선 그 누구도 국민 앞에 사과하는 책임자가 없다. 다행히 지난해 환경노동위원회 홍영표 위원장이 '4대강 사업 검증 및 인공 구조물 해체와 재자연화를 위한 특별법안'을 발의한 만큼 해당 법안의 통과와 더불어 책임규명을 위한 청문회가 실시되어야 한다.

흐르던 강물을 막아서 수질을 살리겠다고 호언장담했던 이명박 전 대통령과 4대강 사업 찬성으로 4대강의 파괴에 적극 가담한 정치인, 국민의 눈과 귀를 가렸던 학자, 언론 등 4대강 찬동 인사들도 청문회에 세워야만 건강한 대한민국으로 새롭게 태어날 것이다.

1   Born et al. 1998.
2   Kruseand Scholz(2006). 한국 수자원학회지(2014), 「외국 댐관리 관점에서 바라본 향후 한국의 댐관리 방향」에서 발췌.

민주주의 되찾는 4대강 재자연화

야생동물이 뛰어놀고 햇살과 함께 유리알처럼 맑은 강물이 반짝거리며 황금빛 모래사장이 펼쳐진 강, 물수제비뜨는 아이들의 웃음소리로 넘쳐나던 강, 허리춤까지 잠기는 물속에서 낚싯대를 휘두르던 아빠. 곰나루 소나무 언덕 아래에서 나물을 뜯던 엄마. 4대강 삽질 전 금강의 모습이다.

재자연화도 서둘러야 한다. 수문 개방이 우선이다. 녹조로 뒤덮이고 시커먼 펄 속에 붉은깔따구, 실지렁이 같은 4급수 지표종이 득시글한 강물은 현 상태에서 사용 불가능하다.

수문을 열어 수질을 살리는 것이 우선이다. 그런 이후에 콘크리트 보의 문제는 국민적 공감대를 얻어서 공도교 사용과 철거를 논해야 한다. 보를 철거하는 비용도 대한하천학회는 2160억 원, 국회예산정책처는 3942억 원 정도라고 한다. 적게는 3000억 원, 많게는 1조 원 정도가 될 것이라는 유지 관리비를 감안한다면 철거가 더 경제적이다.

국민적 동의 없는 국책 사업은 허구일 뿐이다. '4대강 복원 특별법'을 제정하고, 4대강 사업 추진 세력에 대한 책임자를 처벌해야만 민주주의가 바로 설 것이다.

한 달에 한 번쯤은 가까운 강을 찾자.
한 달에 한 번쯤은 만나는 사람들과 강을 이야기하자.
국민 기만한 4대강 사업을 추진한 비리 정부를 잊지 말자.

"2017년 우리 사회는
1978년과 똑같은 프레임을
용인하지 않는다.
따라서 핵발전소 위주의
전력 정책은
안전하고 지속가능한 에너지원 위주의
전력 정책으로 변화할 수밖에 없다."

2

경주 지진이
일으킨
핵발전
정책의 균열

윤기돈 녹색연합 활동가

1978년 4월 고리 핵발전소 1호기가 상업 운전을 시작하고 40년을 맞는 2017년은 그 고리 핵발전소 1호기의 가동이 종료되는 역사적인 해이다. 지난 40년 동안 핵발전소는 낮은 전기 요금 정책의 근간이 되었다. 이는 낮은 노동 임금과 더불어 한국의 고도 성장을 이끌었다. 그리고 그것은 분명 누군가의 희생으로 가능했다. 고도 성장이 열악한 노동 환경에서 정당한 노동의 대가도 받지 못하며 묵묵히 일해 온 부모 세대의 희생이 있었기에 가능했다면, 핵발전소의 가동은 미래 세대에게 비용(핵폐기물 처리 비용)을 전가하고 우리 사회의 잠재적 위험을 증가시킴으로 발생하는 비용(사고 위험 비용)을 무시함으로써 가능했다. 2017년 우리 사회는 1978년과 똑같은 프레임을 용인하지 않는다. 따라서 핵발전소 위주의 전력 정책은 안전하고 지속가능한 에너지원 위주의 전력 정책으로 변화할 수밖에 없다.

그린 챌린저: 한국환경보고서 2017

지진, 시나리오를 뛰어넘는
변수의 등장

핵발전소의 안전성을 강조하는 사람들은 핵발전소가 사고를 대비하기 위해, 다양한 시나리오를 구성하고, 그 시나리오에 따라 안전성을 유지하는 최적의 장치를 갖추었다고 주장한다. 따라서 설사 사고가 발생한다 하더라도 최악의 상황은 피할 수 있다고 주장한다. 이 주장은 예상하는 시나리오의 범주 안에서만 타당하다. 시나리오를 조금만 벗어나더라도 그 타당성을 입증하는 완벽한 대응 매뉴얼은 한낱 휴지 조각으로 전락해 버린다.

이웃 일본의 후쿠시마 핵발전소 사고가 이를 입증한다. 2011년 3월 11일 일본을 강타한 동일본대지진으로 후쿠시마 핵발전소에 공급되던 외부 전원이 끊겼고, 설상가상 상상을 초월한 규모의 쓰나미가 핵발전소를 덮쳐 내부 비상 전원마저 가동이 안 되어 냉각 기능을 상실하게 되었다. 그 결과 3월 12일에 1호기 수소폭발을 시작으로 3월 14일에는 3호기가 수소폭발 하였고, 15일에는 2호기 수소폭발 및 4호기 수소폭발과 폐연료봉 냉각 보관 수조에 화재가 발생하여, 다량의 방사성 물질이 외부로 방출되었다. 이 사고는 '국제핵사고등급International Nuclear Event Scale(INES)' 7등급으로 분류되어, 체르노빌과 함께 역사상 가장 끔찍한 핵발전소 사고로 기록되었다.

지진이 잦은 일본에서는 지진 규모 9.0이 넘는 강진에도 견딜 수 있도록 핵발전소를 설계했다. 실제 후쿠시마 핵발전소는

핵발전소의 가동은 미래 세대에게 비용을 전가하고, 우리 사회의 잠재적 위험을 증가시킴으로 가능했다.

지진 자체로 타격을 받은 것이 아니다. 전혀 예상하지 못했던 규모의 쓰나미로 타격을 받았다. 핵발전소 내부가 침수된 것이다. 그 결과 외부의 전원이 끊긴 상황에서 내부 비상 발전 시스템마저 침수로 인해 무용지물로 전락하면서 어떤 전원도 공급할 수 없는 상황이 된 것이다. 시나리오에 없는 상황이 발생한 것이다. 인간이 상상할 수 있는 최악의 시나리오와 복합적 발생 상황을 충분히 고려하지 못했기 때문이다.

그런데 설사 최악의 상황을 고려한다고 해도 그 모든 대비책을 잘 갖출 수 있을까? 그렇지 않다. 그것은 핵발전소의 경제성과 직결되어 있기 때문이다. 아니 핵발전소의 경제성을 담보하는 수준에서 안전 대책을 세우기 때문이라는 것이 더 적절한 답일 듯하다. 즉 핵발전소의 경제성을 위협하는 안전 대책에 대해서는 일어날 확률이 극히 낮다는 이유로 고려 대상에서 제외해 왔다. 이를 경주 지진과 월성 1호기 사례를 통해 살펴보자.

2016년 9월 12일 저녁 8시 32분에 규모 5.8의 강진이 경주에서 발생하였다. 1978년 기상청이 지진을 관측한 이래 가장 큰 규모의 지진이었다. 이로 인해 한반도도 지진의 위험에서 자유로울 수 없으며, 지진을 대비해야 한다는 사회 여론이 형성되었고, 특히 경주 인근에 밀집되어 있는 핵발전소의 안전성에 대해서도 사람들의 우려가 높아졌다. 이전까지 우리나라 핵발전소는 모두 규모 6.5 지진까지 견디도록 건설되었다. 2015년 10월 운전을 시작한 신고리 3호기만 강화된 안전 기준과 후쿠시마 핵발전소 사고의 영향으로 규모 7.0 지진에 버틸 수 있도록 건설되었다. 앞서 지적한 대로 우리나라에서 강진이 발생할 확률이 낮아서 그 이상의 설비 투자는 경제성을 침해한다는 논리가 깔려 있었다. 그러다 규모 5.8이라는 예상하지 못한 강진이 발생한 것이다. 우리나라에서는 강진이 발생하지 않을 것이라는 정부의 호언장담은 거짓이 되었다. 이에 핵발전소의 안전성 강화 요구가 빗발치자 정부는 규모 7.0 지진도 견딜 수 있도록 핵발전소의 내진보강을 하겠다고 선언하였다. 시나리오에서 고려하지 않은 변수가 등장하였고, 그에 상응하는 조치가 취해진 것이다. 이처럼 현재 핵발전소의 안전을 담보하는 시나리오는 그 한계를 내포하고 있으며, 배제한 시나리오가 현실화될 가능성이 높아졌을 때 새로운 보완책으로 수정하는 시스템이 가동된 것이다. 그런데 배제한 시나리오가 현실화된다면, 그것은 체르노빌과 후쿠시마의 재앙이 우리나라 고리와 월성, 울진과 영광에서 재현되는 끔찍한 상황으로 이어질 것이다.

시나리오 자체의 불완전성과 더불어 예상하는 시나리오가 요구하는 수준의 안전성을 확보하는 것에도 문제가 확인되었다. 이러한 사실을 월성 1호기 수명 연장 취소 판결을 내린 '월성 1호기 수명 연장을 위한 운영 변경 허가 처분 무효 확인 소송' 재판 과정에서 확인할 수 있다. 재판 과정에서 월성 1호기의 안전성에 대해 증언한 하정구(62) 전 캐나다 원자력공사(AECL) 수석안전분석관은 다음과 같은 문제점을 지적하였다.

"월성 1호기는 가장 핵심 설비인 특수안전계통에 최신 기준을 적용하지 않아 심각한 문제이다. 이 특수안전계통 4가지는 ① 핵발전소 사고시 방사성 물질을 가두는 격납 용기, ② 멜트다운이 일어나지 않도록 식히는 비상노심냉각계통, ③ 핵발전소를 정지시키는 제 1, 2 안전정지계통이다. 사고가 났을 때 특수안전계통이 작동하지 않으면 사고 완화가 불가능하고 후쿠시마 사고 같은 중대 사고로 이어지는 것을 의미한다. 그리고 이들 특수안전계통에 대해서는 캐나다의 최신 기준, 즉 ① 격납 용기는 R7, ② 비상노심냉각계통은 R9, ③ 제 1, 2 안전정지계통은 R8과 R10이 각각 적용되어서 설계되고, 안전성이 확보되어야 한다. R7, 8, 9, 10 규정이 적용되지 않은 부분이 존재한다면 이는 특수안전계통이 갖추어야 할 요건을 만족하지 못한 것이므로 사고 후 특수안전계통에 치

그린 챌린저: 한국환경보고서 2017

명적일 수 있다. 또한 월성 1호기는 원자로가 380개의 압력관으로 이루어져 있고, 압력관 자체는 0.3g로 내진성능을 높일 수 없다. 원자로 아래의 콘크리트 플랫폼을 충격을 잘 흡수하도록 내진성능을 높이는 것을 할 수는 있지만, 380개의 원자로의 압력관 자체는 내진검증을 해서 새로 설치를 하지 않는 한 더 높은 강도의 지진을 견딜 수 없다. 원자로의 내진성능을 높이자면 압력관 두께가 커져서 원자로 크기가 훨씬 더 커지고 새로 설치하는 비용도 어마어마하게 늘어나 비현실적이다. [1]

이렇듯 월성 1호기는 안전에 필요한 최신 기준을 적용하지 않았다. 시나리오상 요구되는 안전 수준을 갖추지 않은 것이다. 여기에 하나 더하여 지진 대비책처럼 사실상 요구되는 안전 기준을 갖추는 것이 계속 운전을 하면서 얻게 될 이득보다 작아 실제 갖출 수 없는 경우도 발생한다.

핵발전소의 안전성은 두 가지 딜레마에 빠져 있다. 하나는 시나리오에 고려하지 못한 변수들이 운전 기간이 증가할수록 하나둘 새롭게 등장한다는 것이다. 이는 시나리오의 불완전함이 시간이 흘러갈수록 드러난다는 것이고, 이에 따라 핵발전소의 안전성에 회의를 품는 시민들과 정책 결정권자들이 증가한다는 것이다. 즉 완벽한 시나리오 자체는 애초에 불가능하다는 딜레마다. 다른 하나는 상상 가능한 최상의 시나리오를 작성한다 하더라도 그 시나리오에 맞춰 안전성을 구현하기 위해서는 배보다

---

1   김영희, 「월성 1호기는 지금 당장 중단돼야 한다」, 《프레시안》, 2017년 2월에서 발췌 요약. http://www.pressian.com/news/article.html?no=150320&ref=nav_search

배꼽이 커지는 딜레마가 발생한다는 것이다. 얻을 수 있는 편익보다 지불해야 할 비용이 크다면 굳이 핵발전소를 전력 생산의 에너지원으로 선택할 이유가 없다. 재생 가능 에너지원과 가스라는 대안 에너지원이 존재하기 때문이다.

안전을 위협하는 다양한 예측하지 못한 변수의 등장은 핵발전소 안전 신화가 허구임을 입증하며, 핵발전 위주의 전력 정책 폐기와 지속가능하고 안전한 에너지원으로 전환이라는 현실과 마주할 것이다.

딥러닝, 초연결성으로
강화된 시민의 참여

이세돌과 알파고의 대결 이후, 4차 산업혁명이 빈번하게 언급된다. 실제 많은 기업이 4차 산업혁명 시대에 살아남기 위한 전략을 고민 중이다. 줄어드는 일자리로 노동계의 고민도 크다. 이를 위한 대안 마련에도 지혜를 모으고 있다. 제4차 산업혁명이 장밋빛 미래를 보장하는 것도 아니지만, 암울한 회색빛 미래를 가져오는 것도 아니다. 그것은 인류가 4차 산업혁명을 어떻게 활용할 것인지에 달려 있다. 이런 의미에서 딥러닝과 초연결성이라는 4차 산업혁명의 기반이 되는 두 단어는 어쩌면 시민사회, 탈핵운동 진영 내에서는 그 뿌리를 튼튼히 내리고 있다고 봐도 무방하다.

그린 챌린지: 한국환경보고서 2017

한국 시민사회는 초기 반핵무기 운동으로 반핵 운동의 포문을 열었다. 그러다 환경에 대한 관심이 높아지고 환경 운동가들이 생겨나고, 1986년 체르노빌 사고가 발생하면서 핵발전소의 위험에 대한 목소리가 나오기 시작했다. 반핵 운동은 초기 핵발전소 하청 노동자의 건강 문제를 집중적으로 다루었다. 그리고 영광, 울진, 월성, 고리 4곳 핵발전소 지역의 주민들과 소통하고 연대하면서 전국적 조직체의 필요성을 느꼈고 '핵 없는 사회를 위한 전국반핵운동본부'의 모체로 1999년 한국반핵운동연대[2]라는 전국적 조직체를 만들었다. 2000년대 초반 이후 잠시 주춤하던 반핵 운동은 후쿠시마 핵발전소 사고를 계기로 이전과는 전혀 다른 양상으로 전개되었다. 단체 중심에서 자각한 시민들이 중심이 되는 활동으로 전개되었다. 물론 단체와 전문 활동가가 매개 역할을 제대로 해주었기에 가능한 일이었다. 그러나 실제 변화의 힘은 핵발전소의 위험성을 깨달은 시민들에게 있었다. 이들의 힘은 중요한 사건을 계기로 자신의 삶터에서 학습을 통해 증폭되었고, 그 학습한 결과를 행동으로 실천할 때, 고립된

---

2 한국반핵운동연대는 핵 산업 추방과 환경 보존을 목표로 활동을 했던 시민 단체 및 환경 단체의 연대 조직이다. 1999년 처음 결성돼 2003년까지 활동을 한 뒤 모임을 해산했다. 지역별 혹은 사안별로 진행됐던 반핵 운동을 효율적으로 하기 위해 전국 연대 조직을 결성해야 한다는 움직임은 1994년 시작됐다. 당시 환경 운동가들과 지역 운동가들은 이를 위해 '핵 없는 사회를 위한 전국반핵운동본부'를 결성하고 전국적인 반핵 운동을 시작했다. 1999년 이 단체를 모체로 한국반핵운동연대가 정식으로 결성됐다. 연대에 참여한 단체들은 기독교환경운동연대, 녹색연합, 대구푸른평화, 서생면생존권수호위원회, 영광핵추방협의회, 울진원전반대투쟁위원회, 월성원전반대투쟁위원회, 천주교 부산교구 정의평화위원회, 청년진보당, 청년환경센터, 한국교회여성연합회, 환경과공해연구회, 환경운동연합 등이었다.

연결된 시민사회의 힘은 후쿠시마 핵발전소 사고 이후에도 핵발전 위주의 정책을 밀어붙인 정부 정책에 대한 시민들의 제어 과정에서 확인할 수 있다.

개인이 아닌 연결된 개인이었기에 그 위력이 배가 되었다.

연결된 시민사회의 힘은 후쿠시마 핵발전소 사고 이후에도 핵발전 위주의 정책을 밀어붙인 정부 정책에 대한 시민들의 제어 과정에서 확인할 수 있다.

후쿠시마 사고 이후에, 국가의 에너지 정책을 결정하는 두 가지 주요 계획이 수립되었다. 하나는 20년의 국가 에너지 계획을 세우는 2차 에너지기본계획 수립이었고, 다른 하나는 이를 토대로 한 제7차 전력수급기본계획의 수립이었다. 두 가지 계획을 수립하는 과정에서 시민사회는 1차 에너지원보다 낮은 전기 요금이 가져오는 폐해를 지적하면서, 기후변화 대응과 후쿠시마의 비극을 반복하지 않기 위해서는 탈핵발전소, 탈석탄화력발전소

그린 챌린지: 한국환경보고서 2017

가 중요하다는 점을 강조하였다. 그러나 정부는 일방적으로 핵발전소의 설비 비중을 2035년까지 29%로 유지하겠다는 정책을 결정하였고, 이에 따라 이미 포화된 영광, 고리, 월성, 울진 이외에 신규 부지 확보가 필요하게 되었다. 그래서 지방자치단체장을 부추겨서 영덕과 삼척이 신규 부지를 신청하게 만들었다. 그리고 제7차 전력수급기본계획에서는 분산형 전원 시스템 정책 방향과 배치되고 송전망의 불안정성을 강화한다는 지적에도 불구하고 2029년까지 신규 원전 2기를 추가하겠다는 정책 결정을 일방적으로 내렸다. 그런데 이러한 정부의 일사천리의 진행 과정에 제동을 건 것은 지역 주민과 시민사회의 힘이었다.

2014년 탈핵을 내세운 삼척 시장이 지역 주민의 힘으로 당선되었고, 삼척 시장은 핵발전소 부지 선정은 국가 사무라서 주민 투표의 대상이 될 수 없다는 정부의 방해에도 주민 투표를 강행하였고, 지역 주민의 민심이 핵발전소 건설 반대에 있다는 것을 확인하였다. 이 주민 투표 결과로 인해 법적 효력과 상관없이 삼척 신규 부지의 정당성은 상실되었다. 시민사회는 삼척의 사례를 통해 주민 투표의 위력을 학습하였다. 나 혼자만의 생각이라고 치부하며 잠자코 있던 것을 끄집어내기 시작했다. 그리고 그것은 영덕 주민 투표로 이어졌다. 영덕 주민 투표는 삼척과 달랐다. 삼척은 시장이 나서서 주민 투표를 독려하였으나, 영덕은 행정의 도움 없이도 약 4만 명 군민 중 1만 1,209명이 주민 투표에 참가하고 그중 91.7%가 핵발전소 유치를 반대한다는 결과를 이끌어냈다. 삼척 주민 투표 과정에 대한 학습과 수많은 자원봉사자들을 이끌어낸 연결의 힘이 만들어낸 성과였다. 이는 고리 1호기의 폐쇄로 이어졌다.

핵발전소의 안전성, 정부 정책의 정당성에 대한 질문은 이제 몇몇 활동가의 몫이 아니다. 깨달은 시민들이 합리적 의심을 통해 질문하고, 그 질문들이 서로 연결됨으로써 보다 나은 에너지 정책의 변화를 이끌어내고 있다. 이러한 변화로 핵발전소 위주의 전력 정책은 지속가능하고 안전한 에너지원(재생 가능 에너지와 가스복합화력 등) 위주의 전력 정책으로 전환될 수밖에 없는 현실에 직면할 것이다.

핵발전소를 떠받치는
국가 정책의 균열

핵발전소를 떠받치는 국가 정책에 균열이 나기 시작했다. 첫째, 중앙 집중식 에너지 시스템에서 분산형 에너지 시스템으로 전환하겠다는 2차 에너지기본계획의 목표가 서울특별시, 경기도, 충청남도, 제주특별자치도 등 4개 광역자치단체에서 독자적인 에너지 계획을 발표함으로써 구체화된 것이 그 중심에 있다.

서울시는 2012년 시작한 원전 하나 줄이기 사업 1단계를 통해 핵발전소 1기에 맞먹는 200만 TOE(석유환산톤)의 에너지를 절감했으며, 2020년까지 핵발전소 2기에 해당하는 400만 TOE

그림 챌린지: 한국환경보고서 2017

를 줄이는 2단계 사업 '에너지 살림도시 서울'을 추진 중에 있고, 경기도는 2030년까지 전력 자립도를 현재 29.6%에서 70%로 높이겠다는 '경기도 에너지 비전 2030'을, 충청남도는 신·재생 에너지 보급을 통해 연간 228만 TOE의 에너지를 생산하고, 에너지 효율 개선으로 73만 2000TOE를 감축하겠다는 '2020 충남도 지역에너지 종합계획'을, 제주도는 2030년까지 도내 모든 차량을 전기차로 대체하고, 신·재생 에너지 발전 설비로 도내 모든 전기 소비량을 충당한다는 '카본 프리 아일랜드' 계획을 발표하고, 그에 맞는 사업을 추진 중에 있다. 또 이들 4개 광역시의 자치단체장은 깨끗하고 안전한 에너지를 낭비 없이 지혜롭게 쓰는 지역 에너지 전환을 위해 4개 시·도가 함께 노력하겠다는 「지역에너지 전환을 위한 공동선언문」을 2015년 11월에 발표하기도 했다. 이러한 지역에너지 계획 수립의 흐름은 기초지방자치단체까지 확산되고 있다.

2016년 12월 노원구, 강동구, 안산시, 당진군 등 25개 지방자치단체가 참여하는 '에너지정책전환을 위한 지방정부협의회'가 구성되었다. 그러나 아직까지 이러한 광역과 기초지방자치단체의 자체 에너지 비전과 계획이 국가 계획에 반영될 수 있는 공식적인 절차가 마련되어 있지 못하다. 따라서 2018년에 논의가 시작되는 3차 에너지기본계획에는 기초와 광역지방자치단체의 에너지 비전과 계획을 반영할 수 있는 절차가 공식적으로 마련되어야 할 것이다. 2차 에너지기본계획의 주요 목표 중 하나인 분산형 에너지 시스템이 효과적으로 시행되고 안착되기 위해서는 에너지 분권화 과정도 맞물려야 할 것이다.

둘째, 경제 급전의 원칙에서 환경과 국민안전을 고려한 급전으로 급전 원칙의 수정이 이루어질 전망이다. 그동안 국가는 발전 연료비가 가장 낮은 발전원부터 전력을 거래하는 방식으로 전력 시장을 운영해 왔다. 이에 따라 연료비 단가가 가장 낮은 핵발전소부터 전력 시장에서 거래가 이루어져 왔다. 그러나 2016년 10월 장병완 의원이 대표 발의로 "전기판매사업자는 발전원별로 전력을 구매하는 우선순위를 결정할 때 경제성, 환경 및 국민안전에 미치는 영향 등을 종합적으로 검토하여야 한다"는 내용을 전기사업법 31조 4항에 신설하도록 법안 내용을 수정하였다. 이 개정 법률안은 11월 29일 열린 산업통상자원위원회 제4차 법안 소위에서 여야 합의로 통과되었고, 법사위에서 논의 중이다. 이 개정안이 순조롭게 국회를 통과한다면, 경제 급전 원칙(연료비 최소화)에 따라 핵발전소에서 생산한 전기부터 우선 거래되는 전력 시장이 환경과 안전 등을 고려하는 방향으로 에너지믹스가 이루어질 것이다.

셋째, 2017년 2월 7일, 서울행정법원이 월성 1호기 주변에 거주하는 경주 시민 등 2,167명이 원자력안전위원회를 상대로 낸 '월성 1호기 계속 운전 허가 무효 확인 소송'에 대해 내린 판결도 핵발전 위주의 국가 에너지 정책에 변화를 가져올 것으로 기대된다. 재판부는 "원자력안전법령에 의거해 운영 변경 내용 비교표를 제출하지 않은 점, 운영 변경 허가를 과장 전결 등으로 적법하게 처리하지 않은 점, 원자력안전위원회위원 2명의 결격

그린 챌린저: 한국 환경보고서 2017

서울특별시, 경기도, 충청남도, 제주특별자치도는 깨끗하고 안전한 에너지를 낭비 없이 지혜롭게 쓰는 지역 에너지 전환을 꾀하고 있다.

사유로 위법함에도 불구하고 의결에 참여한 점, 2호기에 적용했음에도 1호기에는 최신 기술 기준을 적용하지 않은 점" 등을 근거로 '월성 1호기 계속 운전 허가 처분 취소' 판결을 내렸다. 이는 국민 안전을 최우선으로 핵발전소가 안전하게 가동하는 것을 감시·규제해야 하는 원자력안전위원회의 요식적인 심의 절차에 제동을 건 것으로, 이것이 차기 정부에서 원자력안전위원회의 독립성 강화에 기여할 것으로 판단된다.

시민의 적극적인 참여로 만드는
대안 에너지

　지금까지 핵발전소와 석탄화력발전소는 전력의 안정적 공급원으로 주도적 역할을 해왔다. 그리고 당분간 그 역할을 계속할 것이다. 그러나 동력원으로서 석탄이 석유로 대체되었듯, 전력원으로서 석탄과 원자력도 재생 에너지로 대체될 것이다. 그리고 그것은 대한민국의 예측보다 훨씬 빠르게 진행될 것이다. 이것이 세계적 추세이다. 그러나 아직까지 우리 정부는 핵발전소와 석탄화력발전소를 떠받치는 체계를 유지해 오고 있다. 다행히 석탄화력발전에 대해서는 방향을 수정하여 8차 전력수급기본계획부터는 신규 석탄화력발전소의 진입을 엄격히 규제한다는 방침이다. 그러나 핵발전소에 대해서는 아직 미련을 버리지 못했다. 이를 바로잡기 위해서는 깨어 있는 시민의 역할이 중요하다.

　첫째, 자신이 살고 있는 기초지방자치단체에 에너지 계획을 수립할 것을 요구해야 한다. 이미 에너지 계획이 수립된 기초지방자치단체라면 그 계획이 집행되는 과정에 참여해야 한다. 녹색연합이 속해 있는 성북구는 온실가스 감축 목표를 구민들이 직접 참여하여 정하였으며, 해마다 이를 집행하기 위해 구민들이 모여 논의하는 자리를 갖는다. 이처럼 집행 과정에서 자신이 살고 있는 기초지방자치단체가 어떤 시민 참여 구조를 갖고 있는지 파악하고 적극적으로 참여해야 하며, 이러한 구조가 미흡하다고 판단되면 기초지방자치단체장에게 시민의 참여 구조를 만들어 줄 것을 요구해야 한다.

둘째, 국가의 에너지 계획 수립 과정을 모니터링하고, 자신이 참여한 기초/광역지방자치단체의 에너지 계획이 국가 계획에 반영할 수 있는 구조를 만들 것을 정부와 지역구 국회의원에게 요구해야 한다.

셋째, 자신의 삶터에서부터 새는 에너지를 잡고, 에너지 효율화(LED 전구로 교체, 에너지 효율 1등급 제품 사용 등)를 위해 노력하며, 미니 태양광발전기 설치 등을 통해 전기를 생산하는 활동을 시작해야 한다. 그리고 이 활동이 개인 차원에서 머무르지 않도록 에너지 자립 마을이나 마을 절전소 등을 꾸려 이웃 주민들과 함께 운영해 나가길 권유한다.

"공기 중에 떠다니는 먼지 중
우리 몸의 코와 기관지 등에서 걸러져
밖으로 배출되는 것들은
상대적으로 건강 위해성이
작다고 할 수 있다.
하지만 더 작은 먼지들은
기관지나 폐에 흡착되어
호흡기 질병을 유발하고
더 나아가 암을 발생시키기도 한다.
최근에는 작은 먼지들이
피 속에 녹아 들어가
치매나 심혈관계 질환까지
유발하는 것으로 밝혀지고 있다."

3

침묵의 살인자
미세먼지

송상석 녹색교통운동 사무처장

그린 챌린지: 한국환경보고서 2017

미세먼지의 정의

최근 한 언론을 통해 현재 사회적으로 통용되는 미세먼지라는 용어의 정의부터 바로잡아야 한다는 주장이 제기되었다. 현재 법적으로 미세먼지는 PM10(10μm 이하의 입자상 물질)이라는 입자를 가리키는 용어로 사용되고 있는데, 이는 잘못된 해석이며 엄격히 말하면 초미세먼지로 통칭되는 PM2.5(2.5μm 이하의 입자상 물질)를 미세먼지로 정의해야 한다는 내용이다.[1]

국내에서 통용되는 미세먼지 용어 정의의 혼란은 사실 환경부가 자초한 것으로, 국내 대기 환경 기준이 총부유분진Total suspended particle(TSP)에서 PM10(호흡성 또는 흡입성 분진)으로

---

1   학술적으로는 입자상 물질은 2.5μm를 기준으로 2.5μm 이하의 입자를 미세먼지(Fine particle)로, 2.5μm가 넘는 입자를 거대입자Coarse particle로 구분하는 것이 일반적이며, 우리가 초미세먼지Ultra-fine particle라고 부르고 있는 물질은 0.1μm 이하의 입자상 물질을 일컫는다.

강화된 뒤, PM10의 한글 표기를 미세먼지라고 사용하면서부터였다. 최근에는 건강 유해성 측면에서 그보다 더 작은 PM2.5에 대한 환경적 관리가 더 중요하다는 문제제기에 따라 PM2.5에 대한 대기 환경 기준이 마련되었는데, PM10을 미세먼지라는 용어로 사용하다 보니, PM2.5에 대해서는 이보다 더 작다는 의미를 담아 초미세먼지로 부르게 되었다.

왜 미세먼지에 주목하는가?

국내 대기 환경 기준이 점차적으로 더 작은 먼지에 대한 관리로 강화되는 이유는 이 오염 물질이 우리 건강에 미치는 영향 때문이다. 공기 중에 떠다니는 먼지 중 우리 몸의 코와 기관지 등에서 걸러져 밖으로 배출되는 것들은 상대적으로 건강 위해성이 작다고 할 수 있지만 더 작은 먼지들은 기관지나 폐에 흡착되어 호흡기 질병을 유발하고 더 나아가 암을 발생시키기도 한다. 최근에는 작은 먼지들이 피 속에 녹아 들어가 치매나 심혈관계 질환까지 유발하는 것으로 밝혀지고 있어 우려는 더욱 커지고 있는 실정이다. 수년 전 WHO는 디젤 자동차에서 배출되는 BC(Black carbon)와 같은 배출 가스를 1군 발암물질로 지정했다.

국내 대기오염 정책은 올림픽이나 월드컵과 같은 대규모 국제 행사를 계기로 전환점을 맞이한다. 86서울아시안게임과 88서울올림픽을 전후하여 난방 연료를 연탄에서 도시가스로 전환하는 정책이 시행되었고, 천연가스 버스 도입도 추진되었다. 2003년 「수도권 대기 환경 개선에 관한 특별법」이 제정되면서 초저황 경유 보급, 경유 가격 인상을 골자로 하는 에너지 세제 개편, 운행 경유차 저공해화 사업, 친환경차 보급 확대와 같은 정책들에 10여 년 넘게 수조 원의 예산이 투입되었다. 그 결과 눈에 보이는 먼지 또는 경유차 매연 등이 줄어들게 된 것도 사실이다. 하지만, 눈에 보이는 먼지는 줄었을지 모르지만 눈에 보이지 않을 정도로 작고 건강에 더 위협적인 미세먼지에 대한 공포는 사라지지 않고 있다. 더욱이 미세먼지의 생성 과정과 성상을 살펴보면 미세먼지 문제 해결이 생각 외로 매우 어렵다는 점을 확인할 수 있다. PM10의 경우 1차 오염원으로부터의 직접 배출로 인한 오염이 70% 정도이고 30% 정도는 2차적으로 생성되는 것으로 파악되어 1차 오염원 관리를 통한 저감이 상대적으로 용이하다. 그러나 PM2.5의 경우는 2차 생성 물질의 비중이 50%를 넘어 1차 오염원 관리만으로는 문제를 해결할 수 없다는 한계에 봉착하게 된다.

미세먼지는 어디에서 오나?

2016년 6월 정부는 국민들의 우려가 점차적으로 커지고 있는 미세먼지 오염을 줄이겠다는 명분 아래 정부 공동 미세먼지 저감 대책을 발표하였다. 주된 내용은 경유차 미세먼지 저감, 오

그린 챌린저: 한국환경보고서 2017

염 물질 과다 배출 차량에 대한 운행 제한, 석탄화력발전소에 대한 미세먼지 배출량 저감 및 친환경차 보급 등이었다. 정부가 발표한 자료를 보면 수도권과 전국의 미세먼지 오염의 양상이 다소 차이를 보이고 있다. 수도권의 경우 직접 배출과 2차 생성을 종합하여 배출 기여도를 계산하면 경유차의 비중이 29%로 가장 높고, 건설 기계 비중까지 반영하면 결국 내연기관 연소의 비중이 51%나 차지한다. 전국의 배출 기여도에서는 사업장의 배출 기여도가 41%로 절반 가까이를 차지하고 있는 것으로 나타났다. 또한, 전체적으로 직접 배출에 비해 2차 생성되는 비율이 2배 가까이 많은 것으로 나타나고 있다.

자주 언급되는 중국발 미세먼지의 기여율은 약 40~50%로 추정되며, 주로 국내 고농도 미세먼지 오염이 상황에 상당한 영향을 주는 것으로 나타나고 있다. 하지만, 대부분의 전문가들은 중국발 미세먼지의 영향이 적지 않다고 해서 국내 배출원 관리나 오염 대책이 불필요한 것은 아니며, 중국 정부에 미세먼지 저감 대책을 요구하기 위해서라도 보다 강력한 국내 미세먼지 저감 대책이 필요하다고 지적하고 있다.

석탄화력발전소와 미세먼지 대책

2016년 6월, 정부의 대책 발표 직후 녹색교통운동을 비롯한 한국환경회의 소속 단체들은 '정부의 미세먼지 저감 대책을 진

PM2.5 배출 기여도 및 배출원별 오염 물질 배출량

출처: 정부 공동 미세먼지 저감 대책 보도자료(2016년 6월 3일)

수도권 배출량

(uni: ton/yr)

배출원		대기 오염 물질		
		PM2.5	SOx	NOx
에너지 산업 연소	발전소	697(4%)	**11,088(29%)**	24,406(7%)
사업장	제조업 연소	300(2%)	3,941(10%)	11,507(4%)
	생산 공정	206(1%)	4,657(12%)	4,056(1%)
	폐기물 처리	63(0.4%)	689(2%)	2,945(1%)
냉난방 등	비산업 연소	383(2%)	8,653(23%)	42,724(13%)
	기타 면 오염원	90(1%)		57(0.02%)
도로 이동 오염원	경유차	3,769(24%)	46(0.1%)	**143,474(44%)**
	휘발유차 등		30(0.1%)	25,027(8%)
비도로 이동 오염원	건설 기계 등	3,328(21%)	8,837(23%)	68,355(21%)
생활 주변 오염원	비산 먼지	**4,775(30%)**		
	생물성 연소	2,122(13%)	24(0.1%)	1,072(0.3%)
합계		15,733(100%)	37,965(100%)	323,623(100%)

수도권 PM2.5 배출 기여도

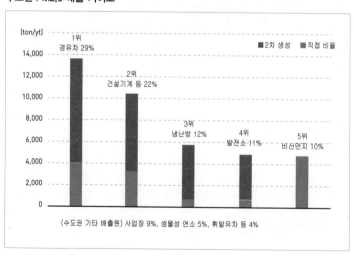

그린 챌린지: 한국환경보고서 2017

전국 배출량

(uni: ton/yr)

배출원		대기 오염 물질		
		PM2.5	SOx	NOx
에너지 산업 연소	발전소	3,573(3%)	97,565(23%)	177,219(15%)
사업장	제조업 연소	**41,606(39%)**	95,836(24%)	178,034(16%)
	생산 공정	4,829(5%)	**108,333(27%)**	55,151(5%)
	폐기물 처리	202(0.2%)	6,517(2%)	9,529(1%)
냉난방 등	비산업 연소	1,226(1%)	31,101(8%)	88,769(8%)
	기타 면 오염원	279(0.3%)		165(0.02%)
도로 이동 오염원	경유차	11,134(10%)	117(0.03%)	**284,700(26%)**
	휘발유차 등		72(0.02%)	51,021(5%)
비도로 이동 오염원	건설 기계 등	13,953(13%)	65,119(16%)	246,027(23%)
생활 주변 오염원	비산 먼지	17,127(16%)		
	생물성 연소	12,681(12%)	148(0.04%)	9,110(1%)
합계		106,610(100%)	404,808(100%)	1,099,724(100%)

전국 PM2.5 배출 기여도

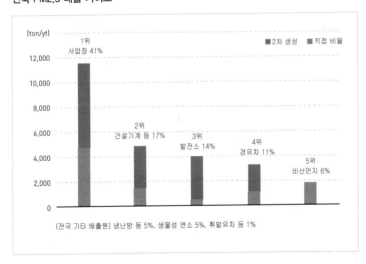

3부 특담: 2017년 녹색 포커스 5가지

단한다'는 주제로 긴급 토론회를 개최하여 실효성 없는 대책이라는 평가와 함께 실질적이고 구체적인 미세먼지 저감 대책 추진을 촉구한 바 있다. 이에 당시 문제점이 지적된 몇몇 정부 대책을 살펴보고자 한다.

현재 석탄화력발전소에 대한 대기 환경 기준은 농도 기준(ppm, mg/m³)으로 되어 있어, 신설 석탄화력발전소를 영흥화력발전소 수준으로 환경 기준을 강화하겠다는 것만으로는 석탄화력발전소에서 배출되는 오염 물질 총량을 줄이는 데는 분명한 한계가 존재한다. 즉 농도 기준이 강화되어도 설비 용량이 이전의 석탄화력발전소에 비해 크기 때문에 실제 오염 물질 배출 총량이 늘어날 가능성도 있는 것이다. 또한, 노후 석탄화력발전소 10기를 전면 폐쇄하지 않는 한, 미세먼지나 미세먼지 생성의 원인이 되는 오염 물질 배출을 막을 수 없다는 점이 간과되고 있다.

현재 국내에는 총 53기의 석탄화력발전소가 가동되고 있으며, 7차 전력수급기본계획을 반영하면 추가로 20기의 석탄화력발전소가 건설되고 있거나 계획 중에 있다. 현재 가동되고 있는 석탄화력발전소에서 배출되는 오염 물질의 비중은 전체 대기오염 배출총량 중 질소산화물이 9.1%, 황산화물이 15.9%, 미세먼지가 3.4%인 것으로 추정된다. 이는 특히, 충청남도나 전라남도처럼 석탄화력발전소가 집중적으로 위치한 지역의 대기오염 물질 총량에 상당한 영향을 주고 있다.

신규 석탄화력발전소 건설의 근거가 되는 7차 전력수급기본계획 상의 2015년 전력 수요 증가율은 4.3%였으나 실제 전체

그린 챌린지: 한국환경보고서 2017

수요 증가율은 1.3%에 그치고 있는 현실과 지속적으로 미래의 산업 전망상 철강, 조선 산업 등의 경기 침체 등 전력 수요 증가율이 둔화되고 있다는 점을 감안한다면 사실상 신규 석탄화력발전소의 건설은 불필요하거나 필요하더라도 20기나 되는 대용량 석탄화력발전소의 건설은 필요 없다는 결론에 도달하게 된다. 따라서 석탄화력발전소를 통한 미세먼지 저감의 근본적 대책은 노후 발전소의 전면 폐쇄와 신규 석탄화력발전소 건설의 전면 재검토가 되어야 했다.

경유차 미세먼지 대책의 실효성

전체 자동차의 41%에 해당되는 862만 대의 경유차에 대한 대책을 살펴보자. 일단 경유차에 대한 실도로 배출 가스 기준을 유럽과 같은 수준으로 도입하고, 경유차에 대한 친환경차 지정 기준을 대폭 강화한다는 내용이 제시되어 있다. 실도로 배출 가스 기준이라는 것은 폭스바겐 배출 가스 조작 사건을 계기로 질소산화물에 대한 인증 기준을 기존의 실내 시험 방식에서 실도로 주행 상태를 반영한 인증 방식으로 바꾸겠다는 것이다. 이미 유럽의 인증 기준이 2016년부터 강화될 예정이고, 우리나라의 경유차 인증 기준이 유럽을 따르고 있다는 점을 감안한다면 이는 사실상 새로운 대책이라고 보기 어렵다. 결국 특단의 대책을 내놓은 것처럼 포장했지만 기존의 계획을 반복해서 이야기한 것

노후 석탄화력발전소 현황   (출처:그린피스)

발전소 명	용량(MW)	기수(Unit)	운전 시작 년도
삼천포	560	1호기	1983
삼천포	560	2호기	1984
영동	125	1호기	1973
영동	200	2호기	1979
호남	250	1호기	1973
호남	250	2호기	1973
서천	200	1호기	1983
서천	200	2호기	1983
보령	500	1호기	1983
보령	500	2호기	1984
총계	3345	10기	

에 불과하다. 경유차에 대한 저공해 자동차 지정 기준을 강화하
는 것도 실상은 클린 디젤이라는 미명 하에 경유차 보급에 앞장
섰던 정부의 입장 변화로 보기에는 매우 미흡하다. 더욱이 환경
적으로나 경제적으로 전혀 실효성이 없는 정부의 경유택시 보급
계획도 철회되지 않았다는 점에서 눈 가리고 아웅하는 식의 대
책이라고 볼 수밖에 없다.

　　폭스바겐 배출 가스 조작 사건이 발생한 이후 환경부는 국
내 시판 경유 승용차에 대한 실도로 주행 상태에서의 질소산화
물 배출량 검증에 나선 바 있다.

　　그 결과를 보면 총 20개의 차량 중 국내 환경 기준을 만족
하는 차종은 단 1개 차종에 불과하며, 18개 차종의 평균 배출량
이 0.48g/km로 현재 환경 기준인 0.08g/km에 비해 평균 6배 초

그린 챌린지: 한국환경보고서 2017

정부의 미세먼지 저감 대책 요약

구분		종전 대책	금번 특별대책
수송 (29%)	제작차	• 실내 인증 기준 적용 • 경유차 저공해차 인증	• 경유차 실도로 검사 기준 도입(新) • 경유차 저공해차 기준 강화 (휘발유차 수준)
	운행차	• 제작자 리콜 명령 • 매연 기준 적용 • 노후차 DPF 위주 저공 해와 • 노후차 운행 제한(서울 부분시행)	• 소유자 리콜 이행 강화 (정기검사 불합격 처리) • 매연 기준 강화, NOx 기준 신설 • 조기 폐차, PM · NOx 동시 저감 확대 • 운행 제한 확대(수도권)
	친환경차	• 친환경차 보급(보급목표 20%)	• 친환경차 보급 확대(보급 목표 30%) • 충전기 3,100기
	건설기계 등	• 실내 인증 기준 적용 • 노후 건설기계 저공해 화(2종)	• 실도로 검사 기준 도입(新) • 저공해화 대상 확대(4종)
발전 · 산업 (55%)	석탄발전소	• 노후 석탄발전소 • 신설 석탄발전소 배출 허용기준 • 미세먼지 자발적 협약	• 노후 10기 폐기 · 대체(新) • 영흥화력 수준으로 강화 • 충남 3개 발전소 협약 목표 상향 ('14년 대비 NOx 10%, SOx 3% 삭감)
	수도권 사업장	• 수도권 총량사업장(대 형 1, 2종) • 배출총량 할당 기준 운 영	• 사업장 확대(중형 3종 추가) • 단계적 기준 강화 ('18~, NOx, SOx 약 50% 강화)
	비수도권 사업장	• 배출 허용 기준 운영 • 배출 부과금 운영	• 기준 강화 • 간접 배출물질 부과금제 개선

생활
주변
(16%)
	도로 먼지	• 도로 먼지 청소차 보급
		  –
		  –
		  –
		  –
			• 도로 먼지 청소차 보급 확충
			 ('17~'20년 총 444대)
			• 도로 먼지 지도 제작(新)
			• 도로 청소 가이드라인 보급(新)
			• 토사 유입 저감 도로 설계(新)
			• 저마모 타이어 기준 마련 · 보급
			 (新)

	건설 공사장	– –	• 대형 건설사 비산 먼지 저감 자발 적 협약(新) • 비산 먼지 저감 매뉴얼 개정 · 보급
	불법 소각	• 재활용 동네 마당(111개 소), 공동 집하장(4,156개소)	• 재활용 동네 마당('17~'20년 총 3.2 천 개소), 공동 집하장('17~'20년 총 4천 개소) 추가 확충
	고기 구이	–	• 미세먼지 저감 시설 지원(新) ('17~'20년 총 510개소)

차종별 연식별 경유차 현황

구분	계		승용·RV		승합·버스		화물·특수	
계	862 (100%)	(100%)	462 (100%)	(53.6%)	74 (100%)	(8.6%)	326 (100%)	(37.8%)
'05년까지	318 (36.9%)	(100%)	146 (31.7%)	(45.9%)	23 (31.2%)	(7.2%)	149 (45.7%)	(46.9%)
'06년 이후	544 (63.1%)	(100%)	316 (68.3%)	(58.1%)	51 (68.8%)	(9.4%)	177 (54.3%)	(32.5%)

과하는 것으로 나타나고 있지만 이 중 인증 취소와 판매 중지가
결정된 차종은 단 하나에 불과하며, 나머지 차종에 대해서는 모
두에게 면죄부가 주어져 아무런 행정적·법적 조치가 내려지지
않았다. 이는 클린 디젤을 표방했던 정부의 정책에 중대한 오류
가 있었음을 자인하고 반성하지 않는 것일 뿐 아니라 엄정하게
법을 집행해야 하는 행정부의 직무마저 외면하고 있는 것이라고
볼 수 있다.

운행 경유차 대책으로 제시된 현행 15% 이내라는 매연 농
도 기준을 10% 이내로 강화하겠다는 대책도 유명무실하기는 매
한가지다. 이미 유럽의 경유차 기준을 따르고 있는 국내 시판 경
유차의 경우 필수적으로 매연 저감 장치와 질소산화물 저감 장
치가 모두 부착되어 판매되고 있다. 엔진 기술만으로는 현재의
인증 기준을 기술적으로 맞추기가 어렵기 때문이다. 그렇다면
경유차 미세먼지는 사라진 걸까? 결론부터 말하면 기술의 발전
으로 눈에 보이는 매연은 사라지고 배출되는 양이 줄었을지라
도 미세먼지는 사라지지 않았다. 앞서 언급한 대로 미세먼지는

그림 챌린지: 한국환경보고서 2017

1차 오염보다 2차 생성이 더 많다. 경유차에서 나오는 질소산화물은 그 자체로도 우리 몸에 갖가지 질병을 일으키는 오염 물질이지만 미세먼지의 2차 생성에 관여하는 원인 물질이다. 그러나 현행법 어디에도 운행 중인 경유차의 질소산화물이나 미세먼지(PM10) 기준이 존재하지 않는다. 즉 판매 허용을 위해 최초 인증을 받을 때만 질소산화물과 미세먼지(PM10)를 측정하고 일단 판매되어 도로 위를 달리기 시작하면 한 번도 점검을 받지 않는 것이다. 이러한 비판이 부담되었는지 정부는 현재 운행 중인 차량은 제외하고 2017년 9월 이후 시판될 신규 차량에 대해서만 질소산화물 기준을 도입하겠다고 발표하였다. 이렇게 되면 현행법상 비사업용 차량은 4년 뒤인 2021년 이후, 사업용 차량은 2년 뒤인 2019년 이후에나 운행차 배출 가스 검사를 통해 오염 물질 관리가 시작된다. 결국 최대 4년 동안은 운행 경유차의 질소산화물 저감 방법은 없다.

경유차에서 배출되는 질소산화물이 주목받게 되자 정부는 또 한 가지의 대책을 제시한다. 노후 경유차 저공해화 사업에 추가로 2020년까지 9톤 이상의 대형 경유차 총 9,700대에 매연 및 질소산화물 동시 저감 장치를 부착하겠다는 내용이다. 이 장치는 대당 1500만 원의 고가 장비이기 때문에, 정부의 예산이 축소된다면 시행이 불투명해질 수밖에 없으며, 1만 대에도 못 미치는 대형차에만 저감 장치를 부착하는 것은 수십만 대의 노후 경유차가 운행된다는 것을 의미하기 때문에 효과가 적다. 만약 질소산화물 저감 장치를 부착한다면 판매 당시부터 매연 저감 장치가 부착되어 판매되었던 Euro-5 기준을 만족하는 차량을 대상으로 하는 것이 오히려 비용 효율적일 것이다.

경유차 미세먼지 저감 대책 중 가장 주목할 만한 부분은 오염 물질을 과다 배출하는 경유차에 대한 운행 제한 대책Low Emission Zone(LEZ)이라고 할 수 있을 것이다. 실상 이 정책은 지난 2009년 수도권특별대책의 일환으로 관련 법 제도가 정비되어 시행되고 있었던 정책이다. 다만, 서울을 제외하면 경기도와 인천의 제한 조치로 인한 단속 실적이 전무하다는 데 문제가 있었다. 결국 법을 만들어 놓고 집행을 하지 않는 정부와 지자체가 문제라는 말이다. 우여곡절 끝에 지난 1월부터 서울 지역의 운행 제한 경유차를 단속할 수 있는 카메라 설치가 늘어나고 서울 지역을 시작으로 전 수도권으로 확대한다는 계획이 발표되었지만 실효성에 대해서는 여전히 의문을 거둘 수 없는 것이 현실이다. LEZ 제도는 유럽을 중심으로 200여 개가 넘는 도시에서 이미 시행되고 있는 제도이다. 국내에서도 1기 수도권 대기오염 개선 대책에 초기부터 도입하려고 했으나 과도한 규제로 인한 국민 불편 증가를 이유로 시행 시기가 늦추어지다 지난 2009년에야 제도가 시행된 것이다. 앞서 지적한 대로 제대로 시행되지 않다 보니 그동안 정책적 효과를 기대하기 어려운 상황이었다. 금번 대책 발표를 통해 실효성을 확보하겠다는 선언은 있었지만 구체적인 계획은 현재까지도 보이지 않는다. 마치 3개의 수도권 지자체가 누가 먼저 고양이 목에 방울을 달지를 고민하는 모양새이다. 그나마 그동안의 비정상적 상황을 정상화시키겠다는 발표라는 점에서 긍정적으로 평가해 볼 수도 있지 않느냐는 지적도 가능하다고 본다. 하지만 금번 대책에는 국내에서 연간 판매량 1위를 차지하고 있으며 시민들이 일상에서 쉽게 찾아볼 수 있는 1톤 화물차를 운행 제한에서 제외했다. 서민 부담 가중을 그 이유로 들었다. 사실 그동안의 노후 경유차 대책을 객관적으로 평가해 보면 노후 경유차에 대한 운행 제한 제도라기보다는 노후 경유차 운행 보장 제도라고 할 수 있다. 자기 돈은 거의 내지 않고 국고로 수십만 원에서 수백만 원을 호가하는 저감 장치 비용을 90%까지 지원하는 데다가 저감 장치를 부착하면 3년간 환경개선부담금을 면제해 주는 제도가 과연 운행을 억제하는 제도인가? 유사한 운행 제한 제도를 시행하는 외국 도시의 경우 이렇게 까지 보조금을 통해 사업을 집행하는 경우는 거의 찾아보기 어렵다. 정부나 지자체가 운행 제한 제도 시행 계획을 발표하면 차량 소유주가 자발적으로 유예 기간 동안 자신의 차량에 적절한 저감 조치를 하거나 오염 물질 배출량이 적은 새 차로 교체하는 것이 대부분이다. 오염 물질을 상대적으로 많이 배출하는 노후 경유차를 운행하는 서민의 생존권이나 자동차 제작사의 매출 감소로 인한 경제적 피해보다 일반 시민들의 건강권이 우선한다는 논리가 정책의 배경이며 자연스러운 문화로 자리 잡고 있기 때문이다.

그동안 여러 환경 단체나 전문가들이 대기오염이 심각한 질병을 유발할 뿐만 아니라 암의 원인이 된다고 끊임없이 문제 제기를 해왔지만 수년 전 WHO 발표 전까지 제도권의 입장은 의심은 되지만 증거가 없지 않느냐라는 식이었다. 사회나 국가가 환경을 관리하고 대책을 추진하는 데 바탕을 두어야 하는 것은 잠정적 피해자에 대한 고려와 보호이다. 사회적 합의 역시 중요하다. 만약 내가 이용하는 자동차가 내뿜는 오염 물질이 내 가족에게 고통을 준다고 해도 같은 입장일지 생각해 볼 필요가 있다. 대기오염에 가장 취약한 계층은 노약자와 아이들 그리고 질병에 걸린 환자와 같은 상대적 약자들이다. 미세먼지로 인한 피해는 어쩌면 누군가의 생명과 삶의 문제일 수도 있다는 점을 간과하면 안 될 것이다.

최근 파리는 2025년 이후 경유차의 전면적인 운행 중단을 선언했다. 독일에서는 2030년 이후 내연기관 자동차의 판매 금지를 검토하고 있다고 한다. 프랑스와 독일은 대표적인 자동차 산업 선진국이다. 이들에게 자국 자동차 산업의 경제적 가치와 비중은 우리와 비교하여 결코 적지 않음에도 이러한 정책 결정을 내린 것에 대해 숙고할 필요가 있다.

친환경차 보급 예산은 양날의 칼

정부의 미세먼지 대책 중 대부분의 예산을 차지하는 정책은 전기차, 수소차와 같은 친환경 자동차 보급 확대 계획이다. 핵심은 2020년에는 하이브리드차를 포함하여 전체 신차 판매의 30%를 친환경차로 대체한다는 것이다. 현재 하이브리드차에는 전기차나 수소차에 지급되는 정부의 보조금은 없고 세제 혜택만 있다. 현실적으로 전기차 역시 보급 대수가 늘어나면 보조금 지급이라는 수단을 활용하기 어렵고, 세제 혜택으로 전환 될 것으로 보인다. 현재 보조금 지급 기준(구입 보조금 1200만 원, 완속 충전기 설치비 400만 원)에 비추어 보면 25만 대(현 2000만 대의 1.5%)의 전기차를 보급하기 위해서는 향후 3년간 약 4조 원의 예산이 투입되어야 한다는 결론이 나온다. 여기에 대당 5억 원이 넘는 전기 버스 보급 계획까지 포함한다면 엄청난 예산이 들어가게 된다. 그러나 아무리 정부가 파격적인 목표를 세워 추진한다고 해도 시장에서 전기차로의 전환 수요가 이에 대응하여 발생되지 않으면 매년 예산 집행 평가에서 미흡하다는 지적이 나올 수 있다. 결국 예산이 축소된다면 전기차 보급은 계획보다 줄어들 가능성이 크다.

또한, 전기차 보급 전략이 보다 명확해질 필요가 있다. 지금의 시장 상황은 전기차에 그다지 우호적이지 않다. 충전 인프라 부족과 전기차 성능에 대한 실망 등으로 인하여 정부의 의지처럼 전기차 보급이 원활하지 않다.

그렇다면 보조금 외에 전기차 활성화 전략을 고려해 볼 필요가 있다. 전기차 외의 차량에 대한 운행 제한 조치 등을 통해 시장에서 자연스럽게 전기차가 주목받게 하는 방법으로, 예를 들어 LEZ 시행시 완전무공해지역Zero Emission Zone을 운영해 보는 것도 방법이다. 비사업용 차량을 우선으로 전기차 외에 운행이 금지된 지역을 도심에 설정하는 등의 방안을 고민해 볼 필

[표 1] **친환경차**(그린카) **보급 확대 계획**

구분		현재	2020 기존 목표	2020 확대 계획
친환경차	합계	총 17.4만 대 (신차 판매 중 2.6%)	총 108만 대 (신차 판매 중 20%)	총 150만 대 (신차 판매 중 30%)
	전기차	0.6만 대	20만 대	25만 대
	수소차	0.01만 대	0.9만 대	1만 대
	하이브리드차	16.8만 대	87만 대	124만 대
충전 인프라	합계	총 347기	총 1,480기	총 3,100기
	전기	337기	1,400기	3,000기
	수소	10개소	80개소	100개소

요가 있다. 즉 핵심 도심부는 대중교통 및 보행자 외에 전기차만이 통행 가능하다고 한다면 소비자들이 통근 수단으로 전기차를 고민하게 될 것이다. 현재처럼 고가이면서 고성능이 요구되는 전기차가 아니라 1~2인의 경소형이면서 출퇴근용으로 쓸 수 있는 저가의 보급형 전기차가 대안이 될 수도 있다. 또한 현재 승용차 이용 수요, 예를 들면 출퇴근을 넘어 레저, 여행 등에 전기차를 활용하게 만들려면 전국에 최소한 LPG 충전소만큼의 전기차 충전소가 설치되어야 할 것이고, 그것도 고가의 급속 충전기가 아니면 소비자 욕구에 부합하기 힘들다는 점에서 전기차 보급 정책 전반에 대한 면밀한 검토가 필요해 보인다.

지금 필요한 것은 에너지 세제 개편

사실 정부의 미세먼지 저감 대책 중 사회적 주목을 많이 받았던 것은 경유 가격 인상을 골자로 하는 제3차 에너지세제개편 계획이었다. 결국, 관련 국책연구기관 공동으로 연구용역을 수행하고 그 결과를 가지고 정책을 결정하자는 선에서 마무리되었지만 지금까지도 가장 핫한 이슈로 남아 있다. 최근에는 관련 토론회가 국회에서 열리는 등 여러 가지 주장들이 수면 위로 떠오르고 있다. 저유가 기조와 환율로 사상 최대의 영업 이익을 내고 있는 정유사들의 속내와 대형 경유 SUV 판매에 주력하고 있는 자동차 제작사들의 반대로 쉽지 않은 상황이긴 하다. 또한, 정유 산업과 자동차 산업의 든든한 뒷배가 되어 주고 있는 정부 부처도 있어 문제가 쉽게 해결되리라고 보이지 않는다. 지금의 경유차 확대 현상은 사실 지난 2004년의 제2차 에너지 세제 개편의 필요성으로 대두되었던 급격한 경유차 증가 우려가 현실화 되는 것이라고 해도 과언이 아니다.

외국 제작사의 경유 승용차 판매의 지속적 증가와 국내 제작사의 경유 RV 판매 호조 그리고 최근의 저유가 상황이 겹쳐지면서 경유차 판매가 휘발유차 판매를 앞지르고 있다. 제2차 에너지 세제 개편 당시 선진 유럽의 휘발유에 대한 경유 가격 비중이 100 대 89였다는 것을 감안하더라도 급격한 경유차 증가에 따른 미세먼지 오염 가중은 이제 심각한 사회 문제가 되고 있는 것이다. 최근 에너지 세제 개편을 주제로 한 어느 토론회에서 경유차는 늘어나고 있지만 자동차 기술의 발달로 오히려 배출량 비중은 줄어들고 있다는 주장이 나왔다. 이는 얼핏 듣기에 타당한 논리처럼 보일지 모르지만 여기에는 한 가지 허점이 존재한다. 폭

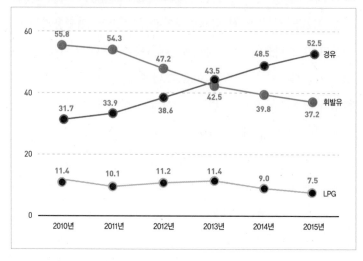

주요 연료별 국내 자동차 신규 등록 비중(%)　　　　(출처: 정부 합동 보도자료)

스바겐 스캔들로부터 확인되었듯이 실제 배출량이 인증 시보다 크게 상회하고 있다는 점이다. 계산상으로나 예측 프로그램상에서는 자동차 기준의 강화와 기술의 발전을 통해 배출량이 줄어드는 것이 맞지만, 환경부가 실시한 실도로 배출량에서 확인되었듯이 질소산화물 배출량은 현재의 Euro-6 기준을 초과하는 것을 넘어 심한 경우 Euro-2에도 못 미치고 있었다. 우리나라 사례에서도 파격적인 수도권 대기 개선 대책의 일환으로 85만 대에 이르는 경유차에 대한 저공해 사업이 추진되어 PM10의 농도는 다소 개선된 여지가 있지만 질소산화물의 경우는 농도 개선의 기미가 전혀 보이지 않고 있으며 최근 오히려 증가 추세로 돌아섰다. 실내 실험을 통한 경유차 인증 기준은 100배 가까이 강화되었지만, 실제 도로에서는 배출량이 17년 전과 별반 다르지

그린 챌린지: 한국환경보고서 2017

않다는 것이다. 질소산화물은 미세먼지의 원인 물질이며 특히 PM2.5 중 질산암모늄의 비중이 30% 가까이 된다는 점에서 미세먼지 저감을 위한 열쇠가 되는 오염 물질임에 틀림없다. 따라서 지금이야말로 급격한 경유차 증가세를 억제할 수 있는 에너지 세제 개편이 필요한 상황이다.

기술적인 접근보다
근본적인 대책이 필요하다

앞서 여러 가지 문제 지적을 바탕으로 그럼 앞으로 어떻게 해야 할지를 고민해 보자. 우선 노후 석탄화력발전소 10기는 즉시 폐쇄해야 하며, 신규 건설 예정인 석탄화력발전소 20기에 대한 전면적인 재검토가 필요하다. 정부의 전력 수요 과다 예측에 대한 전문가들의 비판과 에너지 다소비 산업 구조 개편의 필연성을 감안한다면 전면적인 재검토는 충분히 근거가 있는 것이다. 정부의 클린 디젤 정책은 전면 재검토 내지 폐지되어야 한다. 경유차 보급이 지속적으로 확대된다면 그동안 추진해 온 미세먼지 대책은 말 그대로 수포로 돌아갈 가능성이 크다. 운행 경유차 대책의 핵심은 우리가 관리하고자 하는 미세먼지의 원인 물질을 발생원으로부터 줄여 나가야 한다는 관점을 기본으로, 현재 운행되고 있는 모든 경유차를 대상으로 해야 한다. 앞으로 새롭게 판매될 경유차 미세먼지 기준을 강화하는 것은 너무나도 당연하기 때문에 언급할 필요가 없다. 외국의 제도 특히 유럽의 제도가 기술적으로나 정책적으로 우리보다 앞서 있음은 인정한다. 하지만 유럽의 자동차 운행 패턴과 우리는 근본적으로 다르다는 점이 고려되어야 한다. 우리나라는 수도권에 절반이 넘는 인구가 살고 있고 전체 자동차의 60%가 등록되어 있다. 국토의 극히 일부분에 오염의 부하가 집중되고 있는 것이다. 이는 비단 수도권만이 아니라 국내 대부분의 대도시 상황이 크게 다르지 않다.

교통에너지환경세법은 지난 2015년에 3년간 시행 연장되어 2018년 12월에 종료된다. 지금부터라도 합리적인 세수 확보 및 투자 방안을 고민하는 가운데 경유차 급증과 미세먼지 오염 부하 증가라는 시대적 문제 해결에 부합하는 방향으로 결정되어야 할 것이다. 굳이 전기차 예산을 이야기하지 않더라도 향후 환경 부문의 예산이 늘어날 것이라는 것은 자명한 사실이다. 따라서 그에 따른 예산 분배 방식과 예산 확보 방안은 미세먼지 오염의 원인자 부담이라는 기본적 전제 하에 수립되는 것이 합리적일 것이다.

마지막으로 미세먼지 저감의 근본 대책은 일단 자동차 통행을 줄이는 근본적이고 정책적인 방법부터 접근해야 한다는 것이다. 그렇지 않고서는 천문학적 예산이 들어갈 뿐만 아니라 과학과 기술 의존적 정책으로부터의 배반을 또 겪어야 할지도 모른다. 폭스바겐 스캔들로 확인된 클린 디젤의 허상이 그것이며, 정부 보조금이 없이는 단 한 발자국도 못 나가는 우리나라 환경 정책의 현실이 이를 방증한다. 우리 스스로 역시 자동차 의존적

그린 챌린지: 한국환경보고서 2017

인 관습에 익숙해져 있고 미세먼지를 포함한 환경오염 문제는 감내하고 참아야 할 문제로 치부하고 있지는 않은지, 마지막으로 던지고 싶은 질문이다. 사실 미세먼지 문제 해결은 어쩌면 너무나도 간단할지도 모른다. 발생 자체를 줄이면 되는 것이니 그것이 어디에서 오는지 알고 있다면 아는 만큼 우리의 생활과 문화를 바꾸는 것이 그 시작이 될 수 있다.

"중요한 것은 우리의 농지와 식탁을
GMO로부터 안전하게 지켜내는 것이다.
식량 자급률이 23%에 그치는 상황에서
대거 수입되는 GMO를
표시 제도와 더불어 막아내는 방법은
식량 자급률을 높이는 것이다.
지역적이면서 생태적인
농업 시스템을 갖추는 가운데
GMO 없는 세상을 위한 운동이
전국적으로 번져야 한다."

4 우리 농업과 밥상을 위협하는 GMO*

임성희 녹색사회연구소 연구원

* 정부는 '유전자재조합'이나 '유전자변형'이란 말로 혼용해 온 GM 기술을, '유전자변형'이라 지칭하기로 결정했다. 이 글에서는 '변형'이란 말 대신 '조작'이란 표현을 쓰기로 한다.

그린 챌린지: 한국환경보고서 2017

GMO란 무엇인가

"그 누구도 독일 땅에 유전자조작농산물을 심으려 하지 않을 겁니다. 사람들이 GMO가 자라도록 가만히 내버려두지 않거든요." 독일 식품안전소비자보호청 게오르크 박사의 말이다. 독일에서 유전자조작(GM) 작물을 시험 재배하기 위해서는 까다로운 절차를 통과해야 한다. 그러나 승인 절차를 무사히 통과했다고 해서 안심할 수는 없다. 시험 재배 사실이 알려지면 바로 훼손되기 일쑤이기 때문이다. 독일 사람들의 GM 작물에 대한 거부감과 저항은 일종의 전통이다. 1985년 쾰른 소재 막스플랑크 연구소의 가건물 환기구에서 작은 폭발이 일어났는데, 이는 유전자조작 실험에 대한 경고와 공격의 시작이었다. GMO 연구 및 시험 재배지를 공격하거나 훼손하는 일은 사회적 비난의 대상이

되거나 제지되지 않았다. 독일의 농지와 식탁을 지켜내기 위한 30년 역사의 사회적 행동이었기 때문이다. 오히려 GMO 연구자들은 연구에 몰두하는 것보다 사회적 비난으로부터 자신을 방어하는 일에 더 많은 시간을 할애해야 하는 상황이라고 한다. 결국 GMO 개발자들은 안심하고 개발할 수 있는 재배지를 찾을 수 없게 되었다. 현재 독일은 전국이 GMO 프리존이다.

독일 내 식품 매장에서도 유전자조작 식품을 찾기란 힘들다. 우리나라도 역시 마찬가지지만 사정과 이유가 다르다. 독일에서 유통되는 식품은 GMO를 원료로 만들지 않았기 때문에 찾기 어렵지만, 우리나라에서는 GMO를 원료로 만들었어도 GMO 표시를 하지 않아도 되는 식품이 많기 때문에 찾기 어렵다. 바꿔서 말하면 이렇다. 유전자조작 콩으로 만든 식용유는 독일에서 판매되고 있지 않다. 우리나라에서는 유전자조작 콩으로 만든 식용유가 판매되고 있지만 우리는 이 사실을 알 수 없다. GMO 표시의 취지를 제대로 담지 못하고 있는 제도가 GMO 프리 매장이라는 착시를 일으키게 한다. 우리나라 땅은 GMO 프리존일까?

유전공학 또는 유전자 기술genitic engineering(GE)이란 한 종으로부터 유전자를 얻은 후에 이를 다른 종에 인위적으로 삽입하는 기술을 말한다. 이 기술을 이용하여 새로 만들어진 생명체를 유전자조작생물체Genetically Modified Organisms(GMO)라고 부른다. 유전자조작 기술이 감자나 옥수수, 콩, 벼 등의 농작물에 행해지면, 유전자조작 농작물이라고 지칭하고, 이 농작물을 가공하여 식품으로 만들면 유전자조작식품이라고 한다. 예를 들어 토마토에는 없지만 미생물이나 동물에는 존재하는 특정 유전자를 삽입해서 만든 토마토가 GM 토마토이다. 1994년 세계 최초로 칼젠에서 개발한 무르지 않는 토마토(GM 토마토)는 넙치의 유전자를 토마토에 이식했다. 이 GM 토마토는 시판되었으나 상용화에 실패했고, 더 이상 생산·유통되지 않고 있다. 현재까지 생산·유통되는 주요 GM 작물은 감자, 옥수수, 콩, 유채, 면화 등이다. 전통 육종 방식의 개량인 방울토마토와 씨 없는 수박의 경우 유전자조작농산물이 아니다.

인도의 약 절반 크기 면적에서 재배되는 유전자조작 작물

2015년 말 기준, 전 세계 유전자조작 작물 재배 면적은 약 1억 7900만ha로, 쉽게 가늠하자면 인도의 절반 크기의 면적에 달한다. 면적으로 보면 GM 콩 재배 면적이 가장 넓고, GM 옥수수가 2위를 차지하고 있으며, GM 목화와 GM 유채가 그 뒤를 잇는다. 전체적으로 콩, 옥수수, 유채, 면화 재배 면적에서 GM 작물이 차지하는 비중은 각각 83%, 29%, 24%, 75%에 이른다.[1] 최대 생산국은 미국이고, 브라질, 아르헨티나, 인도, 캐나다가 그 뒤를 잇고 있다.

유전자조작 농산물은 생산량을 늘리거나 영양 성분을 강화

그린 챌린지: 한국환경보고서 2017

---

1   ISAAA(2015).

해서 기아와 영양 결핍을 해결할 수 있고, 작물 자체에 제초제나 병해충 내성을 갖도록 유전자를 조작해서 농약 사용을 줄일 수 있어서 환경에 유익한 기술로 홍보되고 있다. 물론 현실은 이와 달라서 GM 작물로 인해 기아와 영양 결핍이 해결되기는커녕 다른 결과를 낳고 있다. 기아의 원인은 세계적으로 부족한 식량 생산량 때문이 아니라, 가난한 나라의 농지가 다국적기업에 의해 잠식되었거나, 국민들이 식량을 구입할 경제적인 여유가 없기 때문이다. 미국의 경우 일반 경작지에 비해 유전자조작 경작지에 20%나 더 많은 살충제가 살포되었다는 국제 그린피스의 조사 결과도 있다.

유전자조작 꽃가루가 날려서 인근 농가가 피해를 본 사례도 보고되고 있는데, 유기농 밀 농장에 승인되지 않은 GM 밀이 자라면서 유기농 인증이 취소된 경우가 그 예이다. GMO의 인체 부작용에 대한 실험 사례들이 존재하고 논란도 있지만, 문제의 본질은 '서로 다른 종의 유전자를 조작'했다는 것 자체에 있고, 그것이 야기할 생태계 교란은 자연을 거스른 것이기에 비가역적, 즉 회복할 수 없는 지경에 처하게 된다는 점이다. 바이오안전성의정서에서 채택한 '사전예방의 원칙(중대하거나 비가역적인 피해의 위험이 있을 경우, 이 위협에 대해 과학적 확실성이 없다고 하더라도 환경 피해를 방지하기 위한 조치를 취하는 것을 막을 수 없다)'이 GMO 관리의 기본 원리로 적용되는 이유이다. 짐바브웨의 대통령은 GM 작물을 원조하겠다는 제안에 대해 인체 유해성 논란이 있는 GMO를 국민들이 먹게 할 수 없다며 딱 잘라 거절했다.

정부가 주도하는 GM 작물의 상용화

현재 우리나라의 논과 밭에 상업적 목적으로 GMO가 재배되고 있지는 않다. 그렇다고 국내에서 GMO 재배가 금지되어 있다는 뜻은 아니다. 아직까지는 우리 농지에 상용화를 목적으로 경작이 허가된 GMO가 없다는 말일 뿐이다. 이미 국내에는 CJ제일제당에서 개발한 유전자조작 미생물로 만든 설탕 대체 감미료에 들어가는 효소가 개발되어 상용화되고 있다.

정부 농촌진흥청 산하 5개 기관[2]을 위시해서 현재 국내에는 대학, 병원, 기업 등에서 GMO를 연구 개발하고 있다. 2015년까지 승인된 연구 · 개발은 총 1,847건이며, 시험 재배 등 환경 방출을 목적으로 한 연구 · 개발 역시 진행 중이다. 실험실을 벗어나 노지로 환경 방출되어 연구 · 개발 중인 GM 품목은 벼가 대부분이며, 잔디, 콩, 배추, 포플러 등의 실험도 이루어지고 있다. 가장 큰 문제는 정부가 주도적으로 GMO 연구 · 개발에 나서고 있다는 점이다. 1990년대 후반부터 진행된 농업생명공학기술 기초 기반 연구는 2011년 차세대바이오그린21 사업으로 이어졌고, 농촌진흥청은 현재 GM작물개발사업단을 직접 운영하면서 상업적으로 이용 가능한 GM 작물 개발을 지원하고, 일부 작물은 안전성 평가 및 심사 단계까지 와 있는 상태이다. 2015년 현재 농업진흥청에서 14개 작물 170여 종이, 대학과 연구소에서 40여 작물 200여 종이 연구 · 개발되고 있는 상황이다.

2016년 7월, 산업용 GM 벼 세포가 정부의 인체 위해성 심

---

2 국립농업과학원, 국립식량과학원, 국립원예특작과학원, 국립축산과학원, 국립산림과학원.

농촌진흥청은 GM작물개발사업단을 직접 운영하면서 상업적으로 이용 가능한 GM 작물 개발을 지원하고 있다. 농업진흥청 국립농업과학원 GMO 시험 재배장.

사를 통과했다는 소식이 있었다. 이에 따라 GM 벼 세포를 원료로 쓴 화장품이 출시될 전망이라고 한다. 인체 위해성 심사를 통과한 GM 벼 세포는 논에서 재배하는 GM 벼와는 달리 밀폐 시설에서 식물세포 배양을 통해 생산되는 제품이긴 하다. 농촌진흥청은 레스베라트롤 생산 GM 벼를 세계 최초로 육성·개발했고, 애초에 일반 벼처럼 논에서 재배한 다음 식품용 GM 벼를 밥상에 올리겠다는 계획이었다. 그러나 주곡인 벼를 유전자조작한다는 반발이 거세자 GM 벼 세포로 미백용 화장품 원료를 만드는 것으로 방향을 바꾸었다. 세계 어느 나라도 주곡으로 먹는 작물(예, 빵의 원료인 밀)을 GMO로 개발하여 상품으로 만들어 유통하고 있지는 않다. 벼와 밀 등 주식 작물의 경우는 연구·개발

3부 특집: 2017년 녹색 포커스 5가지

세계 어느 나라도 주곡으로 먹는 작물을 GMO로 개발하여 상품으로 만들어 유통하지 않는다. 농촌진흥청은 GM 벼를 밥상에 올리겠다는 계획을 세운 바 있다. 가뭄저항성 벼와 해충저항성 Bt 벼. ⓒ 녹색사회연구소

된 바 있으나 상업적 재배를 허용하지는 않았다.

2016년 8월, '민주사회를 위한 변호사모임(민변)'은 농촌진흥청장을 상대로 '정보 비공개 처분 취소 소송'을 낸 바 있다. 국민의 알권리 충족과 정보 공개 원칙에 따라 농촌진흥청이 GMO 위해성 심사를 위해 운영하고 있는 '전문가심사위원회' 위원의 명단을 공개할 것을 요구했다. 심사위원과 신청인 사이의 이해관계 없이 공정하게 심사가 진행되었는지를 파악하기 위해 명단을 알 필요가 있다고 판단한 것이다. 2014년까지 심사위원으로 장기 참여했던 인사들의 면면을 보면 심사의 독립성, 중립성 문제를 제기할 수밖에 없는데, 2012~2016년 17건의 GMO 관련 식품의약품안전처 연구 용역 가운데 14건을 심사위원으로 활동하는 여러 명이 도맡아 수행해 온 것으로 알려진 바 있다.[3] 또한 정

3　「최근 5년간 GMO관련 연구용역 현황」(윤소하 의원실 제공); 「용역 줄게 안전 다오?」, 《한겨레21》 제1133호.

부의 입김으로부터 자유롭지 못한 정부 출연 기관 연구원이 선임된 경우들이 있었다. 전문가심사위원회의 인적 구성은 30명으로 대학 교수 24명과 시민 단체 소속 전문가 2인, 민간 단체 연구원 4인이다. 정부는 명단 공개를 거부했다.

독일의 경우 바이오안전성위원회가 GMO 연구와 시설, 환경 방출 및 유통에 대한 안전성 평가를 진행하는데, 그 인적 구성을 보면 해당 과학기술 분야 전문가 12명과 교육/연구, 환경, 경제, 건강, 노동/사회 분야 각계각층 인사 8명을 포괄하여 구성하고 있다. GMO에 대한 사회적 우려와 사안의 민감성을 고려한 것이다. GMO 위해성 심사는 농촌진흥청 자체 심사와 식약처, 질병관리본부, 환경부, 국립수산과학원 등 협의 심사 틀 안에서 이루어지며 농촌진흥청장이 전문가심사위원회 심사 결과를 종합하여 최종 승인 여부를 결정한다.

만든 곳에서 허가권도 가진다?

농촌진흥청장은 농림축산식품부 장관의 위임을 받아 농림축산업용 GMO의 위해성 심사를 주관한다. 위해성 심사 신청서, 위해성 평가 자료, 정부 기관으로부터 확인받은 위해성 평가서, 정보 보호의 대상이 되는 자료 목록, 분석 방법에 관한 자료 등을 제출받아 관련 부처와의 협의 심사 등을 통해 승인 여부를 결정한다.

문제는 농촌진흥청은 2011년 'GM 작물실용화사업단'을 출범시키고(2015년에 GM 작물개발사업단으로 명칭 변경), 고부가 GM 작물과 글로벌 종자 시장에 진출할 GM 작물 개발에 직접 나서고 있다는 점이다. 위해성 심사를 주관, GM 작물을 승인하는 기관이 GM 작물을 직접 개발해서 승인 여부를 결정하는 것이다. 이는 객관성을 위해 승인 신청자와 승인 가부 결정자를 분리해야 한다는 기본적인 원칙을 위배한 경우이다. 정부는 공정한 위해성 및 안전성 심사, 수입과 개발 승인 기관으로서의 자신의 역할에 전념해야 한다.

유전자 오염 사례

몬산토의 GM 밀(제초제 내성)이 2013년에 미국 오리건 주와 2014년에 몬태나 주립대학 남부농업연구센터 연구 시설에서 발견된 적이 있다. 이는 미국산 밀에 대한 각국의 수입 거부 움직임을 낳았다. 이제까지 주곡을 GM 작물로 개발해서 상업화하지는 않았기 때문에 전 세계를 놀라게 한 사건이었다. 몬산토는 상용화를 목적으로 GM 밀 재배를 시도한 적이 있지만, 소비자들의 강한 반대에 부딪쳐서 포기한 바 있다. 미국에서 GM 밀이 발견된 사실은 GM 작물 시험 재배 지역의 관리 및 모니터링에 대한 중요성을 다시금 깨닫게 해주었다.

GM 벼 사건으로 등록된 수는 100건이 넘는다. 1998~2001년

그린 챌린저: 한국환경보고서 2017

안정성 평가를 위해 시험 재배되었던 바이엘 사의 GM 벼——클루포시네이트 계열 제초제인 리버티Liberty 내성을 가진——종자가 시중에 유통되어 일부 재배되고 있다는 사실이 알려지면서 큰 파장이 일었다. 미국으로부터 쌀을 수입하는 일본과 유럽연합은 즉각 GM 벼가 섞이지 않았다는 증명 없이는 쌀을 수입하지 않겠다고 발표했고, 수출 지장에 타격을 입은 농민들은 바이엘 사를 상대로 소송을 제기했다. 바이엘 사는 수억 달러의 손해배상액을 지출해야 했다.

캐나다 슈마이저 판례는 상업적 재배가 승인된 품종이 해당 품종을 심지 않은 인근 지역에까지 영향을 미친 경우이다. 캐나다 농부 슈마이저 씨의 밭에 몬산토의 GM 유채가 우연히 날아들어 자라자, 몬산토는 슈마이저를 상대로 특허 침해 소송을 제기했고 승소했다. 판결 이후 슈마이저는 자신의 유채 밭에서 또다시 몬산토 특허의 GM 유채가 자라는 것을 발견했고, 이를 제거한 후 그 비용을 몬산토에 청구, 해당 비용을 지급받았다.

GM 작물 재배 승인이 나지 않은 나라에서도 GM 작물이 발견되는 사례가 있는데, 우리나라도 이에 속한다. 우리나라가 GMO 프리존이 아닌 것은, 정부를 비롯해서 대학 및 연구소에서 시험 재배되고 있는 경작지가 있다는 점에서, 또한 밀폐 시설에서 생산되는 GM 효소가 있다는 것 외에도, 전국 곳곳에서 발견되는 자생 GM 작물이 있다는 점에서도 그렇다. 2016년 국회 김현권 의원(농림축산식품해양수산위원회 소속)이 국립생태원[4]으로

---

4   국립생태원은 GMO의 자연생태계 위해성심사를 수행하고 있다.

GMO는 격리 포장이 원칙이다. 하지만 사료 공장과 운송로, 축산 농가에서 GMO가 자라는 것이 확인되었다. 하역이나 운송 과정에서 빚어지는 문제점이다.
ⓒ 녹색사회연구소

부터 받은 자료에 따르면 2009~2015년 총 126곳에서 210개 개체수의 GMO가 발견되었다고 한다. 2009년만 해도 사료 공장과 운송로에 그쳤지만, 2014년에는 사료 공장과 운송로에 더해 축산 농가에서도 GMO가 자라고 있는 것이 확인되었다. 하역이나 운송 과정에서 도로나 노지에 떨어졌다가 일반 경작지에 흘러들어 생태계를 교란시킬 우려가 드러나는 대목이다.

그린 챌린지: 한국환경보고서 2017

GMO 수입 세계 2위, 식용 GMO 수입 세계 1위

2015년 국내에 식용 GMO로 승인된 작물은 콩, 옥수수, 면실, 감자, 카놀라, 사탕무, 알팔파 등 7개 작물이다. 사료용(농업용)으로 승인된 것은 콩, 옥수수, 면실, 카놀라, 알팔파 5개 작물이다. 국내 수입 승인된 식용과 사료용 GMO는 총 1,024톤으로 사료용이 전체 수입량의 79%이고, 식용이 21%를 차지한다. 옥수수가 전체 수입량의 88%를 차지하며, 콩은 10%, 면실류 1.6%, 소량의 카놀라가 수입되고 있다. 식용의 경우 콩과 옥수수가 각각 절반씩을 차지(옥수수가 약간 높은 비율)하고 있고, 사료용의 경우 옥수수가 거의 대부분(98%)를 차지한다. 그런데, 우리는 매장에서 GMO를 찾기 힘들다. 그 많은 양의 GMO가 왜 우리 눈에는 보이지 않는 것일까?

우리나라는 2000년부터 GMO 표시 제도를 시행해 오고 있다. 식용 GMO가 200만 톤(총 1,024톤 중 21%)이나 수입되고 있고, 그중 콩과 옥수수가 각각 절반씩을 차지하고 있다. 그럼에도 불구하고 식품 매장에서 GMO로 표시된 콩과 옥수수를 볼 수 없는 이유는 국내 표시 제도의 허점 때문이다. 즉, 식품 제조 과정에서 단백질이 파괴되어 유전자조작된 DNA가 발견되지 않으면 표시를 하지 않아도 된다. 또한 원료 중 GM 함유율이 3% 이하일 경우 의도와 무관하게 혼입된 것으로 인정하여 표시를 하지 않아도 된다(비의도적 혼입률 3%). 2017년 2월 4일부터 시행된 표시 제도 개정에 따라, 그동안 주원료 5개 이내 품목에 대해서만 표시를 하게 되어 있었던 표시 대상 식품은 수입되고 있는 GM 농산물인 콩, 옥수수, 면화, 감자, 유채, 사탕무와 이를 원료로 하는 모든 가공식품류로 바뀌었다. 그러나 여전히 유전자조작 DNA가 잔류하지 않은 식용유, 간장, 전분당, 주류, 식품첨가물은 표시 대상에서 제외하고 있고, 식용 수입된 GM 농산물은 대부분 이렇게 표시 대상에서 제외된 가공식품, 즉 식용유, 간장, 전분당의 원료로 쓰이고 있다. CJ제일제당에서 만든 백설 스위트리 타가토스, 알룰로스 역시 GM 미생물로 만든 효소이지만, 표시 제외 대상이어서 소비자들은 이에 대한 정보를 전혀 알 수 없다. 제도의 허점이 온전히 드러나고 있는 상황이다.

GMO 표시 제도, 어떻게 바뀌어야 하나?

독일 그린피스는 2003년부터 독일 내 슈퍼마켓, 레스토랑, 아시아 식품 매장을 대상으로 유전자조작 식품 조사를 진행해 왔다. 2014년 5월 발표된 아시아 식품 GMO 경고 리스트에 CJ사 인스턴트 국수(간장 포함), 해찬들 재래식 된장, 샘표 간장이 있었다. 유럽의 경우, 최종 제품에 유전자조작된 DNA가 남아 있는지 여부와 관계없이 원재료가 GMO이면 이를 기반으로 표시제를 시행하고 있기 때문에, 간장과 식용유도 표시 대상이 된다. 또한 식당 등 요식업체에서도 GMO를 원재료로 요리했으면 이를 표시해야 한다. 유럽의 표시 제도 역시 0.9% 이하 혼입에 대해서는 비의도적 혼입률 0.9%로 표시에서 제외하고 있고, GM 사료를 먹은 동물로부터 생산된 육류나 유제품, 달걀 등도 표시 의무에서 제외되고 있어서 완전표시제로 불릴 수 없다. 그렇기 때문에 현행 표시 제도가 GMO에 대한 소비자의 알권리를 완전히 충족시키지 못하고 있다는 점을 인정한다. 독일의 경우 이를 보완하기 위해 자율적으로 시행하고 있는 것이 NON-GMO 표시이고, 이 표시를 위해서는 GMO가 섞여 있지 않다는 증명서를 첨부해야 한다. 독일 연방농업식품부로부터 위임을 받은 인준 기관이 발급하는 NON-GMO 증명서는 식품이나 농산물에 GMO가 0.1%라도 섞여 있지 않아야 하며, 육류 및 유제품, 달걀의 경우 소, 돼지, 가금류 등은 특정 기간에 GMO 비의도적 혼입률 0.9% 이하의 사료로 사육되어 생산된 제품의 경우에 한하여 발급된다. GM 미생물을 통해 생산된 비타민, 효소, 향료, 첨가제들이 사용되어서도 안 된다. 환경 단체들은 NON-GMO 캠페인에 농산물 및 식품 가공과 유통 업체들이 적극 참여하도록 독려하고 있고, 소비자들에게 이에 대한 정보를 제공하고 있다.

중국의 경우, 승인된 GMO와 이를 원재료로 사용한 17개 가공식품 및 종자에 대해 유전자 변형 DNA나 외래 단백질 잔류 여부와 관계 없이 표시해야 하며, 비의도적 혼입률을 아예 인정하지 않고 있다. 0.1%라도 GMO가 섞여 있으면 표시하도록 하고 있는 경우이다.

2016년 식약처에서 국내 GMO 표시 제도 개정(안) 고시를 했다. 이는 여전히 원재료를 기반으로 표시하기보다, 유전자 변

독일에서 표시하는 NON-GMO 마크.

형 DNA가 잔류하지 않은 경우(예, 식용유, 간장, 전분당 등)를 예외로 하고 있어, 이른바 '완전표시제'가 필요하다는 의견이 제기되었다. 20대 국회에서도 이런 의견을 담은 개정안이 발의되어 계류 중에 있다. 그러나 이른바 '완전표시제'로 불리는 현 개정안은 정확히 말하면 완전표시제가 아니다. 최종제품에 유전자조작 된 DNA의 잔류 여부와 관계 없이 유전자조작된 원료가 들어 있으면 표시되도록 개정하는 것은 타당하다. 0.9% 이하의 GMO 혼입에 대해 표시를 면제해 주는 것을 완전한 표시라고 표현할 수 없다. 완전표시제는 이루어야 하는 제도이나, 이를 요구하려면 그에 맞는 요건을 충족하는 경우에 한해야 한다.

또 한 가지 논란의 지점은 NON-GMO 표시 허용과 관련해서이다. 식약처의 개정고시에 따르면 "GMO 표시 대상 중 유전자변형식품 등을 사용하지 않은 경우에는 '비유전자변형식품' 또는 '무유전자변형식품' 등의 표시ㆍ광고를 할 수 있으며 […] 이 경우에는 비의도적 혼입치가 인정되지 아니한다" "[…] 표시대상 유전자변형 농축수산물이 아닌 농축수산물 또는 이를 사용하여 제조ㆍ가공한 제품에는 '비유전자변형식품'또는 '무유전자변형식품' 등 소비자에게 오인ㆍ혼동을 줄 수 있는 표시ㆍ광고

그린 챌린지: 한국환경보고서 2017

를 해서는 아니 된다"고 명시했다. 그런데 식약처[5]의 이 조항에 이의를 제기하면서 NON-GMO 표시에 비의도적 혼입치 0.9%를 인정하도록 하자는 것과 표시 대상뿐 아니라 모든 농산물에 NON-GMO 표시를 허용하자는 의견이 제출되었다. 그러나 필자가 보기에 비의도적 혼입치 0.9%를 인정하면서 NON-GMO 표시를 하자는 것 역시 정확한 정보 제공 및 소비자의 알권리를 왜곡하는 것이다. 0.9% 이하의 혼입이 현실적으로 불가피하다고 해서 GMO가 소량이나마 혼입되어 있는 농산물과 식품에 대해 NON-GMO라고 표시할 수는 없다. 또한 GMO로 생산되거나 유통되고 있지 않은 농산물 품목을 대상으로 NON-GMO 표시를 하는 것은 식약처의 주장대로 소비자에게 오인·혼동을 주는 표시와 광고라고 해석할 수 있다. 현재 국내에 유통되고 있는 토마토 중 유전자조작 토마토는 없다. 그럼에도 불구하고 관행 농법으로 재배된 일반 토마토를 대상으로 NON-GMO 토마토라고 한다면, 소비자는 NON-GMO 표시가 부착되지 않았지만 동일한 재배 농법에 의한 토마토와 그를 원료로 한 케첩, 페이스트 등을 GMO로 오인·혼동할 수 있다. 수박이나 양파의 경우 GMO가 존재하지 않는데도 NON-GMO 수박, NON-GMO 양파로 표시하고 광고한다면, 표시되어 있지 않은 수박과 양파가 마치 GMO가 아닐까 하는 혼동을 주는 것과 마찬가지다. 다른 농산물 역시 마찬가지다. 소비자의 알권리를 위한 것이라면, 제품에 대한 오해를 유발하는 표시와 광고를 해서는 안 된다.

5   2013년 전부조직법 개정으로 「농수산물품질관리법」에 따른 유전자변형농수산물 표시 관리·조사 업무가 농림축산식품부에서 식품의약품안전처로 이관되었다.

GMO 표시 제도와 반대 운동의 지향점

GMO 표시 제도는 소비자의 알권리 차원에서 실시되었지만, 그 배경에는 GMO에 대한 인체 유해성과 생태계 교란에 대한 논란과 우려가 있다. GMO에 반대하는, GMO를 용납하지 않으려는 의지와 운동의 일환이기에 GMO 표시제를 통해서 소비자들이 GMO를 선택하지 않을 권리를 지켜내고, 선택하지 않음으로서 GMO를 퇴출시키고, GMO의 수입과 개발과 생산을 막는 데 기여할 수 있는 것이다. 우리의 농지와 식탁을 GMO로부터 안전하게, 더 나아가 지구상의 모든 농지와 생태계, 식탁을 안전하게 지켜내는 일이 중요하다. 식량 자급률이 23%에 그치는 상황에서 대거 수입되는 GMO를 표시 제도와 더불어 막아내는 방법은 식량 자급률을 높이는 것과 병행할 수밖에 없다. 유럽 대부분 나라는 자국의 식량 자급 원칙을 견지하고 있기 때문에, 산업화된 글로벌 식량 상품과 GMO로부터 스스로를 지켜낼 수 있었다. 지역적이면서 생태적인 농업 시스템을 갖추는 가운데 GMO 개발을 막고, GMO가 소비자들에게 외면되어 퇴치되는 GMO 없는 세상을 위한 운동이 전국적으로 번져야 한다. 우리나라를 GMO 프리존으로 만들어야 하는 이유이다.

정부가 지원하고 주도하는 GMO 개발은 멈추고, GMO 작물개발단을 해체해야 한다.

GMO를 원료로 가공한 식품이 무엇인지 알 수 있도록 표시제도를 바꾸어야 한다. 비싸게 사먹는 카놀라 식용유가 콩으로

우리의 농지와 식탁을 GMO로부터 안전하게, 더 나아가 지구상의 모든 농지와 생태계, 식탁을 안전하게 지켜내야 한다. GM 재배 온실. ⓒ 녹색사회연구소

만든 식용유와 마찬가지로 GMO 원료를 사용한다는 사실을 알아야 하지 않을까?

우리 농업을 지키고 식량 자급률을 높여야 GMO 수입을 막고 GMO로부터 밥상을 지킬 수 있다.

"미군기지 주둔으로 인한
환경 문제 역시 안보 · 평화 의제만큼
여러 차례 사회 현안으로 부각되었다.
미 군용기의 이착륙과
사격 훈련으로 인한 소음,
기름 유출로 인한 토양 · 지하수 오염,
오폐수 방류로 인한 수질 오염,
실탄 포격으로 인한 중금속 오염,
이로 인한 교육 및 주거 환경 침해 등
환경오염과 그로 인한 주민 피해는
실로 다양한 형태로 존재한다."

5

반환 미군기지
환경 현안과
우리 사회의 과제

신수연 녹색연합 평화생태팀장

한반도 전역에 흩어져 있는 100여 개 미군기지를 2개 권역(평택 · 오산/부산 · 대구)으로 집중 재배치하는 '미군기지 이전 사업'이 막바지 단계에 있다. 2000년 미국의 요구로 시작된 미군기지 이전 사업은 '연합토지관리계획(LPP)'(2002년), '용산기지이전협정(YRP)'(2004년)으로 구체화된다. 당시 미국은 한미정상회담(2003년), 전세계 국방태세검토(GPR) 보고서, 아태지역 안보회의(2004년)에서 해외 주둔 미군을 재조정하려는 의지를 드러낸다. 전방에 배치된 부대를 후방으로 분산 배치하고, 고정된 병력을 신속한 기동군 중심으로 재편하겠다는 것이다.

미군기지 이전은 기지의 물리적 위치만 이전하는 것이 아니라 주한미군의 역할과 한미 관계의 성격도 바꾸는 사업이다.[1]

1 제32차 한미연례안보협의회(SCM)에서 양국은 "한반도 내 안정에 대한 당면한 위협이 감소된 후에도 양국 동맹 관계는 동북아 및 아태 지역 전체에서의 평화와 안정 유지에 기여할 것"이라고 밝히는 등 2002년 이후 한미 동맹의 지역 방위 역할에 대해 여러 차례 합의한다.

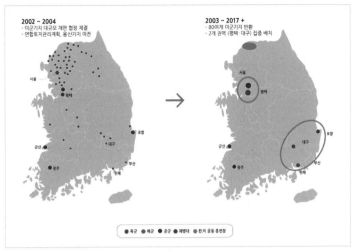

미군기지 확장 저지 투쟁은 이 땅을 지켜 온 사람들의 생존권 투쟁이자 군사주의에 맞선 평화 운동이다. 미군기지 이전사업. ⓒ 녹색연합

즉 주한미군의 역할을 한반도 방위에 한정하지 않고, 중국을 견제하는 등 동북아시아 지역 방위로 확대하는 것이었다. 당시 시민사회는 이러한 미국의 움직임이 군사적 대결이 첨예한 동북아시아를 군비 경쟁으로 몰아넣고 전쟁 위기를 심화시킬 것이라고 비판했다. 특히 미군에게 새롭게 360만 평의 땅을 제공하도록 강요받은 평택에서는 격렬한 미군기지 확장 저지 투쟁(2004~2006년)이 있었다. 이는 대추리·도두리 주민들이 평생 일구어 오던 땅을 지키려는 '생존권 투쟁'이자, '평택-군산-제주'를 잇는 서해안 MD(미사일방어체계) 벨트 구축의 군사주의에 맞선 평화운동이었다.[2]

2   사회적 갈등에도 불구하고, 강행된 평택 미군기지(개리슨 험프리)는 총 450만 평 규모로, 미국 본토를 포함하여 세계에서 가장 큰 미군기지로 조성 중이며, 2016년 11월 기준 공정률 93%에 이르렀다.

미군기지 주둔으로 인한 환경 문제 역시 안보·평화 의제만큼 여러 차례 사회 현안으로 부각되었다. 미 군용기의 이착륙과 사격 훈련으로 인한 소음, 기름 유출로 인한 토양·지하수 오염, 오폐수 방류로 인한 수질 오염, 실탄 포격으로 인한 중금속 오염, 이로 인한 교육 및 주거 환경 침해 등 환경오염과 그로 인한 주민 피해는 실로 다양한 형태로 존재한다. 대표적인 사건으로 2000년 매향리 사격장 오폭 사고, 용산 미군기지 내 한강 독극물 방류 사건, 2001년 원주 캠프롱 기름 유출 사고, 2007년 심각하게 오염된 상태로 돌려받은 23개 미군기지, 2011년 퇴역한 주한미군의 고엽제 매립 증언, 2015년 평택 기지 탄저균 반입 사건 등이 있다. 각각의 사건이 계기가 되어 한미 합동 조사를 실시하거나 한미 주둔군지위협정(SOFA) 환경 조항을 제·개정하는 등의 제도적 변화도 수반되었다. 이 글에서는 반환 미군기지 현황 및 환경 쟁점, 반환 이후 기지 활용 계획 및 우리 사회의 과제에 대해 살펴보기로 한다.

반환 미군기지 현황 및 협상 절차

현재 진행되는 미군기지의 반환은 미군기지 이전 사업 협정(LPP, YRP)에 의한 것과 한미 SOFA 규정에 따른 수시 반환으로 나눌 수 있다. 전체 반환 대상 미군기지는 총 80개로 이미 반환된 곳은 54개이며, 반환 예정인 곳은 용산(메인·사우스포스

그린 챌린저: 한국환경보고서 2017

미군기지 반환 절차

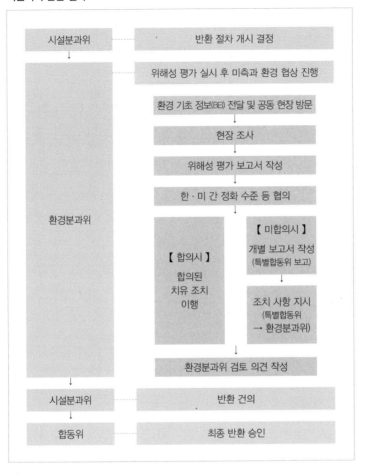

3광 특집: 2017년 녹색 포커스 5가지

트, 캠프킴, 캠프코이너 등), 부평 캠프마켓, 원주 캠프롱 등 26개이
다.(2016년 3월 기준)

현재, 미군기지 반환 절차는 위와 같이 한미 SOFA 합동위
원회 산하 시설분과위원회의 반환 절차 개시, 환경분과위원회의

협의, 합동위원회의 최종 승인을 통해 이루어진다. 미군기지 이전 협정이 체결되었음에도 개별 기지에 대해 반환 협상을 하는 이유는 '반환 미군기지의 오염을 누가 책임질 것인지'에 대한 결정 때문이다.

군 기지는 환경오염을 유발하는 오염원이 많고, 오염 물질들이 매우 다양하다. 유류, 휘발성유기화합물(VOC), 폴리염화비페닐(PCBs), 트리클로로에틸렌(TCE), 다환방향족탄화수소(PAHs), 중금속, 석면, 납페인트, 폭발성 물질, 제초제, 살충제까지 각 부대의 특성에 따라 여러 물질과 폐기물로 오염되어 있다. 통상 해방 이후 최근까지 오랜 시간 군사 기지로 사용한 오염된 땅을 정화하려면 상당한 시간과 막대한 비용이 든다. 실제 24개 반환 미군기지의 오염을 정화하는 데 국방부는 총 2100억 원을 지출한 것으로 확인되었다.

환경 정화 책임에 대한 한미 간의 공방은 23개 미군기지 반환 협상(2005~2007년) 중 가장 첨예하게 드러났다. 24차례의 협상을 통해서도 한미 간 SOFA 조항 해석에 대한 입장 차이가 좁혀지지 않았다. 미군 측은 SOFA 제4조 1항 "원상 복구 의무가 없다"는 규정을 근거로 "미군기지 환경오염에 대한 원상 복구 의무가 없다"고 주장하였고, 한국 정부는 "해당 조항은 환경 조항이 아니라는 것이 전문가들의 공통된 해석이며, 2000년 헌법재판소도 이 조항으로 주한미군의 환경오염 정화 책임이 면제되는 것은 아니라고 해석"했다며 맞섰다.

또한, 당시 한국 정부는 SOFA 합의 의사록에 "미국 정부

그린 챌린지: 한국환경보고서 2017

[표 1] 반환 미군기지 오염 현황 및 정화 비용

구분	기지명	반환연도	반환면적 (m²)	오염면적 (m²)	조사 결과 (토양 오염 우려 기준 초과 물질)	정화기간	예산 (억 원)
1	파주 에드워드	2007	251,549	7,609	TPH, 아연	'09.8~ '11.12	778
2	파주 게리오웬	2007	284,229	16,823	TPH, BTEX, 납, 아연, 카드뮴		
3	파주 하우즈	2007	636,088	12,624	TPH, 납, 아연, 카드뮴		
4	파주 스탠튼	2007	271,000	8,341	TPH		
5	파주 자이언트	2007	171,179	8,043	TPH		
6	캠프 그레이 에넥스	2007	8,660	1,500	TPH, BTEX		
7	용산 유엔컴파운드	2007	53,458	785	TPH		
8	춘천 페이지	2007	639,342	12,410	TPH, BTEX		
9	동두천 님블	2007	58,274	2,120	TPH	'09.8~ '11.12	944
10	의정부 라과디아	2007	136,782	1,310	TPH, BTEX, 아연, 니켈		
11	의정부 카일	2007	145,183	12,649	TPH		
12	의정부 시어즈	2007	95,080	8,270	TPH, BTEX, 납, 아연		
13	의정부 에세이욘	2007	207,637	18,020	TPH, BTEX		
14	의정부 폴링워터	2007	49,586	1,432	TPH, BTEX, 납, 아연, 니켈, 구리		
15	하남 콜번	2007	306,772	1,052	TPH, BTEX, 아연, 니켈		
16	매향리 사격장	2007	23,717,140	4,690	TPH, BTEX, 납, 아연, 카드뮴, 구리, 니켈		
17	파주 그리브스	2007	236,778	1,099	TPH, BTEX, 납, 구리	'12.1~ '14.11	29.8
18	파주 JSA(보니파스)	2007	143,052	2,102	TPH, 납, 아연		
19	파주 JSA(리버티벨)	2007	66,404	323	TPH, 납		
20	파주 찰리블럭	2007	28,000	85	TPH		
21	파주 자유의다리	2007	57,750	197	TPH	'12.7~ '13.11	2.7
22	남제주 맥냅	2007	49,810	618	TPH	'09.9~ '10.9	4.9
23	부산 캠프 하야리아	2010	534,939	50,234	TPH, BTEX, 카드뮴, 비소, 납, 아연	'11.4~ '12.7	143.5
24	동두천 캠프 캐슬	2015	156,261	33,539	TPH, 벤젠, 톨루엔, 에틸벤젠, 크실렌, 카드뮴, 불소	'15.5~ '15.11	197
						총계	2,099.9

는 한국의 법령과 기준을 존중한다"고 명시하였으므로 오염 치유 수준을 협의할 때 이를 중요한 판단 기준으로 고려할 것을 제안했다. 미군 측은 환경에 관한 특별양해각서상 '인간 건강에 대한 공지의 급박하고 실질적인 위험Known, Imminent, Substantial Endangerment to human health(KISE)'인 경우에만 오염을 치유할 것이며, 협상 대상 기지 중에 그 정도 수준의 오염은 없다는 입장이었다. 급기야 미군 측은 폐기물 처리 등 몇 가지 조치를 하겠다는 최종 제안 사항과 함께 조치가 완료되면 기지는 반환된 것으로 간주하겠다고 통보하였다. 그러나 미군 측의 조치 이행 여부를 확인하지 못한 상태에서 23개 미군기지가 반환되었고, 조사 결과 대부분에서 심각한 토양 오염이 확인되었다. 춘천 캠프 페이지의 경우 국내 기준치에 최대 100배 가까운 오염 농도가 측정될 정도였다.

이로 인해 2007년 반환 미군기지 환경 협상의 문제점에 대한 국회 청문회가 열렸다. 미군기지 반환 이후 추가 조사 결과 30% 이상 증가한 오염 수치가 확인되었고, 협상 과정 및 결과의 여러 문제점이 드러났다. 국회 환경노동위원회에서는 해당 협상 결과가 SOFA 환경 조항 취지와 절차에 정면으로 위배되며, 오염 치유 기준이 모호하고, 국회 비준 없이 막대한 정화 비용을 부담하게 된 점, 정보 비공개 등의 문제점들을 지적하였다. 국회에서는 향후 미군기지 반환 협상에서 국내 환경 기준으로 미군이 오염을 치유하도록 한미 SOFA 환경 조항의 개정을 요구하였다.

한미 SOFA 환경 조항

1966년 체결된 한미 SOFA에는 환경 보호에 대한 조항이 없었다. 2000년 SOFA 협정에 환경 조항이 신설된 배경에는 미군기지로 인해 발생한 오염은 미군이 책임지고 정화해야 한다는 국민적 요구가 있었기 때문이다. 2000년 매향리 오폭 사고와 한강 독극물 방류 사건을 계기로 더 이상 미군기지 환경오염 문제를 방치할 수 없다는 여론이 형성되었다. 한국 당국의 기지 오염 조사권 확보, 오염자 부담 원칙 적용 요구가 거세짐에 따라 환경 조항이 신설(2001년)되었고, 이를 위한 특별양해각서가 체결되었다. 특별양해각서에는 "주한미군의 환경 관리 기준은 미국 기준과 한국 법령 중 보다 보호적인 기준을 적용"한다는 것과 "미군에 의해 야기된 인간 건강에 대한 공지의 급박하고 실질적인 위험(KISE)을 갖는 경우 오염을 치유한다"는 내용이 담겨 있다. 이후 미군기지 환경오염 사고 대응 절차 및 접근, 정보 교환을 담은 「환경 정보의 공유와 접근을 위한 절차서」가 마련(2002년)되었고, 반환·공여 기지의 환경오염 조사와 치유를 위한 절차 합의서인 「부속서 A」(2003년)가 체결되었다.

신설된 환경 조항에는 한미 양국이 환경보호의 중요성을 인식하고 인정하며, 합중국 정부는 자연환경 및 인간 건강의 보호에 부합되는 방식으로 이 협정을 이행할 것을 공약하고, 대한민국 정부의 관련 환경 법령 및 기준을 존중하는 정책을 확인한다고 명시되어 있다. 비록 구속력이 없다 하더라도 이런 취지에 따라 구체

3부 특집: 2017년 녹색 포커스 57가지

적인 실행 절차와 내용을 만들어 환경보호 정책의 수립과 오염의 치유를 이행하는 것이 한미 당국자들에게 요구된 역할이었다. 하지만 23개 미군기지 반환 협상에서 그 역할은 외면받았다.

공동환경평가절차
채택과 그 이후

반환 미군기지의 오염 문제에 대해 국회 청문회(2007년)가 열리는 등 사회적 반향이 있었고, 부산 캠프하야리야 반환을 위한 조사 과정에서 한미 간 '조사 기간'이 협의가 안 되는 등 문제가 발생하였다. 한미 양측은 이에 대한 후속책으로 '공동환경평가절차Joint Environmental Assessment Procedure(JEAP)'를 마련한다. 당시(2009년) 외교부는 기자회견에서 반환 미군기지 협상 절차에 우리 측의 '위해성 평가 방식'을 도입한 것이 큰 성과라고 홍보하였다. 위해성 평가를 도입하여 미군기지의 오염이 KISE에 해당되는지 판단할 수 있도록 과학적·기술적 근거를 보강하였다는 것이다.

하지만 JEAP는 환경오염의 치유 기준이 명확하길 바라는 국민들과 국회의 기대에 부응하지 못하였다. 당시 위해성 평가 방식은 오염 원인자가 불명확할 때 실시하도록 규정되어 있었고, 관련 절차와 제도가 마련되어 있지 않아 제대로 활용되지 않고 있었다. 오히려 국내 토양환경보전법은 16개 오염 물질에 대한

그림 챌린지: 한국환경보고서 2017

정확한 정화 기준이 있기에, 오염 범위·오염량·오염 농도를 확인하고 이에 따른 정화 비용을 산정할 수 있다.

실제로 JEAP이 처음 적용된 부산 하야리아의 경우, 정부는 오염 면적이 전체 규모에 비해 매우 작으며(부지의 0.26%) 지자체인 부산시가 조속한 반환을 원하기 때문에, 오염된 상태 그대로 반환받는 것에 합의하였다고 발표하였다. 하지만 반환 이후 시민공원으로 개발하기 위해 토양 정밀조사를 실시한 결과, 기지 전체 면적(53만 5,000m²)의 17.96%가 오염된 것으로 밝혀졌다. '공동환경평가절차'에 따라 수행한 위해성 평가 때보다 무려 69배가 넓은 면적이 오염된 것이다. 이로 인해 당초 3억 원으로 예상했던 정화 비용이 실제로 143억 원이 지출되었다. 2015년에 반환된 부산 DRMO, 캠프캐슬 역시 반환 협상을 위한 위해성 평가 당시 위해도가 있는 것으로 파악되었으나 오염된 상태 그대로 돌려받았다.

2015년 반환 미군기지 오염 실태

| 기지명 | 면적(m²) | 향후 토지 이용 계획 | 국내 기준 | | 위해도 여부 |
			주요 오염 물질	오염 면적	
부산 DRMO	34,925	KTX차량기지	TPH, BTEX, 납	'나' 지역 유류 및 중금속 우려 기준 초과 면적 2,620m² (전체 면적 대비 7.5%)	있음
캠프캐슬	156,261	대학교 및 산업클러스터	TPH, BTEX, 카드뮴, 불소	'1지역' 우려 기준 초과 면적 66,339m²m (전체 면적 대비 42%)	있음

특히 동두천 캠프캐슬은 전체 면적 15만 6,121m² 중 약 42%인 6만 6,339m²가 오염되었고, 유류 오염 물질인 석유계총

3장 특집: 2017년 녹색 포커스 5가지

캠프캐슬에 세운 학교 경계 지역에 오염된 지하수. ⓒ 녹색연합

그린 챌린지: 한국환경보고서 2017

탄화수소(TPH)가 기준치의 127배를 초과할 정도였으나[3] 역시 미군 측의 정화 조치 없이 그대로 반환(2015년 3월)되었다. 더구나 문제는 반환받은 지 1년 만에 대학 캠퍼스를 개교하였다는 점이다. 당시 녹색연합은 "캠프캐슬 부지의 오염 규모와 정도를 보았을 때 1년 내에 대학 개교는 불가능하며 오염 정화와 검증, 건물 착공과 미군 건축물 리모델링 등을 동시에 진행하는 것은 학생들의 건강과 안전을 담보로 한 위험한 처사"라고 지적한 바 있다. 정화 용역 입찰 당시에도 주관 기관인 한국농어촌공사는 수차례 내용을 변경하고 현행법을 위반하는 내용을 기재했다가 취소하고 재공고를 내 '누더기 입찰'이라는 오염을 썼으며 최종 사업자 선정 과정에서 특혜 의혹이 있어 공사중지가처분 소송에 휘말리기도 했다.

3   환경부, 「캠프캐슬」 환경오염조사 및 위해성평가결과보고서(2013. 5)

캠프캐슬 내부의 오염된 토양. ⓒ 녹색연합

　　대학교 부지와 맞닿은 곳에 사는 주민들은 개교 무렵에 토양 지하수 정화가 제대로 되지 않았다는 의혹을 제기하였고, 관련 전문가 역시 "토목공사 하듯, 토지 이용 계획에 맞추어 오염 정화 사업을 단기간에 진행하는 경우, 정화와 검증을 마쳐도 다른 곳에서 오염 물질이 나오는 경우가 많다"고 지적했다. 그럼에도 불구하고 해당 부지를 빨리 매각하고 싶은 국방부, 장기간 미군 주둔으로 낙후된 지역을 개발하고 싶은 동두천시, 현행 법률이 개정⁴되기 전에 재빨리 수도권으로 이전하려는 지방 대학교,

　　4　'수도권정비계획법'에 의해 지방 대학교의 수도권 이전은 금지되어 있다. 하지만 현행 '주한미군공여구역주변지역등 지원특별법' 제17조에 따라 예외적으로 반환 미군기지 부지 및 주변 지역에 지방대 이전은 가능하다. 수도권(경기 북부 반환 미군기지 및 주변 지역)으로 캠퍼스 이전을 희망하는 지방대는 여럿이지만, 해당 지방대가 소재하고 있는 지역에서는 이를 막으려 해 갈등이 첨예하다. 당시 수도권 소재 대학에 한해서만 수도권으로 이전이 가능하도록 하는 개정안이 국회에 계류 중이었다.

캠프캐슬 터에 개교한 동양대학교. ⓒ 녹색연합

세 기관의 이해가 맞닿아 캠퍼스 조성 계획은 졸속으로 추진되었고 결국 2016년 4월 동두천 캠프캐슬 터에 대학이 개교하였다.

캠프캐슬 사례가 반복되지 않으려면, 정부는 미군기지 반환 협상의 전략을 점검해야 한다. 오염 면적이 넓고 위해도가 있어도 치유 조치 없이 기지를 반환하려는 미군 측의 태도가 반복되고 있다. 2009년부터 적용된 JEAP의 실효성이 없음을 인정하고 후속책을 다시 마련해야 한다. 반환 협상시 오염 치유 기준 자체를 정량화하지 않는다면, 정부가 반환 예정 기지의 오염 상태를 아무리 제시하여도 미군은 KISE에 해당되지 않는다는 주장을 반복할 것이기 때문이다.

용산 미군기지의 국가공원
계획 및 선결 과제

부산 시민공원(캠프하야리아), 매향리 생태평화공원(쿠니 사격장), 원주 문화체육공원(캠프롱), 부평 신촌공원(캠프마켓) 등 반환 미군기지 부지 상당수는 공원으로 조성됐거나 조성될 예정이다. 그중 대표적으로 용산 미군기지 사례를 살펴보겠다.

서울 정중앙에 위치한 용산 미군기지가 평택으로 이전하면, 그 땅은 '용산 공원'이 된다. 용산 공원 조성을 위한 별도의 특별법이 제정되었고, 국토교통부가 주관하고 있다. 다른 미군기지와 달리 공원의 성격, 규모, 선결 과제, 콘텐츠 등에 대해 이견과 갈등이 뒤섞여 있다.

우선 용산 미군기지가 반환된 이후 '국가 공원'으로 조성된다는 것을 알고 있는 대부분의 시민들은 약 265만m²에 달하는 메인포스트와 사우스포스트 부지 모두가 공원이 될 것으로 생각한다. 하지만 이와 달리 전체 면적의 8.3%에 달하는 22만m²의 부지는 미국에게 제공하기로 이미 합의가 되어 있다. 2005년 한미 양국은 광화문에 있는 미국 대사관을 용산 기지 캠프코이너 부지로 옮기는 것에 합의하였으며, 기지 내부의 드래곤힐 호텔, 헬기장, 미군 편의를 위한 출입-방호 부지(미정) 역시 미군에게 내주기로 하였다. 이에 더해, 2014년 한미연례안보협의회(SCM)에서 한국의 전시작전권 환수가 2020년대 이후로 연기되면서, 미군은 용산기지 내부의 한미연합사, 미8군 사령부, 작전센터 등

용산 미군기지 전체가 공원으로 조성될 것으로 알고 있는 시민들의 생각과는 달리 전체 면적의 8.3%는 미군에 제공하기로 합의되어 있다. © 서울시

을 계속 사용하기를 원하고 있다. 정확한 잔류 면적은 발표되지 않았지만, 군데군데 미군이 계속 사용하고 미국 대사관이 이전해 오는 현재의 합의대로라면, 용산 국가공원 조성을 통해 근현대사의 아픔을 치유하고 자존을 회복하는 공간으로 재편하겠다는 애초의 계획은 요원할 것이다.

두 번째 쟁점은 최우선 선결 과제인 환경오염 문제이다. 사안이 중요함에도 불구하고, 불평등한 한미 관계로 인해 제대로 해법을 찾지 못하고 있다. 미군의 고의적 범죄였던 한강 독극물 방류 사건(1건)과 유류 유출 사고(13건) 등 2000년 이후 용산 기지 본체 부지에서 확인된 오염 사고만 14건에 이른다. 2001년과 2006년 발생한 녹사평역 및 캠프킴 주변 유류 유출 사고는 지금까지도 현재진행형이다. 기지 외곽으로 흐르는 지하수에서는 1군 발암물질 벤젠과 중추신경계 손상을 초래하는 TPH(석유계총탄화수소)가 허용 기준치의 수백 배에서 수천 배씩 검출되고 있다. 문제는 장기간 지하수 오염이 방치된 만큼 토양 역시 오염되었을 것이라는 점이다. 또한 미군들의 생물방어실험 및 처리 문제도 의혹과 우려를 자아낸다. 주한미군의 탄저균 반입 사건 당시 한미합동실무단 조사 결과 용산 기지에도 탄저균이 15차례(2009~2014년) 반입된 것으로 밝혀졌으며, 이와 관련한 세부 정보와 의료(감염) 폐기물 처리 지침에 따른 폐기 기록 등도 확인되지 않았다. 이런 상황에서 국토부는 2017년 용산기지 이전이 완료되면, 2021년까지 환경 정화를 완료하겠다는 시간표를 먼저 만들었고 토양 정화 비용 1030억 원을 예산에 책정해 놓았다. 그 시간표에 따르면 2027년까지 공원 조성이 마무리된다. 반환 협상을 위한 조사, 조사 결과를 바탕으로 한 협상, 협상 이후 기지 전체에 대한 정밀 조사, 정화 작업 및 검증까지 염두에 둔다면, 국토부 시간표는 도저히 맞출 수 없는 계획이다.

　용산 미군기지의 온전한 반환을 바란다. 그러려면 공원 부지 경계가 복원되고, 환경 문제가 해결되어야 한다. 그 외 용산 공원에 8개의 정부 시설을 신축하는 국토부 콘텐츠 계획은 여러 비판 여론을 통해 2016년 말 백지화됐으며, 일제 병영 시설 보존 및 근대 문화재 관리, 국가 공원의 개념 및 정체성에 대한 쟁점이 남아 있다.

용산 미군기지 담벼락 투어 현장 출동. ⓒ 녹색연합

용산 미군기지 내부 오염 정보 공개 소송 기자회견. ⓒ 녹색연합

우리 사회의 과제

미군기지 담벼락에 붙어 있는 '미 군용시설/무단출입금지' 표지는 그곳이 금단의 땅이라는 걸 드러낸다. 물리적으로도 접근할 수 없도록 막혀 있고, 환경 영역에서는 정보 접근권, 사전 예방의 원칙, 오염자 부담의 원칙 등의 사각死角이라고 할 수 있겠다. 우리 사회의 성역으로 존재하는 곳이다.

과거, 미군기지가 대거 반환되어 오염의 심각성이 드러나거나 내부자의 제보가 있을 때, 또는 기지 바깥으로 오염 사고가 드러나 사회적 문제가 될 때마다 미군기지 환경 관리 원칙과 오염 조사 및 치유와 관련하여 규정상 크고 작은 변화가 있었다. 하지만 최근 10여 년간 미군기지 반환 협상의 결과를 돌이켜보면, 실질적으로 달라진 것이 없다. 오염 조사와 확인을 통해 미국 측의 실질적인 배상과 책임 인정, 정화 조치 실시, 비용 부담으로 이어져야 함에도 부실한 조사와 미국 측의 책임 회피, 오염된 상태 그대로 기지를 반환받는 일은 반복되고 있다. 근본적인 문제 해결 없이는 유사한 사건이 반복될 수밖에 없는 것이다.

근본적인 문제 해결을 위해서는 한미 SOFA 환경 조항 및 관련 합의 문서의 개정이 반드시 필요하다. 미군기지 반환 협상 중에 정치적 영향을 받지 않도록 상호주의와 형평성, 국제법 원칙에 바탕을 둔 합리적인 정화·치유의 최소 요건과 기준, 적절한 절차와 방법이 명확하게 규정되어야 한다. 구체적인 개선 방안은 다음과 같다.

결코 성스럽지 않은 미군기지는 접근할 수 없는 성역으로 존재한다. ⓒ 녹색연합

첫째, SOFA 본 협정에 오염자 부담 원칙에 따른 원상복구 의무 규정이 명시되어야 한다.

미국이 군사기지 반환 시 원상복구의무가 없다고 주장하는 근거로 제시하고 있는 SOFA 제4조에 '환경에 관한 사항을 규율하는 것이 아님'을 밝히는 내용이 명시되어야 한다. 또한 본 협정에 환경조항을 '부가적'인 내용이 아니라 '독립적'인 내용으로 신설하여 미군측이 이행해야 할 구속력 있는 규정으로 만들어야 한다.

국내외 사례들을 보면, 미군기지 반환 이후에도 환경오염이 발견되는 경우가 많다. 환경오염의 특성상 지속적이며 오염범위 역시 광범위하기 때문이다. 오염 조사 과정에서 가능성 있는 지역에 대해서만 조사하기 때문이기도 하다. 미군기지 내 시설의

그린 헬린저: 한국환경보고서 2017

기능과 역할에 대한 자료가 불충분한 상태에서 명확한 오염 가능성이 있는 지역을 추정하기 어려운 문제 역시 존재한다. 따라서 반환 이후에 발견되는 오염에 대해서도 철저한 조사를 통해 오염 원인을 파악하고 미군에 의해 발생했다면 그에 대해 책임을 물을 수 있도록 명시해야 한다.

둘째, 환경오염 사고 발생 시 통보를 의무화하고, 사고 현장에 대한 조사권을 보장해야 한다. 현행 SOFA 규정상 '상호 통보가 필요한 수준의 환경오염 사고 발생' 또는 '미군기지를 반환 · 공여'할 경우에 한미 간 관련 정보를 교환하도록 되어 있다. 또한 해당 정보는 한미 환경분과위원회 양측 위원장의 '공동 승인'을 통해 공개한다는 조건 규정이 있어, 환경오염 정보를 대중과 언론에 공개하지 않고 있다. 기지 내부에 환경 사고가 발생한 경우 주한미군은 반드시 지자체와 환경부에 사고 사실을 통보하도록 의무화해야 한다. 이는 기지 내부의 사고로 인해 그 피해가 외부로 확산되는 것을 막기 위해서도 필요하다. 지금까지는 기지 내에서 기름이 유출되어 외곽까지 영향을 미친 경우에도, 기지 내부 오염원을 미군이 알아서 제거한 후 지자체와 환경부는 미군의 간단한 브리핑으로 통보받고 조사를 마치는 경우가 대부분이었다. 기지 외부 오염을 확인하고 점검해야 하는 지자체로서는 오염원을 파악해야 하며, 이를 위한 기지 내부 조사는 필수적이다.

셋째, 환경오염 정보를 대중에게 공개해야 한다. 한미 SOFA 부속서인 '환경정보공유 및 접근절차'에는 한미 양측 환경분과

위원회 위원장의 공동 승인을 통해 환경오염 정보를 공개하도록 명시되어 있다. 미군기지 환경오염 정보에 대한 공개 청구가 비공개 처분을 받는 이유이기도 하다. 시민단체의 정보 공개 소송 결과 인천, 춘천 및 최근 용산 미군기지까지 우리 사법부는 일관되게 '정보 공개' 취지의 판결을 내렸다. 국회 승인을 받지 않은 한미 양측의 지침을 근거로 시민들의 알권리를 침해해서는 안 된다는 것이다. 환경오염 정보는 지역 주민들의 건강, 안전과도 직결된 문제이기에 기밀로 다룰 것이 아니라 마땅히 공개해야 하는 것이다.

넷째, 정화의 기준을 분명히 명시해야 한다.

미군기지의 반환 과정에서 발견된 환경오염을 어느 수준으로 정화할 것인지 논쟁이 벌어진 적이 있다. 미군 측은 SOFA 규정에 명시된 KISE를 정화 기준으로 주장하였으나, 구체적으로 적용한 기준과 검토 보고서는 공개하지 않았다. 정체를 알 수 없는 기준으로는 환경오염을 둘러싼 협상을 진행할 수 없다. 반환 협상이 동일한 논쟁으로 반복·지연되지 않도록 정화의 기준을 분명히 명시해야 한다. 이와 관련하여, 환경오염에 대한 명확한 책임 소재와 비용 부담 의무, 구체적이고 상세한 정화 기준과 절차 등이 명시된 독일의 'NATO-SOFA 독일보충협정'과 '라인마인 기지 반환협정'은 좋은 참고 사례이다.

제도가 그나마 '개선'되어도 결과적으로 실효성이 없는 상황이 반복되지 않도록, 법과 원칙에 입각한 단호하면서도 전략적인 한국 정부의 대응 의지가 절실하다. 또한 국회가 나서서 미군기지 반환 과정의 문제점을 살피고, 해결 방안을 모색해야 한다. 2007년 당시 국회가 요구한 사항이 어떻게 이행되고 있는지, 그동안 어떠한 노력을 기울였는지를 점검하고 반환 예정인 미군기지, 계속 사용할 미군기지에 대한 감시와 견제의 끈을 놓지 말아야 한다.

기획:
환경 이슈의
전망과 비전

"국가의 기후변화·에너지
계획을 바꾸는 일,
산업계에 온실가스 배출 책임을
요구하는 일,
지역에서 에너지 전환을 일구는 일
모두가 필요하다.
여전히 타오르는 촛불은
어디로 향할 것인가?
대통령을 바꾼 데에서 그칠 것인가,
아니면 새로운 국가 비전으로
'국익'을 넘어
전 세계 인류를 위한 구성원으로
자리매김할 것인가."

1

신기후체제에서
지구 시민으로
살아가기

승문 에너지기후정책연구소 상임연구원/녹색연합 전문위원

일본 후쿠시마 핵발전소 사고 6주기인 지난 2017년 3월 11일 전국에서 '탈핵'을 요구하는 집회가 열렸다. 매년 열리는 행사임에도 집회에 참가한 시민들의 기대는 여느 때와는 달라보였다. 박근혜 전 대통령에 대한 탄핵이 인용된 다음 날이었기 때문일 것이다. 주요 대선주자들도 탈핵 '비슷한' 공약을 내놓고 있는 것도 시민들의 기대를 높였을 것이다. "탄핵 다음엔 탈핵"이라는 구호가 행진 내내 이어졌다. 핵에너지에서 벗어난 사회를 바라는 시민들의 바람이었다.

이러한 시민들의 바람이 2015년 12월 프랑스 파리에서 일어난 사건과 이어지길 바랐다. 전 세계 국가들이 지구 평균온도 상승 폭을 산업화 이전대비 2℃ 이하로 유지하기 위해 필요한 조치를 취하기로 한 약속, 더 나아가 온도 상승 폭을 1.5℃ 이하로 제한하기 위해 함께 노력하기로 한 그것. 기후변화협정, 파리협

제22차 기후변화협정 당사국총회 회의장. ⓒ 권승문

정, 지구온도 2℃ 혹은 1.5℃ 같은 말들은 매년 기후변화협정 당
사국총회가 열리는 연말쯤 언론을 통해 들려오는 먼 훗날, 먼 나
라 소식쯤으로 여겨진다. 아직 오지 않은 미래를 걱정하기에는
현재가 너무도 참혹하니 어쩔 수 없는 것일까. 아니 그 미래가
이미 현실임에도 우리가 인식하지 못하고 있는지도 모른다. 유
난히도 무더웠던 2016년 여름, 가정용 전기요금 누진제가 부각
되고, 공공의 적으로 몰리게 된 원인도 기후변화인데, 기후변화
와 전기 요금 사이의 간극은 여전히 멀기만 하다. 폭염, 가뭄, 태
풍 등 기후변화로 인한 피해는 늘어만 가는데, 온실가스 감축과
기후변화적응 정책은 지지부진하다. 답답한 마음을 안고 신기후
체제를 맞이하기 위해 모로코 마라케시로 향한다.

파리협정은 선진국과 개도국 모두가 온실가스 감축과 적응 노력에 참여하는 보편적이고 포괄적인 신기후체제의 근간을 마련했다.

COP22 주요 논의 결과와 파리협정의 의미

제22차 국제연합 기후변화협정 당사국총회(이하 'COP22') 가 2016년 11월 7일부터 18일까지 모로코 마라케시에서 개최됐다. COP22에는 197개 나라 정부 대표단과 국제기구, 산업계, 시민단체 관계자 등을 포함해 약 2만 5,000여 명이 참석했다. 제21차 국제연합 기후변화협정 당사국총회(이하 'COP21')에서 채택된 파리협정Paris Agreement이 총회 직전인 11월 4일에 정식 발효됨에 따라[1] 제1차 파리협정 당사국총회(이하 'CMA1')도 함께 개최됐다.

파리협정은 선진국만이 온실가스 감축 의무를 부담토록 한 기존의 「교토의정서」 체제(2020년 만료)에서 선진국과 개도국 모두가

---

1   파리협정은 전 세계 온실가스 배출량의 55% 이상을 차지하는 55개국 이상이 비준하는 것을 발효 요건으로 한다. 2016년 10월 5일에 발효 요건이 충족되었고, COP22 종료 직전인 11월 21일까지 전 세계 배출량의 약 79%를 차지하는 110여 개국이 파리협정을 비준하였다(강상인 · 김이진, 2016: 3).

그린 챌린지: 한국환경보고서 2017

온실가스 감축과 적응 노력에 참여하는 보편적universal이고 포괄적인comprehensive 신기후체제(2020년 이후)의 근간을 마련한 다자조약으로 평가된다. 모든 협정 당사국들은 자율적으로 자국의 온실가스 감축 목표Nationally Determined Contributions(NDC)를 설정하고 이를 주기적으로 기후변화협정 사무국에 제출해야 하며, 이러한 목표 이행 상황을 정기적으로 보고해야 한다. 제출된 각국의 이행 실적들은 전 지구적 차원의 온실가스 감축 성과 점검Global stocktake에 활용되며, 그 점검 결과를 토대로 각국은 기후변화 대응 수준을 점차적으로 강화해 나가야 한다. 또한 모든 협정 당사국들은 기후변화의 부정적 영향과 취약성에 대응하기 위한 적응 계획을 수립하여 이행하는 한편, 선진국은 개도국의 기후변화 대응 지원을 위해 재원을 제공하고 관련 기술과 역량 배양을 지원해야 한다.

COP22에서는 파리협정의 세부 이행 규칙을 마련하는 것이 핵심 사안이었다. 파리협정은 선진국과 개도국 간의 입장 차이를 추상적 수준에서 정치적으로 합의한 것으로,[2] 이를 구체화하는 협상이 중요했다. 선진국과 개도국은 NDC 논의 범위와 접근방식, 투명성, 재원 등의 주요 협상 의제에 관해 상이한 입장 차이를 보였다. 선진국은 NDC의 정량화와 목표 달성을 강조한 반면, 개도국은 NDC 이행을 위한 선진국의 지원을 강조했다. NDC 이행에 대한 주기적인 보고와 검토를 담당하는 투명성 체계 Transparency framework는 NDC 이행뿐 아니라 범지구적 장기 목표 달성을 견인하는 중요 수단이다. 파리협정에서는 각 국이 NDC

---

2   파리협정 제2조 1항에서는 지구 평균기온 상승을 산업화 이전 대비 2℃ 훨씬 이하, 나아가 1.5℃ 수준으로 제한하도록 노력할 것을 규정하고 있다.

트럼프의 등장에 따른 이산화탄소 배출량 전망

그림 챌린지: 한국환경보고서 2017

이행시 투명성을 증진하되 개도국의 경우 역량을 고려한 유연성 flexibility을 고려하고 있다. 개도국은 공통의 그러나 차별화된 책임Common but Differentiated Responsibility(CBDR) 원칙과 역량을 들어 기존과 같은 이원화된 보고 및 검토 체계 적용을, 선진국은 통합된 투명성 체계 적용을 주장했다.

COP22는 파리협정의 세부 이행 규칙을 마련하기 위해 구체적이고도 기술적인 실무 협의를 중심으로 진행되었지만, 내용적인 합의를 달성하지 못한 채 이행 규칙 마련을 위한 작업 일정과 계획 등을 합의하는 데에 그쳤다. 이에 각 국가들은 2018년까지 협정 이행 지침을 마련한다는 목표 아래 자국의 이해 등을 반영하기 위한 국가 제안서를 2017년 5월 차기 협상 회의 전까지 사무국에 제출하고, 이를 기초로 분야별 협상 그룹을 통해 심층적인 실무 논의를 진행할 예정이다. 또 CMA1는 현실적인 한계

를 고려해 COP22에서 종료하지 않고 2018년까지 재개해 세부
이행 규칙을 최종적으로 채택키로 했다.

트럼프 미국 대통령과 기후변화협정의 미래[3]

　　COP22 협상 기간 중에 도널드 트럼프가 미국 대통령에 당
선되었다는 소식이 전해지면서 회의장은 충격에 휩싸였다. 트럼
프는 선거 유세 기간에 "기후변화는 미국의 사업을 방해하려는
중국의 사기극"이라고 주장하며 기후변화협정에서 탈퇴하겠다
고 공언한 바 있다. 세계 주요 언론들은 트럼프 이후 미국이 파
리협정에서 이탈할 가능성에 대해 촉각을 곤두세웠다. 트럼프는
기후변화협정 탈퇴 공약을 재고할 수 있음을 시사했지만, 기후
변화협정을 탈퇴하지는 않더라도 오바마 행정부의 핵심 환경 정
책인 '청정전력계획'은 사실상 폐지 수순을 밟고 있다. 해외 컨
설팅 업체인 럭스리서치Lux Research는 트럼프 미국 대통령이 연
임할 경우 힐러리 클린턴에 비해 미국의 이산화탄소 배출량이
16% 더 증가할 것으로 분석했다.[4]
　　미국은 총회 기간 중 2050년 장기 온실가스 감축 목표를 발
표했다. 멕시코와 캐나다 등도 발표했는데, 클라이밋인터랙티브
Climate Interactive와 MIT 슬로언Sloan 대학은 이들 세 나라의 목표
가 지구 평균 기온 2도 상승을 제한하는 경로에 부합한다고 분석

3　　권승문(2016a)의 내용을 발췌 및 재구성했다.

4　　http://www.luxresearchinc.com/

한국의 기후변화 대응 등급은 '불충분'이다. 대부분의 나라가 한국처럼 행동할 경우 지구 기온 상승폭은 섭씨 3~4도를 초과할 것이다.

했다. 다만 다른 모든 나라들의 온실가스 배출량이 2025~2030년에 정점에 이른 이후 매년 3~10%씩 줄어야 한다는 전제를 달았다.[5] 힐러리가 미국 대통령으로 당선되었더라도 파리협정에서 정한 목표를 달성할 것이라 확신할 수는 없다. 하지만 트럼프가 대통령으로 당선되면서 목표 달성이 상당히 늦춰지거나 불확실해진 것만은 분명해 보인다. 그리고 1.5도로 온도 상승을 제한하기 위해 노력한다는 선언과의 간극은 점점 커지고 있다. 미국 시민들이 선택한 트럼프 정부가 전 지구적인 기후변화협정을 위협하고, 자국 내에서 영향력을 키워 가고 있는 영국과 프랑스의 극우 정당도 기후변화에 회의적인 입장을 보이면서 앞으로 기후변화협정 등 국제적인 프로젝트에 회색빛 전망이 드리우고 있다.

5   https://www.climateinteractive.org/

그린 챌린지: 한국환경보고서 2017

'기후 악당'으로 전락한
박근혜 정부의 기후변화 대응 정책

한국 정부는 2010년 「저탄소 녹색성장 기본법」을 제정하여 국가 기후변화 대응 정책을 수립·시행해 오고 있으며, 2013년 「온실가스 배출권의 할당 및 거래에 관한 법률」 제정을 통해 2015년에 전국 단위의 배출권 거래제를 도입하는 등 기후변화 대응을 위한 법적·제도적 체계를 마련했다. 또한 2016년 6월 국무총리와 경제부총리를 중심으로 하는 범부처 총력 대응 체계를 구축하기 위해 국무조정실이 컨트롤타워 역할을 하고 소관 분야는 각 부처에게 책임을 두는 관장 부처 책임제를 도입했다. 2030년 온실가스 감축 목표의 원활한 이행을 위해 2016년 12월 '제1차 기후변화 대응 기본계획'과 '2030 국가온실가스감축 기본로드맵'을 마련했고, '2050 장기 저탄소 발전 전략'을 수립해 나갈 계획이다.

하지만 차질 없이 진행되고 있는 것처럼 보이는 한국의 기후변화 대응 정책은 국제 사회에서 불신의 대상이 되고 있다. 기후 정책을 평가·분석하는 연구 기관인 기후행동추적(CAT)은 한국의 기후변화 대응 등급을 '불충분'으로 평가하면서 대부분의 나라가 한국처럼 행동할 경우 지구 기온 상승폭은 섭씨 3~4도를 초과할 것으로 분석했다.[6] 한국이 국제연합에 제출한 2030년 온실가스 감축 목표를 반영한 결과다. 한국은 온실가스 감축 목표를 2030년 기준전망(BAU) 대비 37%로 결정했고, 이 중 25.7%는 국내 감축 수단을 통해 달성하고, 11.3%는 국제 시장을 활용

6   http://climateactiontracker.org/countries/southkorea.html

CAT의 2030년 한국 온실가스 감축 목표 평가 결과

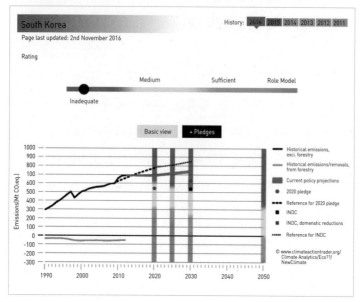

Note: Hover over the coloured bars for a pop-up with the fair emissions range per effort sharing category. More information here.

해 감축한다는 계획이다. 전문 온라인 언론인 《클라이밋홈》은 CAT의 분석 결과를 인용해 한국을 사우디아라비아, 오스트레일리아, 뉴질랜드와 함께 세계 4대 기후 악당으로 꼽았다. 한국이 기후 악당 국가로 지목된 이유로는 1인당 온실가스 배출량의 가파른 증가 속도, 석탄화력발전소 수출에 대한 재정 지원, 2020년 온실가스 감축 목표 폐기 등이 지적됐다.

한국 정부는 2016년에 '2030 온실가스 감축 단계별 이행안'을 확정하기로 했던 방침을 수정해 '기본' 로드맵을 발표했고, 두세 차례에 보완 작업을 거친 후인 2020년 전후로 이행 로드맵을 확정할 계획이다. 이행 로드맵이 확정되는 2020년까지 3년 동안 부문별 온

실가스 감축을 위한 구체적인 방안을 확정하지 않겠다는 것이다. 한국의 2030년 온실가스 감축 목표에 대해 국내외에서 비판이 제기되는 가운데 그 실행 계획마저도 불확실한 상황이다. 또한 정부가 발표한 2030 국가온실가스감축 기본로드맵은 합리적 근거나 충분한 사회적 논의 없이 밀실에서 졸속으로 이루어졌다는 비판과 함께 부문별 BAU와 감축량 설정 결과에 대한 몇 가지 문제점이 지적됐다.

2030 국가온실가스감축 기본로드맵의 문제점[7]

2030 국가온실가스감축 기본로드맵에서 살펴봐야 할 핵심은 그동안 베일에 싸여 있던 부문별 BAU와 감축량이다. 정부가 발표한 부문별 감축량 표를 보면, 몇 가지 이상한 점을 발견할 수 있다. 먼저, '에너지 신산업'이라는 이전에는 없었던 부문이 눈에 띈다. 또 에너지 신산업은 온실가스 BAU 배출량이 없고 감축량만 있다. 정부의 발표대로라면, 에너지 신산업은 온실가스를 전혀 배출하지 않고 감축만 하는 '미다스의 손'과 같다. 정부가 밝힌 에너지 신산업은 전기자동차, 수요 자원 거래 시장, 에너지 자립섬, ESS(에너지 저장 장치), 친환경 에너지 타운, 발전소 온배수열 활용, 태양광 대여 등이다. 온실가스를 배출하지 않고 감축만 하는 산업들은 물론 아니다. 에너지 신산업이 산업, 건물, 수송, 공공·기타 등 전 부문에 걸쳐 있기 때문에 에너지 신산업의 온실가스 배출량을

7   권승문(2016b)의 내용을 수정 및 보완했다.

각 부문별로 정확하게 할당하기 어려웠을 것으로 판단된다. 하지만 정부의 공식적인 계획인 만큼 정확한 정보를 제공해야 했다.

부문별 온실가스 감축량

부문	BAU (100만 톤)	감축량 (100만 톤)	감축률(%) 부문 BAU 대비	감축률(%) 국가 BAU 대비
전환	(333)*	64.5	(19.4)	7.6
산업	481	56.4	11.7	6.6
건물	197.2	35.8	18.1	4.2
에너지 신산업	-	28.2	-	3.3
수송	105.2	25.9	24.6	3.0
공공 · 기타	21	3.6	17.3	0.4
폐기물	15.5	3.6	23.0	0.4
농축산	20.7	1	4.8	0.1
국내 감축	851*	219	25.7%	
국외 감축		96	11.3%	

* 배출량 총계(8억 5100만 톤)은 부문별 BAU에 공정 배출, 가스 제조 등으로 인한 배출량(약 200만 톤) 및 탈루 배출량(약 840만 톤)이 추가된 수치이며, 전환 부문의 BAU는 각 부문별 배출량에 간접적으로 포함되어 있어 전체 배출량 산정에서는 제외하였다. 출처: 관계 부처 합동(2016c)

정부는 또 "전환 부문의 BAU는 각 부문별 배출량에 간접적으로 포함되어 있어 전체 배출량 산정에서는 제외"했다는데 전환, 즉 전력 발전량이 각 부문 전력 소비량으로 어떻게 배분된 것인지에 대한 정보를 제공하지 않았다. 이에 관계 부처 합동으로 2015년 6월 11일 발표한 'Post-2020 온실가스 감축 목표 설정 추진 계획'의 2030년 부문 온실가스 배출 전망 결과와 2030 국가온실가스감축 기본로드맵의 부문별 감축량 자료를 토대로 세부 부문별 감축량을 작성했다. 이에 따르면, 산업 부문에서는

그린 챌린지: 한국환경보고서 2017

산업 부문의 주요 업종별 목표 감축량 및 감축률

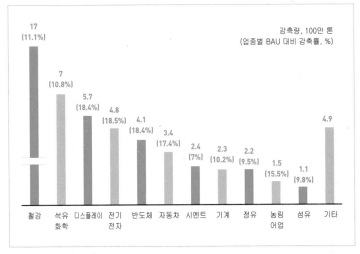

출처: 관계 부처 합동(2016c)

에
세부 부문별 감축량

부문	세부 부문	BAU(100만 톤)	감축량(100만 톤)
전환	발전 부문	333.1	64.5
산업	에너지(전환 제외)	239.1	-
	산업 공정	75.6	-
	전환(전력 소비)	166.3	-
	합계	481.0	56.4
건물(+공공·기타)	가정, 상업 등(전환 제외)	54.1	-
	전환(전력 소비)	164.1	-
	합계	218.2	35.8
에너지 신산업	신규	-	28.2
수송	1.1백만 톤 증가	105.2	25.9
폐기물	동일	15.5	3.6
농축산	동일	20.7	3.6

산업 업종별 온실가스 감축량

(단위: 100만 톤)

업종	2014년	2030년	증가량	감축량	순증가량
산업 전체	404.0	481.0	77.0	56.4	20.6
철강	110.3	153.2	42.9	17	25.9
석유화학	54.5	64.8	10.3	7	3.3
디스플레이	23.1	31.0	7.9	5.7	2.2
전기전자	38.5	25.9	-12.6	4.8	-17.4
반도체	11.2	22.3	11.1	4.1	7.0
자동차	11.1	19.5	8.4	3.4	5.0
시멘트	40.5	34.3	-6.2	2.4	-8.6
기계	11.6	22.5	10.9	2.3	8.6
정유	16.1	23.2	7.1	2.2	4.9
농림어업	30.2	9.7	-20.5	1.5	-22.0
섬유	10.3	11.2	0.9	1.1	-0.2
기타	46.6	63.4	16.8	4.9	11.9

출처: 관계 부처 합동(2014; 2016c)

기타	공정 배출, 가스 제조 등	10.4	-

출처: 관계 부처 합동(2015; 2016c)

너지 소비와 산업 공정, 전력 소비에 대한 정보가 필요하고, 건물 부문에서는 가정과 상업, 공공 · 기타, 전력 소비에서 발생하는 온실가스 감축량 정보가 추가적으로 제공되어야 함을 알 수 있다.

정부는 또 "산업 부문은 국가 경제에 미치는 영향을 감안하여, 감축량을 12% 이내로 고려하였다"고 밝혔다. 이에 따라 발전 및 비산업 부문에 감축 부담이 전가되어 온실가스 감축 이행에 어려움이 있을 것이라는 비판이 제기됐다. 산업 부문의 주요 업종별 목표 감축량 및 감축률을 보면, 각 업종별로 감축량과 감축률이 제시되어 있다. 하지만 정확한 비교를 위해서는 기준년도 대비 2030년 업종별 온실가스 전망 배출량과 목표 감축량을 종합적으로 살펴봐야 한다.

산업 부문 업종별 온실가스 배출량과 감축량을 비교하기 위해 관계 부처 합동으로 2020년을 목표로, 2014년에 발표한 '국가 온실가스 감축 목표 달성을 위한 로드맵'과 2030 국가온가스 감축 기본로드맵의 부문별 감축량 자료를 토대로 2014년과 2030년의 업종별 배출량과 감축량을 비교했다. 산업 부문의 2030년 BAU 온실가스 배출량은 4억 8100만 톤이다. 그중 5640만 톤(11.7%)을 줄이겠다는 것이 정부의 감축 목표이다. 하지만 2014년 대비 2030년 산업 부문의 온실가스 배출 증가량은 7700만 톤이다. 그러므로 증가량에서 감축량을 차감한 순증가량은 2060만 톤이 된다. 즉 2030년 산업 부문 온실가스 배출량은 2014년 대비 2060만 톤 증가하는 것이다. 업종별로 보면, 철강 업종의 온실가스 배출 순증가량이 2590만 톤으로 가장 크고, 기타(1190만 톤), 기계(860만 톤), 반도체(700만 톤)의 순으로 온실가스 배출량이 증가할 계획이다. 줄어드는 업종도 있다. 농림어업이 2200만 톤으로 가장 크게 줄고, 전기전자(-1740만 톤), 시멘트(-860만 톤)의 순이다. 정부의 발표와는 사뭇 다른 이런 결과는 '부문별 BAU의 마술' 때문이라고 할 수 있다. 이처럼 업종별 BAU에 따라 실제 감축하지 않음에도 불구하고 감축하는 것과 같은 착시 효과가 생긴다.

파리협정 제4조 제4항에 따라 종국에는 모든 국가가 BAU가 아닌 절대치 온실가스 감축 목표를 설정해야 한다. 강상인·김이진(2016)에 따르면, 한국의 경우 NDC에 대해 여타 개도국에 비해 상대적으로 자세한 정보를 제출했으며 중견국으로서 상대적으로 빠른 절대치 목표로의 전환이 예상된다. BAU 목표의 경우 오히려 국내 산업 부문의 불확실성과 국내외적인 신뢰의 손상이 발생할 수 있는 만큼 저성장과 산업 구조 변화 등 국내 여건을 고려해 단순하고 명확한 형태의 절대치 목표로 전환하는 방안이 필요할 것으로 판단된다. 권승문 · 전의찬(2016a)에 따르면 GDP와 산업별 부가가치 변화에 따른 시나리오 간 온실가스 배출량 전망 차이는 2억 1,680만 CO_2eq에 이른다. 국내 감축 수단에 따른 2030년 BAU 대비 온실가스 감축 목표량이 2억 1,860만 CO_2eq인 점을 감안하면 시사하는 바가 크다고 할 수 있다.

온실가스 감축을 고려한 전력수급기본계획 필요[8]

한국의 2013년 온실가스 배출량은 6억 5200만 톤CO_2eq로, 이 중 공공 전기 및 열 생산 부문의 배출량 비중은 39.6%에 달한다.(온실가스종합정보센터, 2015) 이에 따라 전환 부문, 특히 발전 부문에서의 온실가스 감축이 중요한 과제로 제기되고 있다. 발전 부문의 온실가스 감축 정책 추진 계획을 살펴보면, 국내 감축 수단에 따른 25.7% 감축안을 달성하기 위해 석탄화력 비중을 축소하고 원자력 비중을 확대한다는 내용이 담겨 있지만, 이를 위한 구체적인 수치와 정책 수단은 제시되어 있지 않다.

전력수급기본계획은 전력 수급 안정을 위하여 「전기사업

그림 챌린지: 한국환경보고서 2017

---

8 권승문 · 전의찬(2016b)의 일부분을 발췌해 작성했다.

시나리오별 온실가스 배출량 전망

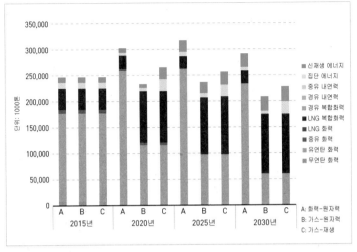

출처: 권승문·전의찬(2016b)

법」 제25조 및 시행령 15조에 따라 2년마다 15년을 계획 기간으로 수립·시행된다. 산업통상자원부는 2015년 7월 제7차 전력수급기본계획(이하 '전력계획')을 수립해 시행하고 있으며, 2017년 말까지 제8차 전력계획을 수립할 예정이다. 전력계획의 주요 내용은 전력 수급의 장기 전망, 발전 설비 및 주요 송변전 설비 계획에 관한 사항, 전력 수요의 관리에 관한 사항 등이다. 이처럼 국가 전력 수급의 전반을 다루는 만큼 전력계획에 따라 발전 부문 온실가스 감축의 성패가 결정된다고 할 수 있다. 7차 전력계획 수립 과정에서는 수요 예측과 전력 소비량의 오차, 이에 따른 공급 설비 규모의 적절성, 온실가스 감축과 원자력발전의 수용성 등을 포괄하는 전원 구성 문제, 송전망 건설의 불확실성 등 전력계획과 관련된 다양한 쟁점들이 제기됐다. 최근 들어 미세먼지로 대표되는 대기 오염 물질 배출량에 대한 사회적인 관심도 높아졌다. 이제는 온실가스와 대기 오염 물질, 원자력발전의 위험성을 종합적으로 고려한 전력계획이 필요한 시점이다.

권승문·전의찬(2016a)은 제7차 전력수급기본계획에 근거해 발전 부문의 온실가스 배출량을 세 가지 시나리오로 추정하고, 발전 부문의 2030년 온실가스 감축 목표 달성 가능성을 평가했다. 석탄화력 발전량을 점차적으로 LNG 복합화력으로 대체하는 가스원자력Gas-Nuclear 시나리오와 분산형 전원 확대와 원자력발전의 위험성을 고려해 원자력발전의 이용률을 낮추고 분산형 전원인 집단 에너지와 신·재생 에너지 설비의 이용률을 최대한 높이는 가스재생Gas-Renewable 시나리오는 2030년 발전 부문의 온실가스 감축 목표를 달성할 수 있는 것으로 평가됐다. 반면에 석탄화력발전과 원자력발전이 기저 부하 역할을 하는 현재 전력 시스템을 고려한 화력-원자력Coal-Nuclear 시나리오는 감축 목표를 달성할 수 없었다. 권승문·전의찬(2016a)에 따르면, 온실가스 배출량을 줄이기 위해 유연탄 화력발전을 LNG 복합화력으로 대체하는 방안은 필요하고 실현 가능한 것으로 분석됐고, 집단 에너지와 신·재생 에너지 보급 목표를 보다 상향 조정하고 이를 위한 정책을 마련할 필요가 있으며, 향후 발전원별 외부 비용을 내부화하는 방안도 마련되어야 한다.

재생 에너지 '꼴찌' 국가에서 벗어나기

전 세계 주요 국가들은 기후변화와 에너지 위기 시대의 해결책으로, 재생 에너지 확대 정책을 적극 추진하고 있다. 한국은 1987년 「대체에너지개발촉진법」을 제정했고, 2004년 「신에너지 및 재생에너지 개발·이용·보급촉진법」으로 개정하면서 신·재생 에너지 기술 개발 및 보급을 위한 법적 토대를 마련했다. 또 1997년 제1차 대체에너지개발 기본계획을 시작으로 2014년 제4차 신·재생 에너지 기본계획을 수립해 시행하고 있다. 2002년부터 2011년까지 발전차액지원제도Feed in Tariff(FIT)를 시행했고, 2012년부터는 신·재생 에너지공급의무화제도Renewable energy Portfolio Standard(RPS)를 시행하고 있다. FIT는 신·재생 에너지의 생산 비용과 전력시장 도매 가격의 차이만큼을 신·재생 에너지 사업자에게 보전해 주는 제도이고, RPS는 일정 규모(50만킬로와트)이상의 발전 설비(신·재생 에너지 설비 제외)를 보유한 발전 사업자(공급 의무자)에게 총 발전량의 일정 비율 이상을 신·재생 에너지로 공급토록 의무화한 제도다.

신·재생 에너지 관련법과 계획, 제도가 갖춰져 있음에도 한국의 2015년 총발전량 대비 재생 에너지 발전량 비중은 1.5%로, OECD 국가 중 최하위에 머물러 있다. 아이슬란드(100%), 노르웨이(97.9%), 뉴질랜드(80.1%), 오스트리아(77.7%), 캐나다(65.6%), 스위스(64.2%), 덴마크(63.2%), 스웨덴(63%), 포르투갈(47.8%), 핀란드(44%), 칠레(41.5%) 등 재생 에너지원이 풍부한 국가들은 물론, 이탈리아(39.9%), 스페인(35.6%), 독일(31.5%), 영국(25.8%), 일본(16.9%), 프랑스(16.2%), 오스트레일리아(13.7%), 미국(13.3%) 등 주요 선진국에도 크게 못 미친다.

　사실 '한국' 기준의 신·재생 에너지 통계를 보면, 이 차이는 조금 줄어든다. 한국의 2015년 신·재생 에너지 발전량은 3만 7,079GWh로, 2004년 4,534GWh보다 8배 이상 크게 증가했다. 총발전량에서 신·재생 에너지 발전량이 차지하는 비중은 2004년 1.3%에서 2015년 6.6%로 높아졌다. 1.5%와 6.6%라는 엄청난 차이는 한국 기준의 '신·재생 에너지'와 국제에너지기구(IEA)의 '재생 에너지' 통계 기준이 다르기 때문이다. 국내에서는 신·재생 에너지를 3개의 신에너지와 8개의 재생 에너지로 분류하는 반면, IEA는 8개의 재생 에너지만을 인정하고, 재생 에너지 중에서도 폐기물의 경우 재생 가능한 부문만을 인정한다.

　통계 분류 차이는 단순한 문제가 아니다. 통계 차이가 커질수록 재생 에너지 현황과 목표, 정책 실행에 총체적인 악영향을 끼친다. 재생 에너지로 분류될 수 없는 에너지원에 재생 에너지에 준하는 지원이 이루어지면서 국가적인 낭비와 부작용이 발생하고 있다. 대표적으로 발전소 온배수를 들 수 있다. 산업통상자원부는 RPS의 이행 여건 개선을 위해 「신에너지 및 재생 에너지 개발·이용·보급촉진법 시행령」 제2조를 개정해 '석탄을 액화·가스화한 에너지 등의 기준 및 범위'에 발전소 온배수를 이용한 에너지를 추가하고 화력발전소에서 발생하는 온배수를 신·재생 에너지로 지정했다. 박근혜 정부 들어 발전소 온배수

그린 챌린지: 한국환경보고서 2017

는 '에너지신산업'에 등극하기에 이른다. 국회와 시민사회, 정부 출연 연구기관에서 수차례 이러한 문제점들을 지적했다. 하지만 바뀌지 않았다. 에너지 다소비 제조업 중심의 산업 구조에서 비롯된 폐기물, 기존 화석연료 중심의 전력 공급 시스템에서 발생하는 발전소 온배수가 신·재생 에너지로 둔갑하는 현실에서 야심찬 재생 에너지 확대 목표는 신기루에 불과할지도 모른다. 재생 에너지의 이름부터 바로 잡고 새로운 목표를 재설정해야 한다. 그래야만 재생 에너지 '꼴찌' 국가에서 벗어날 수 있을 것이다.

신기후체제에서 지구 시민으로 살아가기[9]

2013년 미국 기후책임연구소(CAI) 연구 결과에 따르면, 90개 글로벌 기업이 세계 온실가스 배출량의 63%를 배출하고 있다. 90개 기업 가운데 83곳은 에너지 기업이다. 한국의 상황도 별반 다르지 않다. 국가 전체 온실가스 배출량 60%는 산업·발전 부문 상위 30개 기업이 배출하고 있다. 철강 업종인 포스코와 현대제철, 발전 에너지 업종인 한국전력발전 자회사, 포스코에너지와 현대그린파워 같은 민간 발전 기업, 쌍용양회, 동양시멘트와 같은 시멘트 기업, GS칼텍스, S-Oil 같은 정유 기업, 그리고 LG디스플레이와 삼성전자, 삼성디스플레이 같은 반도체·디스플레이, 모두 국내 유수의 대기업이다. 반면에 글로벌 정보기술

---

9   권승문(2017)의 내용을 일부 발췌했다.

4팔 기획: 환경 이슈와 전망과 비전

(IT) 기업인 애플은 전 세계 자사 데이터센터 운용에 필요한 전력을 모두 풍력과 태양광 등 재생 가능 에너지로 충당하고 있고, 구글 또한 2018년까지 전 세계 모든 사업장을 100% 재생 가능 에너지로 운용할 계획이다.

2014년 9월 국제연합 기후정상회의를 앞두고 전 세계 수십만 명의 시민들이 기후변화 위기를 막기 위해 미국 뉴욕 맨해튼에 모였다. 배우이자 환경 운동가인 리어나도 디캐프리오는 기후정상회의에 참석한 세계 지도자들에게 "이제 기후변화 문제는 전구를 바꾼다든가 하이브리드 자동차를 운전하는 것으로 해결될 일이 아닙니다. 즉 개인의 행동으로 해결될 수 있는 범위를 훨씬 넘었다는 말입니다. 이젠 산업계와 세계의 모든 정부가 대단위의 결정적인 행동을 취해야만 할 때입니다"라고 호소했다. 이제는 한국의 기후변화 대응 운동도 세계주의적 운동으로 확장해 나가야 한다. 세계주의적 운동은 각 지역 현지에서 나타나지만 '전 지구적으로 사고하는' 운동을 말한다. 즉, 이런 운동은 지역을 배경으로 하고 있지만 세계사적 맥락 속에 자신들의 조건과 가능성을 두는 운동을 뜻한다.(조효제 옮김, 2013: 354)

한국에서는 지역을 기반으로 한 다양한 에너지 전환energy transition[10] 운동이 진행되고 있다. 특히 2012년 12월 협동조합기본법이 발효된 이후 전국적으로 25여 개의 에너지 협동조합이 설립되었다. 이중 10개 협동조합은 태양광발전 설비를 설치해

그린 챌린지: 한국환경보고서 2017

---

10 에너지 전환은 경성에너지(hard energy)인 화석연료와 핵발전에서 생산하던 전기를 연성에너지(soft energy)인 재생 가능 에너지 설비로 생산하는 전기로 대체하는 '에너지원'만의 전환만이 아니라, 중앙집중의 핵발전과 화석기반 에너지 시스템을 분산형의 재생 가능 에너지 기반 시스템으로 전환하는 것을 의미한다(Lovins, 1976; 박진희, 2013).

운영을 시작했다.(권승문 외, 2014: 61) 한국 에너지 협동조합이 걸어온 역사적인 경로를 살펴보면, 반핵 운동 → 에너지 전환, 시민 발전소 운동 → 에너지 협동조합 운동으로 이어지고 있다고 할 수 있다. 침체를 겪고 있던 한국 반핵 운동은 2011년 후쿠시마 핵발전소 사고를 계기로 다양한 형태로 확산되었다. 그중에서도 전국적으로 설립된 25여 개의 햇빛발전 협동조합은 탈핵 운동의 확장과 에너지 전환 운동의 경험, 몇몇 지자체들의 선도적인 지원, 여기에 「협동조합기본법」과 같은 제도적인 변화가 맞물려 새롭게 등장해 주목받고 있다. 하지만 에너지 협동조합의 규모는 아직까지 미미한 수준이며, 향후 활성화를 위해 필요한 제도적인 과제가 적지 않은 상황이다.(권승문, 2014b: 1-2)

신기후체제는 전 세계 국가들의 이해관계가 얽힌 정치적인 과정의 산물이다. 초국가적인 대기업들은 국가 장벽을 넘나들며 온실가스를 배출한다. 트럼프 미국 대통령이 구 국가주의로 회귀하며 국경에 장벽을 세운다 하더라도 이러한 구조를 바꾸지는 못한다. 국가의 기후변화·에너지 계획을 바꾸는 일, 산업계에 온실가스 배출 책임을 요구하는 일, 지역에서 에너지 전환을 일구는 일 모두가 필요하다. 여전히 타오르는 촛불은 어디로 향할 것인가? 단순히 대통령을 바꾼 데에서 그칠 것인가, 아니면 새로운 국가 비전으로 '국익'을 넘어 전 세계 인류를 위한 구성원으로 자리매김할 것인가. '촛불 시민'이 '지구 시민'으로 살아가는 길에 우리의 희망이 있다.

"책임감과 신뢰감이 없는
정부나 전문가의 '가만히 있으라'는 말을
수용하기는 어렵다.
세월호 승객들을 구조하지 않은
해경이나 선원들처럼
그들도 자신만을 위해
언제라도 국민들을 버릴 수 있기 때문이다.
안전의 주체는 '국민'이어야 한다.
국민 스스로가 위험에 대한 정보를 알고
능동적으로 대처할 수 있어야
안전도 보장된다."

2

위험 사회에서
생명 존중
안전 사회로

김혜진 4 · 16연대 상임운영위원,

안전사회시민네트워크(준) 집행위원

안전한 곳은 어디에도 없다

2014년 4월 16일, 정부가 헌법에 보장된 '생명 안전의 권리'를 지킨다는 믿음은 깨졌다. 304명의 목숨이 가라앉는 것을 목격한 우리는 더이상 정부를 신뢰할 수 없었다. 한국이 법치와 국민주권의 원리로 운영되고 있다는 신념도 무너졌다. 정부는 어버이연합을 동원하여 세월호 유가족들을 모욕했고, 언론은 실체적 진실에 접근하려 하기보다는 대형 오보를 내고 유가족의 상처를 헤집었으며, 정부의 이야기를 앵무새처럼 따라했다. 검찰은 구조 실패의 책임자들을 기소조차 하지 않았다. 경찰은 세월호 진실 규명을 외치는 유가족 앞에 차벽을 쌓고 물대포를 쏘았다. 특별조사위원회가 구성되었지만 대통령의 시행령에 의해 손발이 묶이고, 해수부에 의해 강제 해산당했다. 미수습자 9명이 남아 있는데 세월호는 대통령이 탄핵당한 뒤에야 1073일 만에 물 밖으로 나왔다. 정부와 언론과 사법부, 그 어떤 곳도 생명의 존엄을 지키기 위해 노력하지 않았다.

이런 사회에 과연 희망이 있을까 절망하기도 하지만 그래도 '생명과 안전'을 지키기 위해 3년간 서명을 받고, 도보 행진을 하고, 단식을 하고, 토론을 하며 길거리에서 버텨 왔던 세월호 참사 유가족과 피해자들이 있고, 그들과 함께했던 시민들이 있다. 그리고 지금은 세월호 참사를 묻어 버리려 했던 박근혜 정부를 탄핵한 수백만의 촛불과 함께하고 있다. 세월호 참사 이전과 이후는 달라야 한다는 생각이 시민들 마음속에 흐르고 있었고, 이제 그 마음은 행동으로 이어지고 있다.

우리 사회는 위험 사회

2016년 5월 28일, 19세 노동자가 구의역에서 스크린도어를 수리하다 달려오는 열차에 목숨을 잃었다. 2인 1조 작업을 하는 것이 원칙이지만, 인원도 부족하고 빨리 수리해야 한다는 원청의 압력을 못 이긴 하청업체는 피해자 홀로 작업하도록 내몰았다. 2016년 1월과 10월에 삼성전자 핸드폰 부품을 만들던 하청업체 파견 노동자 6명이 실명했다. 실명한 이후에도 이유를 알 수 없어 절망하다 한 의사의 노력으로 메탄올 중독이라는 사실을 알게 되었다. 2016년 6월 삼성전자 에어컨을 수리하던 노

4부 기획: 환경 이슈와 전망과 비전

371

"회사에 늦는다고 연락해야 하는데." 스크린도어에 끼어 숨진 어느 직장인의 마지막 말이었다.

동자는 안전장치 없이 2층에서 일하다가 가방에 도시락만 덩그마니 남긴 채 추락하여 사망했다. 추석이 지난 후 김천 지역에서 철로를 유지·보수하던 노동자들이 경주 지진으로 연착한 KTX에 치어 숨졌다. 하청업체 소속이었던 그 노동자들은 열차 연착 정보를 듣지 못했다. 한 해에 2,400명이 일터에서 산재로 사망한다. 전쟁터만큼 위험한 일터이다.

　　일터만 위험한 것이 아니다. 우리는 도로에서도 위험을 겪는다. 2016년 10월 김포공항역에 내리던 한 직장인이 스크린도어에 끼어 숨졌다. 스크린도어 비상문에서 승강장으로 튕겨져 나온 후 "회사에 늦는다고 연락해야 하는데"라고 한 말이 그의 유언이 되었다. 광고판 설치를 위해 스크린도어를 고정문으로 만들었기 때문에 그 사이에 끼인 노동자는 쉽게 빠져나올 수 없었다. 갑자기 도로가 꺼지는 싱크홀 문제도 심각하다. 2014년 7월 송파구에서, 8월에서는 석촌역 인근 도로에서 싱크홀이 발생했다. 서울시는 부근의 지하철 공사가 원인이라고 발표했다. 2015년 2월 용산역 근처 버스정류장에서도 싱크홀이 발생하여 버스에서 내린 승객이 다치기도 했다. 그리고 2017년 2월에도 경기 고양시에서 싱크홀이 발생하였다. 언제 어떻게 땅이 꺼질지 알 수 없다. 석탄화력발전소에서 날리는 미세먼지로 인한 고통도 심각해지고 있다. 미세먼지는 호흡기 질환과 심혈관 질환 사망률을 증가시키고 있다.

안전한 곳은 그 어디에도 없다. 2012년 구미에서는 공장에서 불산이 누출되어 마을 주민 전체가 대피하기도 했고, 그 이후에도 동탄 등에서 불산 누출 사고가 이어졌다. 가습기살균제 사망 신고자도 1,131명이나 된다. 안전하고 건강하기 위해서 틀어놓은 가습기가 죽음의 원인이 된 것이다. 경주에서 지진이 발생하면서 원자력발전소의 위험도 증가하고 있다. 2월 6일, 법원은 경주에 있는 월성 1호기의 수명 연장이 적법한 심의 · 의결 절차를 거치지 않았다고 판단했다. 지진대에 노후 원전이 광범위하게 분포하고 있고, 안전 진단도 제대로 이루어지고 있지 않은 현실에 경종을 울린 것이다. 그러나 여전히 원전은 멈추지 않는다. 전염성 질환인 메르스가 발생하여 186명이 감염되었고 그중 38명이 사망했다. 메르스로 인해 총 1만 6,693명이 시설 혹은 자가 격리되었다. 우리는 어디에서든 위험을 안고 산다.

위험은 평등하지 않다. 수도권에서 주로 사용하는 전기 때문에 원자력발전소가 몰려 있는 경주나 울산, 부산 등지의 주민들이 위험하고, 지진은 내진 설계가 제대로 되어 있지 않은 주택에 사는 주민들을 위험에 빠뜨린다. 메르스와 같은 질환은 노약자에게 더욱 치명적이며, 산재로 죽임을 당하는 노동자들은 주로 비정규직이다. 재해는 예고 없이 발생하지만 위험 지역에 살거나 정보를 제대로 구할 수 없는 이들이 일차적으로 희생된다. '생명의 존엄과 안전'을 사회의 중요한 가치로 삼지 않는다면, 그래서 제도와 사회 구조를 바꾸지 않는다면 '전쟁'보다 더 많은 이들이 재해로 죽어 가는 현실을 막을 수 없으며 사회적 약자가 우선 희생되는 이 현실을 변화시킬 수 없다.

왜 위험 사회가 되었는가?

사회가 점점 복잡해지고 예측 불가능성이 높아지면 위험은 증가할 수밖에 없다. 위험에 대한 예방 조치를 철저하게 하는 등 안전을 위한 노력을 더 많이 기울여야 조금이라도 안전한 사회가 된다. 그런데 한국 사회는 '안전'을 개인의 책임으로 돌림으로써 위험을 방치하거나 조장한다. 2013년 성수역과 2015년 강남역에서 스크린도어를 수리하던 노동자들이 사망했을 때 서울메트로는 이들이 매뉴얼대로 작업하지 않은 것이 문제라면서 '작업자 과실'이라고 결론을 내렸다. 왜 그 노동자가 매뉴얼대로 2인 1조

그린 챌린지: 한국환경보고서 2017

시민들의 안전 불감증이 문제라고 몰아가는 정부의 태도는 안전에 대한 정부의 책임을 희석시키고 사회를 더 불안정하게 만든다.

작업을 할 수 없었는지, 왜 관제소에 연락하여 열차가 진입하지 못하도록 요청할 수 없었는지를 들여다보지 않았다. 그러다 보니 재발 방지 대책이라는 것도 안전 교육을 강화하고 하청업체에 안전 책임을 더 많이 지우는 것뿐이었다. 그래서 결국 구의역 참사가 또 벌어졌다. 사고와 재해의 책임을 개인에게 돌리는 이상 위험은 줄어들지 않는다.

정부는 '안전'을 개인의 책임으로 몰아 간다. 세월호 참사 이후 정부는 '안전 혁신 마스터플랜'을 만들었다. 그런데 여기에서 계속 강조하는 것은 국민 안전 문화, 안전 의식, 안전 교육이다. '생애 주기별 맞춤형 국민 안전 교육을 강화'하고, '범국민 안전 문화를 전방위적으로 확산'하며, '주민 참여형 지역 안전 공동체 만들기 등을 통해 생활 속 안전 문화를 확산'시키겠다고 한다. 모든 국민이 안전에 책임을 져야 하고, 시민들의 안전 불감증이 문제라고 몰아 가는 정부의 이런 태도는 결국 안전에 대한 정부의 책임을 희석시키고 사회를 더 불안정하게 만든다. 세월호 참사에서 가장 많이 사망한 단원고등학교 학생들은 선원들이 시키는 대로 '가만히' 있었다. 안전을 위해 최선을 다한 개인들은 결국 무책임한 정부와 선원들 때문에 죽었다.

시민과 노동자의 안전에 가장 책임이 큰 기업들은 오히려 책임을 떠넘긴다. 기업들은 위험 작업에 안전장치를 하는 게 아니라 그 작업을 외주화해 버린다. 2015년 30대 기업에서 사망한 노동자의 95%가 하청 노동자였다. 구의역에서 사망한 김군도, 김천역에서 사망한 철로 유지·보수 노동자도 모두 하청 노동자였다. 기업들은 '안전'을 '비용'으로 간주하여 최대한 줄이려고 한다. 노동자들을 실명에 이르게 한 삼성전자 핸드폰 부품 업체는 안전한 에탄올 대신 위험한 메탄올을 사용했다. 비용이 에탄올의 3분의 1밖에 되지 않기 때문이다. 위험을 떠넘긴 기업들이 처벌을 받기는커녕 오히려 산재보험료도 감면받는다. 삼성전자 직업병 피해자들이 죽어 가는데 2015년 삼성전자는 1009억 원의 산재 보험료를 감면받았고, 2015년 하청 노동자 7명이 사망한 현대중공업은 228억 원의 산재 보험료를 감면받았다. 기업들은 위험을 은폐하면서 책임을 떠넘긴다. 가습기살균제를 만든 옥시는 위험에 대한 실험이나 평가를 제대로 하지 않고 오히려 전문가를 매수하기까지 했다.

기업들이 안전을 책임지지 않는다면 정부가 나서서 제대로 관리 감독 하고 안전 규제를 강화해야 한다. 그러나 정부는 거꾸로 가고 있다. 온 국민이 원전에 대해 우려하는데, 월성 1호기 수명 연장 과정에서 제대로 자료도 제출하지 않고,「안전성평가보고서」도 제대로 심의하지 않은 원자력안전위원회와 한국수력원자력은 '수명 연장을 중단'하도록 한 법원 판결에 항소를 하겠다고 한다. 세월호 참사 이후 안전 규제를 강화하는 것처럼 보였던 정부는 이후에도 안전 규제를 완화했다. 정부가 만든 마스터플랜에서는 범정부 차원의 안전 기준 통합 관리·운영 체계를 구축하고 안전 기준 간 중복과 혼선을 해소한다면서, 안전 규제를 완화하려는 시도를 하고 있다. 그리고 철도 차량의 내구 연한 규제를 완화하는 등 세월호 참사의 교훈과 거꾸로 가는 규제 완화 조치를 취하기도 한다.

정부와 기업은 안전마저도 돈벌이의 수단으로 삼는다. 세월호 참사 이후 정부는 안전 대책을 언급할 때마다 '안전 산업 육성'을 이야기했다. CCTV 등 감시 체계를 안전 산업이라고 치켜세우고, 심지어 온 국민을 위험에 빠뜨리는 의료 민영화, 그중 하나인 '원격 의료'를 안전 산업의 대표 주자로 내세우기도 한다. 안전 펀드를 조성해서 안전 산업을 육성하고, 정부의 안전 관리 감독 기능을 민간 업체가 대행할 수 있도록 만들겠다고 한다. 심지어 민간 손해보험을 활성화해서 손해보험 회사가 안전 관리 감독의 역할을 하게 하자는 대안도 내놓는다. 안전의 책임을 개인에게 떠넘기면서 기업들 돈벌이를 해주겠다는 것이다.

시민과 노동자를 죽음에 이르게 한 책임자들이 제대로 처벌받지 않은 것도 문제이다. 세월호 참사에서 청해진해운의 최고 책임자는 7년형에 머물렀다. 그것도 업무상과실치사상죄, 업무상과실선박매몰죄, 선박안전법 위반에 더해 배임과 횡령죄까지 더한 형량이었다. 안전 관리를 소홀히 한 한국해운조합은 감봉이나 경고, 비리 공무원은 집행유예, 그리고 구조를 제대로 하지 않은 해경은 현장 책임자인 123호 정장만 처벌을 받았을 뿐, 해경의 최고 책임자들은 기소조차 되지 않았다. 1995년 502명이 사망한 삼풍백화점 붕괴 사고 이후 이준 회장은 징역 7년 6개월을, 2003년 192명이 사망한 대구 지하철 참사에서 책임자인 대구지하철공사 사장은 산업안전보건법 위반과 증거 인멸에서 무죄를 선고받았고, 기관사만 금고 4년에 처해졌다. 2013년 6명이 사망한 대림산업 폭발 사고 당시 원청 사업주는 기소조차 되지 않았다. 2012년 무려 4명이 사망한 사고에서 이마트는 벌금 100만 원에 그쳤다. 가습기살균제로 1,000명 이상의 사망자를 낸 옥시의 전 사장인 존 리는 무죄 판결을 받았다.

이런 현실은 정부와 기업이 '생명의 존엄성'보다 '돈'을 더 중요하게 여기고 있음을 보여 준다. 정부가 나서서 생명과 안전의 책임을 가볍게 만들자, 국민들도 재해를 당한 피해자들에게 오히려 책임을 묻게 된다. 정부가 돈만을 중요한 가치로 삼으니 국민들도 피해자의 고통보다 얼마나 많은 배·보상을 받았는가에 관심을 기울인다. 우리 사회의 가치가 무너졌음을 보여 주는 것이다. 세월호 참사로 인해 가족을 잃은 유가족들은 배·보상도 거부하고 있는데, 그들에게 '보상을 많이 받았으면 된 것 아니냐'고 이야기하는 잔인함, 기업들이 안전 장치를 마련하는 데 너무 많은 비용을 들이면 안 된다고 오히려 기업을 걱정하는 이들의 생각 속에 '인간의 존엄성'은 없다. 전도된 우리 사회의 가치를 어떻게 다시 세워야 할 것인가.

생명의 존엄을 지키기 위해
노력해 온 이들

정부와 기업이 생명의 존엄보다 기업의 이윤을 중요하게 여기고, 안전을 개인의 책임으로 돌려서 자신의 책임을 감추려 하는 동안에도, 사회의 온갖 압력을 무릅쓰고 생명의 존엄과 안전을 위해 싸워 온 이들이 있다. 그 노력이 있었기 때문에 우리 사회가 얼마나 '위험'한 사회인지 알려졌고, 기업과 정부의 규제 완화가 조금이라도 견제될 수 있었다. 그리고 그 노력에 의해 내부 제보자들도 힘을 낼 수 있었고, 소위 전문가들에 의해 왜곡된 정보도 정정될 수 있었다. 앞서 싸우는 이들이 있기에 우리 사회의 가치를 재구성할 힘을 얻게 된다는 것이다.

그들은 피해자들의 억울함을 호소하는 것을 넘어, 생명을 파괴하는 사회 구조를 바꾸기 위해 나섰다. 세월호 희생자 가족들과 피해자들은 진상 규명과 책임자 처벌, 그리고 안전 사회를 만들기 위해 노력했다. 세월호 특별조사위원회를 만드는 과정에

씨랜드 화재 참사로 희생된 유치원생들의 유가족은 어린이안전재단을 만들어서 안전 교육을 하고 있다.

서 진상 규명이나 피해자 지원만이 아니라 안전사회소위원회를 만들어서 안전에 대한 정책을 만들기를 요구했다. 4·16재단을 만드는 과정에서도 '안전한 사회'를 위한 교육 프로그램, 정책 대안을 마련하기 위해 노력을 기울이고 있다. 안전 사회를 만들기 위해 싸우는 이들은 세월호 유가족과 피해자들만이 아니다. 씨랜드 화재 참사로 희생된 유치원생들의 유가족은 어린이안전재단을 만들어서 안전 교육을 하고 있으며, 수많은 재난의 피해자들은 '재난안전가족협의회'를 만들어서 생명 존중과 안전 사회를 만드는 데 기여하고 있다.

그동안 우리 사회는 각종 사건·사고 피해자와 희생자 유가족들의 싸움에 충분히 연대하지 못했다. 정부나 기업이 피해자를 모욕하거나 언론을 통해 진실을 왜곡하고 문제 확산을 가로막았기 때문에 피해자들이나 희생자 유가족들의 투쟁은 늘 외

그림 챌린지: 한국환경보고서 2017

롭고 힘들었다. 하지만 세월호 참사 이후 이 싸움에 연대하는 시민들이 늘어나고 다른 피해자와 유가족들의 싸움을 다시 기억하기 시작했다. 세월호 참사 이후 시민들이 '미안하다'고 말한 것은 이 죽음에 우리 모두가 책임이 있다고 느끼기 때문이다. 생명의 존엄성을 지키지 않는 정부에 제대로 항의하지 않았고, 생명을 지키는 일을 소홀히 하고 돈을 더 소중히 여기는 사회를 만든데 우리 모두 책임이 있다는 자각이었다. '잊지 않겠다'고 말한 것은 공감에 그치지 않고 세월호 진실을 규명하고 안전한 사회를 같이 만들자는 의지의 표현이기도 했다.

세월호 참사 피해자들과 연대하면서 함께 농성하고, 함께 도보 행진도 하고, 함께 물대포를 맞고, 함께 단식을 했던 시민들은 세월호의 아픔에 함께하는 데 그치지 않고 여러 죽음에 대해서도 연대를 시작했다. 구의역에서 스크린도어를 수리하던 하청 노동자가 사망했을 때 시민들은 '네 잘못이 아니야'라고 말했고, 구의역 스크린도어 9-4에 국화꽃을 놓고 포스트잇을 붙였다. 그런 시민들의 힘으로 서울시와 서울메트로는 잘못을 인정했고, 진상조사단을 구성하여 재발 방지 대책을 마련하게 되었다. 피해자의 고통에 함께하는 연대의 흐름은 계속 이어지고 있다.

생명의 존엄성을 훼손당한 피해자들이 안전한 사회를 위한 싸움을 시작했기 때문에, 생명 안전을 위해 일해 온 전문가와 단체들이 피해자들과 함께 대중적인 운동을 만들어 갈 수 있었다. 탈핵 운동을 해왔던 환경 단체들이 원전에서 오는 송전탑 건설에 반대하며 싸우는 밀양과 삼평리 주민들을 만났을 때 이 싸움은 대중적인 운동이 될 수 있었다. 노동 안전을 위해 싸워 온 이들과 삼성반도체에서 일하다 직업병을 얻게 된 이들과 가족들이 만나 '반올림'을 만들었을 때 삼성 직업병 문제를 사회적으로 알리고 끈질기게 싸움을 이끌어 갈 수 있었다. 화학 물질의 위험성을 알려 왔던 이들이 구미의 불산 누출 사고 이후 지역 주민들과 만나게 되었고, 이 힘은 여러 지역의 '지역 주민 알권리 조례 제정 운동'으로 이어졌다.

노동자들도 오랫동안 노동자들의 생명과 안전을 위해 싸워 왔다. 산재를 당한 노동자들은 산재노동자협의회를 만들어서 산재 노동자들의 권리를 위해 싸웠고, 노동조합에서는 노동자들의 건강을 파괴하는 작업장에서의 위험 요소를 없애 나가기 위해서 싸웠다. 사고를 노동자 개인의 책임으로 돌리지 않고 사업장의 조직 문화가 안전을 위한 구조로 바뀌도록 하고, 작업 환경을 보다 안전하고 건강하게 만들어 왔다. 동시에 정부가 추진하는 안전 규제 완화를 막고, 제도 개선을 위해서 싸웠다. 산재를 제대로 인정하지 않는 근로복지공단에도 문제 제기를 하고 산재를 당한 노동자들이 다시 현장으로 돌아갈 수 있도록 노력했다.

안전한 사회를 만들고 생명이 존중되는 사회를 만들기 위해 싸워 온 이들을 연결하고 서로의 활동에 힘을 주기 위해서 안전사회시민네트워크(준)가 만들어졌다. 2016년 세 차례에 걸친 '안전 사회 이야기 마당'을 개최하면서 노동 안전, 원자력발전소로부터의 안전, 화학 물질로부터의 안전을 위해서 싸워 온 이들,

GMO가 아닌 건강한 먹을거리를 위해 싸운 이들, 삼성반도체 직업병 피해자, 가습기살균제 피해자, 세월호 참사 유가족 등 많은 이들이 모여 서로를 위로했고, 함께 싸워 나갈 길을 만들고자 했다. 서로에게 힘을 줄 뿐 아니라, 개별의 과제를 넘어 '생명의 존엄과 안전'을 우리 사회의 중요한 과제로 만들기 위해 사회적인 싸움을 같이 해보고자 한다.

생명 존중 안전 사회를 위해
'권리'가 필요하다

　　정부에게 '안전'은 국민에 대한 통제이다. 세월호 유가족들이 청운동에서 농성을 할 때 경찰은 '안전'을 명분으로 CCTV 감시를 했다. 통제 안에 있도록 감시하는 것을 '안전 대책'이라고 이야기할 때, 국민들은 안전의 주체가 아니라 대상이 된다. 정부는 '안전하려면 가만히 있으라'고 말한다. 혼란은 위험을 초래하므로 전문가의 통제에 따라야 한다는 것이다. 그러나 세월호 승객들은 '가만히 있으라'는 그들의 명령에 따랐기 때문에 숨졌다. 책임감과 신뢰감이 없는 정부나 전문가의 '가만히 있으라'는 말을 수용하기는 어렵다. 세월호 승객들을 구조하지 않은 해경이나 선원들처럼 그들도 자신만을 위해 언제라도 국민들을 버릴 수 있기 때문이다. 안전의 주체는 '국민'이어야 한다. 국민 스스로가 위험에 대한 정보를 알고 능동적으로 대처할 수 있어야 안

일터에서 사용되는 화학 물질은 노동자들에게 공개하도록 되어 있다. 안전 사회의 시작은 노동자와 시민의 알권리 충족에서 시작한다.

전도 보장된다.

안전은 '권리'가 보장될 때 지켜지는 것이다. 그중 핵심적인 권리는 '알권리'이다. 일터에서 일하는 노동자들이 어떤 화학 물질을 사용하는지, 그 화학 물질의 위험이 무엇인지 알 수 있다면 위험 작업을 중단하거나 더 안전한 작업 환경을 만들 수 있을 것이다. 지역 주민들이 우리 주변 공장들이 어떤 화학 물질을 사용하는지 안다면 그에 대한 통제 방안을 마련할 수 있을 것이다. 원자력발전소의 위험을 제대로 알 수 있다면 원전의 수명이 일방적인 절차를 거쳐 연장되는 일을 막을 수 있을 것이다. 가습기 살균제의 위험에 대해서 제대로 알 수 있었다면 1,000명이 넘는 생명을 잃지 않아도 되었을 것이다.

그린 챌린지: 한국환경보고서 2017

우리 사회에서 '알권리'는 제대로 보장되지 않는다. 일터에서 사용되는 화학 물질은 노동자들에게 공개하도록 되어 있지만 메탄올 중독으로 실명한 노동자는 한 번도 자신이 사용하는 세척제에 대해 이야기를 들은 바가 없다고 증언했다. 2015년《한국일보》의 보도에 따르면 전국 화학 물질 취급 사업장 1만 6,547곳 중 86%가 화학 물질의 종류와 용도 등의 정보를 공개하지 않고 있다. 지역 주민들이 정보 공개를 요구하면 '영업 비밀'이라는 이유로 정보를 내놓지 않는다. 알권리법을 제도화하고, 기업의 정보 공개를 의무화해야 한다. 일부 전문가들에게 정보가 집중되거나 그들이 기업이나 정부의 이익에 따라서만 발언하지 않도록 더 많은 전문가 집단을 만들어야 하며 제3자가 정보를 검증할 수 있도록 해야 한다. 내부 제보를 통해 사회에 위험을 알릴 수 있도록 내부 제보자 보호 장치가 마련되어야 한다.

노동자와 시민들이 직접 참여하여 기업을 통제하고 정부의 결정을 감시하고 견제할 권리가 필요하다. 공공기관들이 외주화를 확대하면서 대중교통을 이용하는 승객들도 위험에 처한다. 고속철도와 지하철의 안전에 매우 중요한 승무 업무와 정비 업무가 외주화되고, 도시철도에서는 1인 승무제를 시행함으로써 위험 대처 능력을 떨어뜨린다. 안전에 해를 끼치는 이런 정책을, 시민들의 의견도 듣지 않은 채, 서울메트로나 도시철도공사가 일방적으로 결정하는 것이 문제이다. '시민 안전'의 관점에서 정책 결정에 참여하고 감시할 수 있는 구조가 필요하다. 구의역 참사 진상 규명을 위해 시민 단체와 노조, 서울시와 서울메트로로 구성된 진상 조사단은 '지하철시민안전위원회'를 통해 지하철 안전을 위한 거버넌스를 구축하도록 권고한 바 있다. 이 사례처럼 노동자와 시민이 정부와 기업의 안전 활동에 참여할 수 있어야 시민 안전도 보장된다.

노동자들에게 권리가 있어야 '생명 안전'도 지켜질 수 있다. 외주화된 KTX 승무 노동자들은 '불법 파견'이므로 이 업무를 정규직으로 전환하라는 소송을 했다. 이에 대해 철도공사는 승무원들은 안전 업무를 하지 않고 오로지 안내 업무만 하기 때문에 철도공사의 업무 지시를 받지 않으므로 불법 파견이 아니라고 주장했다. 그리고 대법원은 철도공사의 주장을 받아들였다. 철도공사는 승무원을 정규직으로 전환하지 않기 위해 승무원들이 안전 업무를 하지 못하도록 했다. 비정규직 승무원은 안전에 대한 권한이 없고 교육 훈련도 못 받았기 때문에 고속철도 승객들은 안전할 수 없다. 경주와 울산에서 지진이 발생했을 때 현대자동차에서는 노조가 작업 중지권을 발동하여 작업자들을 대피시켰다. 그런데 노조가 없는 대다수 현장에서는 지진 매뉴얼에 따르지 않고 작업을 강행했다. 노동자의 권리가 없는 곳에서는 재난 상황이 발생할 가능성이 높다.

생명을 존중하는 안전 사회를 만들고자 한다면 '피해자의 권리'를 보장해야 한다. 한국 사회에서 재난 참사 피해자들은 참사로부터 1차 피해를 당하고, 언론이나 정부로부터 2차 피해를 당하기도 했다. 언론은 참사와 재난을 가십거리로 다루거나 정부의 주장을 베껴 쓰곤 했다. 보상금 액수를 부풀리며 피해자들의 모든 요구를 '돈을 더 받으려고 떼쓰는 것'처럼 몰아갔다. 세월호 참사 유가족들에게만 그런 것이 아니었다. 반올림은 삼성을 괴롭히는 이들로 묘사되었고 대구지하철 참사 유가족들은 추모공원에 분골을 안치했다는 이유로 불법 매장 혐의로 대구시로부터 고발을 당하기도 했다. 정부와 기업은 자신들의 책임을 드러내지 않기 위해 피해자들에게 책임을 뒤집어씌우기도 했다. 그렇기 때문에 재난과 참사의 경우 독립적인 조사 기구를 통해서 사고의 원인을 제대로 밝힐 수 있도록 제도화해야 한다. 그리고 그 참사를 기록하고 기억할 수 있도록 해야 한다. 피해자의 슬픔이나 아픔에 공감하고 충분히 위로받을 수 있도록 하는 사회적 장치가 마련되어야 하며 충분한 배·보상을 통해 원상 회복에 가까이 갈 수 있도록 해야 한다.

책임자를 제대로 처벌하고 조직 문화를 바꿀 수 있도록 해야 한다. 재난과 참사가 벌어질 경우 말단 담당자만 처벌받는 경우가 많다. 그 경우 문제가 많은 일은 서로 책임을 미루게 된다. 제대로 된 조직 문화와 안전 장치를 마련하는 데 결정권을 갖고 있는 자들이 책임을 지도록 해야 변화가 생긴다. 위험을 외주화해 버리면 사고가 나도 원청업체는 책임을 지지 않는다. 또한 중대 재해를 발생시킨 기업을 중하게 처벌하지 않으면 문제가 반복될 수밖에 없는데 한국 법에서 '법인'은 처벌 대상이 되지 않는다. 상당한 주의와 감독을 게을리 하여 중대 재해를 일으킨 경우 법인을 처벌하는 '양벌규정'이 있기는 하지만 벌금이 높지 않아서 기업에게 경고도 되지 못한다. 씨랜드 화재 사고처럼 절대로 인가나 허가를 받아선 안 되는 건축물을 허가해서 큰 참사를 만든 공무원에 대한 처벌도 중요하다. 세월호 참사 이후 '생명 존중과 안전 사회'를 위해 싸워 온 단위들이 모여 책임자들이 제대로 처벌받아야 위험이 예방된다는 판단 아래 '중대재해기업처벌법' 제정 운동을 시작하였다. 중대 재해가 발생했을 경우 원청업체와 경영 최고 책임자, 법인, 공무원에까지 책임을 묻는 제도이다. 20대 국회에서 이 법이 제도화될 수 있도록 최선의 노력을 다할 것이다.

세월호 참사 이후는
달라야 한다

우리 사회가 생명을 존중하고 안전을 중요한 가치로 여기도록 만들어야 한다는 목표를 갖고 안전사회시민네트워크(준) 설립이 준비되고 있다. 안전사회시민네트워크(준)는 지금까지 안전을 위해서 노력해 온 피해자 단체, 전문가 단체, 그리고 의제별 대책 위원회 등 안전 사회를 위해 활동해 온 운동 단위들을 연결하고 활동을 지원하고자 한다. 또한 생명 존중과 안전 사회를 위해 활동하는 시민들이 지역에서 역할을 할 수 있도록 지원할 것이다. 세월호 참사 이후 정부와 기업에게 생명을 내맡기지 않고 알권리와 참여할 권리를 요구하며 지역 사회에서 활동하

생명의 존엄과 안전을 위한 새로운 사회를 만들려면, 사람의 생명을 돈보다 우습게 여기는 사회, 안전을 개인의 책임으로 돌리는 사회를 무너뜨려야 한다.

는 시민들이 많아졌다. 기업과 정부에 정보 공개 청구를 하고 안전 대책을 마련하도록 요구하며 안전 활동을 모니터링하고, 지역 주민들의 참여를 보장하는 다양한 제도를 만들어 나가는 이들이 더 많아질 수 있도록 교육하고 함께 토론하는 자리를 마련해 갈 것이다. 안전 규제 완화에 반대하며 생명과 안전을 지키는 법과 제도를 만들고, 우리 사회 생명의 존엄과 안전을 위한 최소한의 기본선인 '국민안전기본선'을 만들어서 정부와 기업이 반드시 이행하도록 만들 것이다.

그런데 생명의 존엄과 안전을 우선시하는 새로운 사회를 만들려면, 사람의 생명을 돈보다 우습게 여기는 사회, 안전을 개인의 책임으로 돌리는 사회를 무너뜨려야 한다. 세월호 참사 이전과 이후가 달라져야 한다는 말이 의미하는 바는, 세월호 참사를 일으켜 왔던 구조적인 문제들에 대해 성찰하고 이를 변화시키기 위해서 노력한다는 의미이다. '박근혜-최순실-재벌 게이트'를 통해 우리는 이 정부가 기업과 결탁하여 안전 규제를 완화했고, 거액의 돈을 주고받으며 노동자의 권리를 무너뜨려 왔다는 것을 알게 되었다. 이 정부는 세월호 참사 이후에도 진실 규명을 요구하는 유가족들을 짓밟으며 언론을 통제하고 법원에 압력을 가하며, 심지어 우익 단체들을 동원하여 유가족에게 모욕을 가하기까지 하면서 사람에 대한 존중이라는 가치를 완전히 버렸다. 그래서 우리는 이 정부를 탄핵한 것이다.

국회는 '생명권 보호 의무 및 성실 직책 수행 의무 위반'을 박근혜 대통령의 탄핵 사유 중 하나로 제출했다. 헌법에서 도출되는, '국민의 생명권을 보호해야 할 의무'를 해태한 것이라는 주장이었다. 헌법 10조는 "모든 국민은 인간으로서의 존엄과 가치를 가지며, 행복을 추구할 권리를 가진다. 국가는 개인이 가지는 불가침의 기본적 인권을 확인하고 이를 보장할 의무를 진다"고 규정하고 있으며 헌법 24조는 "국가는 재해를 예방하고 위험으로부터 국민을 보호하기 위해 노력해야 한다"고 되어 있다. 우리는 헌재가 이 탄핵 사유를 인용하여, 사람의 생명을 지키고 위험으로부터 보호하는 것이 정부의 당연한 역할임을 명확히 하여 생명을 지킬 헌법상의 권리를 구체적으로 갖길 원했다. 헌법에만 살아 있고, 현실에서 죽어버린 권리를 다시 되살리기 위해, 사

그린 철린지: 한국환경보고서 2017

람의 생명을 지키기 위해 기업과 정부가 최선을 다할 책임이 있다는 사실을 명확히 함으로써, '생명안전의 권리'를 우리 사회의 중요한 가치로 매김해 주길 바랐다. 그런 점에서 박근혜 대통령 탄핵을 인용한 헌법재판소가 세월호 사고는 참혹하기 그지없으나 당일 피청구인이 성실한 직책 의무 같은 추상적 의무 규정의 위반을 이유로 탄핵 소추를 하는 것은 어렵다고 한 점은 여전히 아쉬울 수밖에 없다.

기업과 정부의 카르텔은 단지 박근혜 정부에서만이 아니라 이전 정부에서도 지속되어 왔다. '생명 존중'과 '안전'은 한 번도 이 사회의 중요한 가치가 된 적이 없다. 그러므로 박근혜 정부를 퇴진시키는 것에서 그치지 않고, 한 번도 제대로 존중받지 못했던 생명과 안전을 우리 사회의 가치로 만들기 위해, 그동안 세월호 참사에 아파하며 함께 울고 웃었던 시민들이 스스로 권리의 주체로 나서야 한다. 박근혜 대통령을 퇴진시키고 합리적인 사회를 만들고자 했던 시민들이 나서야 한다. 생명 존중과 안전한 사회를 만들고자 한다면 위험에 대해 알권리와 안전 정책에 참여할 권리, 그리고 책임자를 제대로 처벌할 권리를 제도화해야 한다. 그런데 이런 제도를 만드는 것에 그치지 않고, 시민들이 정부와 기업에 대한 감시자가 되고, 행동하는 자가 되어야 한다. 세월호 참사 이후 정부와 기업은 하나도 달라지지 않았지만 우리는 달라져야 한다. 그래야 우리의 생명도 존중된다.

"우리 국토의 64%는 산림이다.
성공적으로, 짧은 시간 속에서
국토를 푸르게 만들었다.
이제는 지키고 가꾼 국토를
어떻게 지속가능하게 이용하고 있는지
현재의 노력과 성과도
자랑스럽게 내놓을 수 있어야 한다.
지속가능한 관광의 해인 2017년,
전체적인 산림관광 체계를
관계 부처 모두가 점검하고,
환경적 · 사회적 · 문화적 · 경제적
지속가능성 확보를 위한
단계별 전략을 구축하는 일이 절실하다.
민관이 협력해야 함은 물론이다."

3

지속가능한 지역 발전과 산림관광

강미회 서울대학교 농업생명과학연구원 연구교수

산림관광의 끝?
새로운 시작?

지금껏 알아 왔던 관광의 끝!

그린 챌린저: 한국환경보고서 2017

덴마크의 코펜하겐이 2020년 이후의 관광지 전략으로 선포한 제목이다. 최근 베네치아나 바르셀로나처럼 쇄도하는 관광객으로 인한 부정적 결과들에 지역 사회가 분노한 것일까? 그건 아니다. 관광의 끝에서 새로 시작할 비전이 바로 '모두를 위한 지역 사회Localhood for everyone'이기 때문이다. 관광객과 주민이 분리된 주체로서 존재하는 것이 아니라 관광객이 지역 사회의 일원으로 책임 있게 행동하며 여행할 수 있는 환경을 조성하겠다는 것이다. 지금까지의 방식에서 벗어나 모두가 함께 하는 관광지를 만드는 것, 코펜하겐만이 아니라 모든 곳에서 적용되어야 할 접근이다. 그래서 '관광의 끝', '모두를 위한 지역 사회' 짧은 두 문구가 주는 감동이 어느 때보다 크다.

2016년 우리나라는 자칫 무분별한 산림관광의 원년이라는 오명을 얻을 수도 있었다. 설악산 케이블카 설치와 산악관광진흥구역 지정 움직임 때문이다. 설악산 오색 지구 케이블카 사업에 대한 문화재위원회의 부결은 지속가능한 산림관광 정책으로의 전환을 모색할 수 있는 기회를 주었다. 2017년이 그 원년이 되었으면 하는 바람으로 이 글을 풀어 나가고자 한다.

우리뿐 아니라 후세대를 심각하게 위협하고 있는 기후변화는 전 세계 산업의 변화를 요구하고 있다. 관광 산업도 예외가 아니다. 또한 사회문화적, 경제적 지속성이 보장되지 않는 관광이 얼마나 많은 부정적 영향을 가져오는지에 대한 보고들이 넘쳐난다. 여기서는 관광에서의 환경적, 사회문화적, 경제적 지속성을 보장하기 위한 국제 사회의 움직임과 지역 발전을 위한 산림관광 정책의 원칙과 방향을 해외 사례와 더불어 살펴보고자 한다.

산을 사랑하는 방식

산은 우리와 떨어질 수 없는 존재이다. 우리나라 국민의 주요 자연 관광 이용 실태를 보면, 우리가 얼마나 산을 빈번하게

2012~2014년 우리나라 국민의 주요 자연관광 이용 실태

출처: 한국관광공사, 「생태관광 법제화 세부추진 방안 연구」, 2015.

찾는가를 여실히 알 수 있다.

　산을 찾는 이유가 무엇일까? 잘 닦인 탐방로를 감상하기 위해서? 아니면 최신 시설의 관광 시설물을 보기 위해서? 실제 일부 사람들에게는 케이블카나 잘 포장된 탐방로, 널찍한 산중턱 휴게소 등 다양한 시설들이 반갑고 즐거운 경험일 수 있다. 하지만 모든 산림관광지에서 그런 시설들이 필요하거나 반가운 것은 아닐 수 있다.

　이른 아침, 설악산과 한라산을 찾은 등산객이 진정으로 원하는 것이 무엇일까? 회색 빌딩에서 느끼지 못하는, 나무와 풀, 돌, 또 그 속에서 맡는 흙 냄새는 아닐까? 산의 위대함 앞에서 겸손해지고 자연 속에서 한편으로는 도전감을, 다른 한편으로는 평안을 얻으려는 것은 아닐까? 그러기 위해서 우리에게 필요한 것은 자연이 내놓은 길을 가장 자연스럽게 지나는 것일지도 모른다.

　문화체육관광부가 2010년과 2015년 전 국민을 대상으로 조

그린 챌린지: 한국환경보고서 2017

생태관광 인지도 "생태관광 처음 들음"	생태관광 참여 경험 "최근 2년 자연, 환경, 생태 주제 여행 참여"	생태관광 잠재 수요 "1년 내 생태관광 참여" (중립 의사 제외)
2010년 64.0% 2015년 20.2%	2010년 9.7% 2015년 22.0%	2010년 40.9% 2015년 49.1%

우리 국민의 생태관광 인지도와 수요

출처: 한국관광공사, 「생태관광 법제화 세부추진 방안 연구」, 2015.

사한 통계(문화체육관광부, 2010; 한국관광공사, 2015)에 의하면, 응답자의 거의 과반이 생태관광에 높은 수요를 보였다. 이미 소 떼처럼 몰려다니는 대중 관광으로는 국민의 수요를 만족시킬 수 없음이 확실하다.

지속가능관광을 위한
세계의 노력

지구 토지의 8분의 1이 보호 지역으로 지정되어 있고 이들 대부분이 관광 활동의 중요한 대상지가 되어 왔다. 최근 처음으로 세계 보호 지역의 경제적 가치를 추정하는 연구(Balmford 등, 2015)가 이루어졌다. 이 연구에 의하면, 연간 80억 명이 보호 지역을 찾아 6000억 달러를 직접 지출한다. 간접적인 경제적 편익까지 계산하면 경제적 가치는 어마어마한 수치가 될 것이다.

이른 아침, 설악산과 한라산을 찾은 등산객이 진정으로 원하는 것은 무엇일까?

그린 챌린지: 한국환경보고서 2017

기본적으로 자원의 보호에 초점을 맞추고 있으나 실상은 많은 보호 지역이 관광으로 몸살을 앓는다. 최근 제주도가 한라산국립공원의 입장료 인상을 검토하고 성산일출봉 등 세계자연유산 지역의 입장료 인상을 검토하는 이유이다. 쏟아져 들어오는 중국 관광객은 물론 무분별한 관광객 방문으로부터 우리의 소중한 자연 자원을 지키고, 지역 사회에 실질적으로 편익을 제공하는 관광 환경을 만들겠다는 의지에서 나온 논의들이다.

보호 지역만의 이야기가 아니다. 많은 관광지에서 환경적 사회문화적 지속가능성을 보호하고 증진시키기 위한 노력들이 가속화되고 있다. 2013년에 국제지속가능관광위원회Global Sustainable Tourism Council(GSTC)가 지속가능한 관광지 기준을 발표하였다. GSTC가 요구하는 지속가능 관광지 기준들은 뒤에서 다시 소개한다.

국제연합 세계관광기구(UNWTO)는 생태관광, 자연관광, 유산 및 문화관광 등을 비롯한 '소프트 모험' 관광이 향후 20년 내 빠르게 성장할 것이며, 생태관광에 대한 국제적 지출은 전체 관광 산업에서 가장 높은 수준으로 증가할 것으로 예측한 바 있다 (2012). 관광지가 갖고 있는 공공 이슈들에 대한 고려와 지속가능한 관광 개발에 대한 요구 역시 높아진 소비자의 사회적 환경적 인식으로 인한 것으로 UNWTO는 설명한다.[1]

지속가능성을 위한 관광지 이니셔티브 사례는 무수히 많다. 2013년 『콩데 나스트 트래블러Conde Nast Traveler』에 의하면 스위스와 보츠와나 오카방고델타Okavango Delta가 선진국 및 개발도상국 중 가장 지속가능한 곳으로 선정되었다. 특별한 자연 자원을 갖고 있기 때문은 아니다. 스위스는 그들이 가진 자원의 지속성을 보전하면서 현명한 이용을 위해 다양한 보전 정책과 지속가능 개발 정책을 도입하여 왔다. 수많은 관광객이 스위스를 찾지만 그 누구도 무분별한 개발에 대한 불만을 말하지 않는다. 왜냐면 그곳에서는 무분별한 개발을 볼 수 없기 때문이다. 보츠와나는 상대적으로 안정적인 정치 환경 속에서 지속가능한 관광을 적극적으로 추진하고 있다. 즉 대중 관광이 아닌 생태관광을 통해 자원 보전과 지역 사회 발전을 추구하고 있는데, 그 예로 보츠와나 관광 당국은 오카방고델타 지역에서 '소규모 고편익low-volume-high-yield' 전략을 수행함으로써 야생동물과 위협에 처한

1   UNWTO and European Travel Commission, 2011.

동식물을 보호하면서 동시에 높은 수준의 고용 창출, 소득 확보, 세금 확보 등을 추구하고 있다. 그 결과로, 이 지역 약 34%의 성인이 관광업에 종사하고 있으며, 주민 생활 향상은 물론 민감한 서식지와 위기에 처한 야생 동식물 보전에 기여하고 있는 것으로 보고되고 있다.[2] 《에티컬 트래블러Ethical Traveler》(2015)는 2015년 세계에서 가장 윤리적인 10대 관광지를 발표하였는데, 여기에 포함된 곳 중 리투아니아는 2020년까지 재생 가능한 에너지 사용을 23%로 올리겠다는 목표를 설정하였고, 현재 22% 사용을 달성했다. 또 다른 곳인 팔라우는 2020년까지 20%의 재생 에너지 사용과 30% 에너지 효율성 증진을 목표로 내세웠다.

2017년, 국제연합이 지정한 지속가능관광의 해

올해는 국제연합이 지정한 '국제 지속가능 관광의 해'이다. 연간 12억 명의 사람들이 국제 관광에 참여한다. 국내 관광객까지 포함한다면 그 숫자는 어마어마하다. 관광이 지속가능하지 않으면 결코 지구의 지속가능성도 보장할 수 없을 만큼 관광은 중요하다.

일찍이 국제연합은 2002년을 '세계 생태관광의 해'로 선포하여 생태관광에 대한 중요성을 세계적으로 인식하는 계기로 삼았다. 2012년 12월, 67차 국제연합 총회에서는 「빈곤 타파와

그린 챌린지: 한국환경보고서 2017

---

2   Sustainable Tourism Certification Alliance Africa, 2011.

환경보호를 위한 생태관광 촉진Promotion of ecotourism for poverty eradication and environment protection」으로 명명된 결의안을 채택했고, 회원국들이 "소득 창출, 고용 창출, 교육 그리고 빈곤 및 굶주림 타파에 대한 생태관광의 긍정적 영향"을 강조하는 생태관광 촉진 정책을 펼칠 것을 요구하고 있다. 중소규모의 관광 기업 설립, 협동조합 설립 장려, 지역 사회에 대한 소규모 자금 지원 등과 같은 포괄적인 재정 서비스를 통해 자금 접근을 원활히 하는 것 등을 포함하면서, 국가 법률에 따라 생태관광에 대한 투자를 촉진하도록 장려하고 있다. 관광객의 편리, 편의시설의 확대보다 지속가능성을 강조하는 계획과 구체적인 실행 사업들을 기술하고 있는 것이다.

UN이 2011년 지원한 연구 조사[3]에 따르면, 생태관광은 관광으로 발생된 편익의 95%를 지역 경제에 남기는 반면, 패키지 여행은 전체 편익의 20%만을 지역에 남긴다. 2012년 트립어드바이저의 조사에 따르면 생태관광에 관심 있는 관광객에게 세계에서 가장 유명한 관광지는 코스타리카이다. 코스타리카가 생태관광을 도입한 1986년부터 2007년 사이 관광객 수는 7배, 관광수익 측면에서는 14배 증가되었다. 코스타리카는 관광객 1인당 2배의 수익을 올리면서 생태관광을 주도하는 관광지로 성장하게 된 것이다.[4] 참고로 대중 관광의 대명사 격인 프랑스를 방문한 관광객은 일인당 평균 666달러를 쓴 반면, 코스타리카를 방문한 관광객은 944달러를 지출했다.[5] 편리한 관광 시설이 관광 편

---

3   Dan Shapley, 2011.

4   Center for Responsible Travel, 2013.

5   Jennifer Blanke and Thea Chiasa, 2011.

익으로 이어지는 것은 아니다.

지속가능한 소비와 생산 없이
지속가능한 관광은 보장되지 않는다

국제연합의 지속가능 소비와 생산에 대한 10개년 계획
(10YFP)은 1992년 리우데자네이로에서 채택된 「의제 21」에서부
터 출발한다. "지구 환경의 지속적인 훼손의 가장 큰 원인은 지
속가능하지 않은 소비와 생산 패턴이다." 2002년 「요하네스버그
실행계획」은 "생태계의 수용력 내에서 사회적 경제적 개발을 촉
진하는 지속가능한 소비와 생산으로의 전환을 가속화시키기 위
한 지역적·국가적 이니셔티브를 지지하기 위해 10개년 계획 체
계의 개발을 장려하고 촉진"하도록 요구했고, 이에 대한 응답으
로 국제연합의 10YFP가 논의되었다.

10YFP는 2012년 6월 Rio+20에서 구체적이고 실행적인 결
과를 갖게 되었는데, UNEP가 10YFP의 사무국을 맡고 개발도상
국에서의 지속가능 소비와 생산 실행을 지원하기 위한 신탁 기
금Trust Fund 설립과 운영을 담당한다. 10YFP는 크게 6개 프로그
램으로 구성되는데, 이중 하나가 "생태관광을 포함한 지속가능
한 관광Sustainable tourism including ecotourism"이다. 2014년 11월 정
식 개시되었는데, UNWTO가 리드Lead로서 주도하고 모로코, 프
랑스, 우리나라 등 3개국 정부가 코리드Co-leads를 맡고 있다. 한
편 우리나라 환경부는 10YFP 이사회에 포함되어 있으며 재정
후원 기관이기도 하다. 즉 우리나라는 지속가능한 소비와 생산

그림 챌린지: 한국환경보고서 2017

에 있어 국제 리더로 역할을 담당하고 있는 것이다. 국제연합 10YFP 지속가능 관광 프로그램의 첫 번째 미션은 바로 생물 다양성 훼손을 줄이고, 생태계를 보전하는 것이다. 지속가능한 소비와 생산의 첫걸음이 바로 보전임을 분명히 하는 것이다.

여행자들도
지속가능성을 원한다

이제 여행자들은 경험 지향적이며 자연 속에서 시간을 보내고 진귀성을 경험하거나 방문하는 곳에 기여하는(예컨대 자원봉사 같은) 의미 있는 여행을 추구한다.[6] 2012년 트립어드바이저가 자사 회원들을 대상으로 조사한 결과에 따르면,[7] 응답자의 71%가 향후 1년 내 환경 친화적인 상품을 선택할 의사가 있다는 것으로 밝혀졌다. 닐센 와이어Nielsen Wire(2012)의 조사 결과에서는, 응답 소비자의 66%가 사회에 재투자하는 기업의 여행 상품과 서비스를 구매할 것이며, 46%는 사회적으로 책임 있는 기업의 상품과 서비스 구매를 위해 추가의 비용을 지불할 의사가 있다고 밝혔다. 지속가능성의 책임을 여행사나 호텔 같은 관광 업계에도 묻겠다는 것이다. 관광지 역시 친환경적이며 사회문화적으로 건전한 곳에 대한 선호가 두드러지고 있는데, 지속가능성과 책임 있는 개발에 대한 인증을 획득한 관광지에 대한 선호가

---

6   Center for Responsible Travel, 2013.
7   TripAdvisor, 2012.

매우 커지고 있다는 것으로 이를 알 수 있다.[8]

일본 구마노 고도, 행복한 주민이 행복한 관광객을 만든다[9]

구마노 고도는 유네스코 세계유산으로 지정된 산길로 일본의 와카야마 현, 나라 현, 미에 현 3개의 현에 걸쳐 총 300km에 이르는 길로 천년의 역사를 간직한 길이다. 스페인에서 프랑스를 잇는 산티아고 순례길에 이어 2004년 세계에서 두 번째로 유네스코 세계유산으로 등록되었다.

구마노 고도는 고대부터 신이 머물던 성스러운 지역으로 여겨지는데, 794~1192년에 이르는 헤이안 시대에 불교의 영향을 받아 구마노 지역을 부처가 살던 청정 세계인 '정토淨土'로 정하자는 의견이 많아졌고, 이에 따라 10세기경부터 천황과 황족, 귀족들이 빈번히 구마노를 순례하기 시작하였다. 이후 일반 백성들도 개미 떼처럼 몰려서 순례를 했다고 해서 '개미의 구마노 순례'라고 불릴 정도로 성행하였다고 한다. 그러나 현대에 그 명성에 비하여 관광으로 인한 경제적 창출 효과는 상대적으로 적었을 뿐 아니라 특히 세계유산이라는 타이틀을 얻었음에도 해외 관광객을 끌어들이지 못하는 한계가 있었다. 이에 구마노 고도가 지나가는 와카야마 현의 다나베시는 구마노 고도를 포함해 다나베시의 관광 수준을 업그레이드하기 위한 노력을 2000년 중반부터 본격적으로 실시하였다.

다나베시는 2006년 다나베시 구마노 관광국을 설립하고,

---

8   Center for Responsible Travel, 2013.

9   국립산림과학연구원, 「산촌생태관광 활용 가능 자원 및 시설·프로그램 조사」, 2016년 7월 중간 보고서에서 내용 발췌하였다.

그린 챌린지: 한국환경보고서 2017

여행자들은 자연 속에서 시간을 보내고 진귀성을 경험하거나 방문하는 곳에 기여하는 의미 있는 여행을 추구한다.

1999년 이래 일본에서 여러 해 거주한 경험이 있으나 캐나다로 돌아간 캐나다 출신 브래드 토울Brad Towle을 설립 멤버로 고용하였다. 설립된 관광국은 비전 설정, 예약, 기반 시설 개선, 브랜드 개발, 마케팅, 판매 등 모든 과정에 주민들을 적극적으로 참여시킴으로써 주민 주도형 개발 모델grassroots systems을 처음부터 지향하였다. 지역 주민이 운영하는 소규모 관광 사업체들은 대외적으로 홍보할 능력은 물론 언어 문제로 해외 관광객을 불러들일 수 없던 문제를 해결하기 위하여, 주민들과의 지속적인 논의 끝에 일본어, 중국어, 한국어, 영어, 프랑스어, 스페인어 서비스가 제공되는 웹사이트를 개발하였으며, 일본어와 영어 사용이 가능한 예약 시스템을 개발하였다. 수년의 준비 작업(주민 협의, 숙박 시설 등 상품 점검 및 정비 등등)을 거쳐 2010년 예약 시스템을 정식 오픈하여 지역에서 활동하는 개인 사업체의 서비스를 관광객이 선택하여 직접 예약할 수 있도록 하였다. 이는 일본 최초로 일본어와 영어 2개의 언어로 모든 상품과 서비스를 예약할 수 있는 시스템이었다. 즉 지역의 모든 서비스를 한 사이트에서 모두 제공함으로써 큰 도시에서 영업하는 대형 여행사가 아닌 지역에서 일하는 사람들이 직접적으로 혜택을 취하는 것이 가능하도록 한 것이다. 다나베시에서 관광과 관련된 일을 하는 사람 또는 단체는 누구든 회원이 될 수 있으며, 이 회원을 중심으로 다나베시 관광국은 여행사로 등록하였다. 이는 일본에서 지역 사회가 그들의 여행사를 시작하고 국내외 여행객을 위한 예약 시스템(http://www.tb-kumano.jp/en/kumano-travel/)을 제공하는 최초의 사례가 되었다.

다나베시는 구마노 관광국 이외에도 지속가능한 구마노 관광을 위해 다양한 활동들을 전개하고 있다. 방문객을 대상으로 한 유산 존중의 중요성 교육, 국내외 방문객을 위한 방문객 센터 건설 및 안내 표지판 설치, 화장실 정비, 지역 주민이 운영하는 찻집 개소, 모든 메뉴를 영어로 번역, 레벨업Level-up 워크숍 및 토론회 개최로 주민의 문화적 의사소통 기술 증진 등등이 예들이다.

다나베시는 단순히 관광객 수 증대에 초점을 맞추지 않고, 책임 있는 관광객이 지역을 찾도록 하는 데 초점을 맞추었다. 즉 고객에게 만족스러운 방문 경험을 제공하면 숫자는 저절로 늘어

다나베시 관광 수익 변화 추이

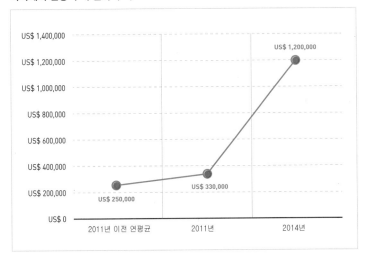

날 수 있음을 이해하고 출발하였는데, 이들이 구마노 고도 관광 개발의 기본으로 삼은 것이 바로 "행복한 지역 주민이 행복한 관광객을 만든다Happy locals make happy tourists"는 것이었다.

다나베시는 2012년 세계 여행 및 관광 위원회World Travel & Tourism Council의 '내일을 위한 여행 대상Tourism for Tomorrow Award'의 최종 결승에 오른 후보였으며, 2015년에는 세계 책임 있는 관광상World Responsible Tourism Award의 후보에도 올랐다.(http://www.responsibletravel.com/awards/media/press-release-2015-longlist.htm)

다나베시의 구마노 고도 관광 활성화가 우리의 산림관광에 시사하는 바는 다음과 같다. 첫째, 환경 보전을 기본으로 하되, 지역의 참여 그리고 그를 통한 경제적 편익 창출을 동일하게 고려하는 비전과 전략이 수립되어야 한다. 둘째, 비전과 전략 수립 과정에서 주민의 참여는 지속가능한 관광 개발을 보장하는 시작점임을 인식해야 한다. 정부의 역할은 민간 사업자의 상품 품질을 점검하고 향상을 지원하며, 지속가능한 관광 체계(접근성 제고, 편의시설 설치 등)를 제공하는 것이다. 내국인 관광객 및 외국인 관광객 유치 전략은 다름을 이해하고 외국인 관광객 시장을 표적으로 한다면 이에 맞는 수용 태세를 갖추어야 한다. 상기의 활동을 전개할 수 있는 조직과 인력이 갖추어져야 하며, 예산과 정책적 지원이 뒤따라야 한다.

민관 협력의 장, 오스트레일리아 데인트리디스커버리센터

데인트리디스커버리센터Daintree Discovery Center[10]는 오스트레일리아 퀸즈랜드 주 케언즈 북쪽의 모스만Mossman에 있다. 데인트리는 오스트레일리아에서 단일 지역으로는 가장 큰 열대우림 지역tropical rainforest인데 세계유산 목록에 등재된 곳으로 그 넓이는 약 1,200km²이며 시드니 면적에 해당한다.

데인트리디스커버리센터는 1980년대 중반에 이곳을 방문했던 팸Pam과 론 버킷Ron Birkett의 아이디어로 만들어진 곳으로, 이들은 이곳을 방문한 후에 민감한 환경을 보호하는 동시에 열대우림의 방문을 통제할 수 있는 환경 센터를 비롯한 해설 프로그램 제공의 필요성을 정부에 제안하였다. 버킷은 센터의 설계와 개발 그리고 관리에 10년 이상의 삶을 기꺼이 투자하고, 오스트레일리아 국립공원/야생동물국National parks and

그린 챌린지: 한국환경보고서 2017

---

10   강미희, 「생태관광인증제도」, 한국학술정보(주), 2007에서 발췌하였다.

wildlife Service과 지방의회, 오스트레일리아 최대 연구 기관인 연방과학산업연구기구Commonwealth Scientific and Industrial Research Organisation(CSIRO), 국내외 박물관은 물론 다양한 교육 기관과 열대우림연구센터들과의 폭넓은 상의 끝에 1989년 센터를 개장하였다.

이곳의 공식 명칭은 데인트리우림환경센터Daintree Rainforest Environmental Centre Pty Ltd이며, 위치는 세계유산 지역을 약간 벗어난 곳인데, 다양한 기관과 상의하고 환경 훼손을 최소화하면서 쉽게 찾을 수 있는 곳으로 정하였다. 센터는 오스트레일리아 생태관광협회로부터 우수생태관광매력물Advanced Ecotourism로 선정되었을 뿐만 아니라 다양한 분야에서 우수 경영 및 시설로 인증을 획득하였다.

주요 시설로는 캐노피타워canopy tower와 다양한 높이의 관찰로 그리고 전시 시설 등이 있다. 자연해설프로그램은 크게 두 가지 방식으로 이루어지는데, 오디오 안내 시스템audio guide을 갖고 해당 지점마다 스스로 학습과 관찰할 수 있는 자가 해설식 프로그램self-guided tour과 전문 해설가로부터 설명을 듣는 프로그램이다.

데인트리디스커버리센터는 우리가 숲을 통해 즐거움과 배움을 동시에 얻을 수 있음을 보여 주는 민간 이니셔티브에 공공기관이 협력한 훌륭한 사례이다. 국립공원이자 세계유산의 가치와 중요성을 관광객과 나눔에 있어 시설 설치와 프로그램 운영 모두 지속가능성을 고려하였다.

즐거움이나 편리함을 제공하기 앞서 어떻게 열대우림의 자연을 전달할 것인가를 고민하여 나온 것이 다양한 높이의 탐방로와 캐노피타워이다. 보전을 염두에 둔 센터의 개발은 10년의 준비 기간을 통해 이루어졌다. 장기간 안목으로 철저한 준비 없이는 지속가능한 관광 개발을 논하기 어렵다는 사실을 데인트리 디스커버리센터가 말해 준다.

중국 주자이거우의 지속가능한 산림관광

주자이거우는 1978년에 중국 국가보호지역(자연보전지Nature Reserve)으로 지정된 후 1992년에는 유네스코 세계자연유산으로, 1997년에는 유네스코 생물권보전지역으로 지정되었다.

주자이거우 생물권보전지역에는 6개의 자연 마을이 있는데 1980년 이전에는 농업과 수렵에 종사하였으나 이러한 활동으로 인해 야생동물의 종수가 급격히 감소하였다. 또한 농업은 급경사지에서 이루어져 토양과 물이 급격히 감소했다. 이에 1981년 관광 개발을 시작하였으나 본격적인 개발은 1986년부터였으며, 1997년 생물권보전지역 지정을 기점으로 관광 산업이 크게 성장한 것으로 보고된다. 인구당 연간 소득은 1978년 기준 195위안(한화 약 4만 원)에 불과하였으나 관광업에 종사하면서 소득이 급격히 증가하였다. 1978년과 1999년 연소득 증대를 비교했을 때 477% 증대된 것으로 보고된다.[11]

주자이거우의 환경을 보전하고 주민의 삶의 질을 증진하기 위해 관리 당국은 다양한 노력을 전개하였다. 1997년 즈음에는

그린 챌린저: 한국환경보고서 2017

---

11 Wenjun Lee, 2006.

거의 모든 주민들이 농업 활동을 하지 않아 방치된 농경지에 조림을 하여 자연경관을 갖도록 복원하는 활동을 전개하였다. 주자이거우 관리 당국은 주변 관광 숙박 시설의 침대 수를 최대 45개로 한정시켰는데, 이는 실제 관광 수요에 기반하여 수용력을 산출하여 수립한 전략으로, 경제적 지속가능성을 확보하고자 시행한 것이다. 또한 관리 능력이 부족한 일반 가정을 대신해 관리 당국이 예약 및 결제를 진행하도록 시스템을 바꾸어 주민들이 어렵지 않게 국내외 관광객을 확보할 수 있도록 지원하기도 하였다. 빈곤 정도가 더 심하고 관광 사업 운영이 힘든 이들은 관리 당국에서 우선 고용 정책을 적용하였고, 주자이거우 내 주요 관광지에서 상대적으로 먼 거리에 사는 사람에게 우선권을 부여하여 지역 간 경제적 불균형을 해소하고자 노력하였다.

예전에는 버스에 의한 소음과 대기오염이 심각하였는데 이를 관리 당국이 천연가스 버스로 모두 대체하여 이미 1990년대 후반에 대상지 내 모든 셔틀버스가 천연가스 버스로 바뀌었다. 또한 지역 출신 우선 고용 정책을 실시해 전체 관리자의 3분의 1이 지역 출신이다. 입장료는 산림 보호를 목적으로 부과하는데, 매월 각 가정에 일정액(2000년 기준, 월 450위안)을 지불하여 관광소득이 지역으로 고루 환원되는 체계를 갖추고 있다.

주자이거우 관리 당국이 지금껏 해온 노력은 지속가능한 관광을 위한 긴 여정이었지만 값진 결과들을 얻어 왔다. 자연환경 복원과 전통 건물 및 건축 양식의 보전, 주민들의 경제적 편익 창출 극대화 노력, 국내외 관광객을 위한 차별화된 해설 서비스 등 우리나라 산림관광지가 벤치마킹해야 할 모범 사례이다.

우리와 후세대를 위한
선택

많은 사례들이 지속가능성은 피해 갈 수 없는 선택이라는 것을 보여 준다. 그들이 지속가능성을 위해 버린 것은 편리함과 속도, 그리고 관광객 수에 대한 집착이다. 그들이 얻은 것은 생태계 보전만이 아니다. 그곳에 사는 지역 주민의 삶의 질 향상은 물론 방문 경험의 품질 향상으로 인한 소비자 만족까지 얻었다.

어떻게 지속가능한 산림관광지를 만들 것인가? 이미 답은 국제 기준에 있다. 앞서 간략히 소개한 GSTC의 국제 지속가능 관광지 기준이 요구하는 사항들은 크게 네 가지 영역으로 구분되고, 총 41개의 기준이 있다. 첫째, 지속가능한 관리 체계에 대한 기준들이다. 여기에는 장기간의 관리 전략과 효과적인 관리 조직, 그리고 민간 부문이 함께 참여하는 의사 결정 과정 등등이 포함된다. 둘째, 경제적 편익 극대화와 비용 최소화 영역이다. 여기에는 관광의 경제적 영향에 대한 평가, 지역 주민과 지역 기업에 대한 경제적 기회 제공과 관련된 훈련 제공, 지역 생산품과 공정 무역 상품 구매 등등이 포함된다. 세 번째는 사회문화적 편익 극대화와 비용 최소화이다. 문화 및 자연 자원의 보전이 담보될 수 있는 법과 체계를 갖추고 문화적 · 환경적 지속성이 보장

성공적인 산림관광을 위해선 야생동물을 비롯한 자연 자원이 훼손됨 없이 보전 되도록 법률과 체계를 갖추고 물과 에너지 보전은 물론 대기, 소음, 불빛 공해를 관리해야 한다.

되도록 시설의 건축에서 폐기까지 세심한 주의를 기울이고, 지역 사회의 문화와 자원에 대한 접근성 모두를 저해하지 않도록 관광을 관리해야 한다는 것이다. 마지막 네 번째는 환경적 편익 극대화와 비용 최소화이다. 여기에는 야생동물을 비롯한 자연 자원이 훼손됨 없이 보전되도록 법률과 체계를 갖추고 물과 에너지 보전은 물론 대기, 소음, 불빛 공해에 대해 관리하도록 요구하는 기준들이 포함되어 있다. 4개 영역에서 모두 강조하는 공통된 요소 중 하나는 모든 정보가 대중에게 공개되어야 한다는 점이다. 환경 변화 모니터링 결과에서부터 안전 및 위기 관리 계획, 에너지 사용량 등에 이르기까지 관리의 모든 결과들을 공개해야한다.

우리의 산림관광은 어떠한가? 지속가능한 산림관광지를 위한 기준을 준수하고 그에 따른 관리가 이루어지고 있는가? 국제 지속가능 관광지 기준은 특히나 민감한 보호 지역에서는 반드시 준수해야 하는 사항이다. 인도네시아, 에콰도르는 국가 차원에서 GSTC의 국제 기준을 국가 기준으로 채택하였다.

2016년 수원시는 세계유산인 화성을 지속가능한 관광지로 관리하기 위하여 지속가능도시관광표준을 개발하였고 국제 기준에 부합함을 인증받았을 뿐 아니라, 이에 맞추어 관리 체계와 활동을 개선해 나가기로 하였다. 또 수원시는 화성 세계유산지역을 지속가능한 관광지로 관리하고 있는지에 대해서도 GSTC로부터 진단을 받고 그 결과를 대중에게 공개하였다. 지속가능성에 대한 의지가 있는 한 지금의 부족한 부분은 숨겨야 하는 치부가 아니고 함께 개선해 나가야 하는 협력의 부문이라는 것을 이해한 행동이다. 한편 문화체육관광부는 작년 말에 우리나라 생태관광 표준에 대한 국제 인증을 확보하고 생태관광 상품과 시설 그리고 관광지를 인증하고 있다. 우리나라 내에서도 지속가능성을 위한 노력들이 이루어지고 있으나 여전히 빠르게 움직이는 세계적인 흐름과 비교하노라면 더딘 걸음이다.

우리 국토의 64%는 산림이다. 성공적으로, 짧은 시간 속에서 국토를 푸르게 만들었다. 이제는 지키고 가꾼 국토를 어떻게 지속가능하게 이용하고 있는지 현재의 노력과 성과도 자랑스럽게 내놓을 수 있어야 한다. 지속가능한 관광의 해인 2017년, 전체적인 산림관광 체계를 관계 부처 모두가 점검하고, 환경적·

그림 챌린지: 한국환경보고서 2017

사회적·문화적·경제적 지속가능성 확보를 위한 단계별 전략을 구축하는 일이 절실하다. 민관이 협력해야 함은 물론이다.

지금부터 할 수 있는
가장 쉬운 행동

현명한 소비자가 현명하고 책임 있는 관광객이 될 수 있다. 생활환경에서부터 환경을 고려하지 않는다면 먼 거리의 산림이 보호나 존중의 대상이 되기 쉽지 않다.

첫째, 우리가 찾는 산이 우리 것이 아니라 조상으로부터 물려받았고 후손에게 물려주어야 하는 자산임을 명심하자. 우리 것이 아니라 빌린 것이다. 할 수 있는 한 원형으로 물려주자.

둘째, 그 산을 우리만 아니라 동식물들도 빌려 사용하고 있음을 기억하자. 그들도 그들의 방식으로 빌린 선물을 누릴 수 있도록 공간과 시간을 주자.

셋째, 책임 있는 여행자 행동 강령을 따르자. 인터넷에서 쉽게 정보들을 찾을 수 있다.

"우리는 SDGs가 대체했다고 하는
MDGs가 무엇인지
제대로 알지도 못한 채
15년을 그냥 흘려보냈다.
SDGs의 목표 연도인 2030년까지
앞으로 13년 남짓 남았다.
우물쭈물하다가는
MDGs를 그냥 흘려보냈듯이
SDGs도 그렇게 흘러갈지 모른다."

4 지구의 미래와 지속가능 발전목표

이창우 서울연구원 초빙선임연구위원

그린 챌린지: 한국환경보고서 2017

지속가능발전목표 SDGs

2015년 9월에 열린 제70차 국제연합 총회에서 193개국 정상은 「우리 세계의 변혁: 2030 지속가능발전의제」(이하 「2030 의제」라 한다)를 채택하고 「2030 의제」의 핵심 목표로 지속가능발전목표Sustainable Development Goals(SDGs)를 정하였다. 이렇게 SDGs가 채택되고 벌써 2년째가 되었다. 하지만 아직도 SDGs가 무엇인지 제대로 아는 사람이 많지 않다.

SDGs가 2015년에 종료된 새천년개발목표(Millennium Development Goals, MDGs)를 대체하여 2016년부터 2030년까지 국제 사회의 빈곤 퇴치와 지속가능발전을 위한 새로운 지침 역할을 한다고 설명하면 사람들은 우선 MDGs를 잘 몰라 고개를 갸우뚱거린다. 「2030 의제」를 달성하기 위한 목표가 SDGs이며 그 목표가 17개이고 세부 목표는 169개이며, 글로벌 모니터링 지표가 230개라고 하면 더욱더 헷갈리기 시작한다. 게다가 2016년 10월 17일 에콰도르 키토에서 열린 해비타트 3에서 채택된 새로운 도시의제New Urban Agenda가 지방 차원에서 SDGs를 실천하는 이행 계획이 될 것이므로 이것도 알아두어야 한다고 제안하면 아예 포기하는 심정이 된다. 이 와중에 2015년 12월 파리에서 열렸던 제21차 기후변화 당사국총회에서 채택된 파리 기후협정까지 연계해야 SDGs를 제대로 이해할 수 있다고 주장한다면 욕을 얻어먹을지도 모르겠다. 하지만 SDGs, 새로운 도시의제, 파리 기후협정이 서로 불가분의 관계를 가지는 중요한 국제적 약속임을 부정할 수는 없다.

SDGs는 목표가 MDGs의 8개에서 17개로 대폭 증가했고, 세부 목표가 169개이며 지표가 230개에 이른다. 최근 국제 환경 정치의 틀이 과도하게 복잡한 방향으로 흘러가고 있는 것은 아닌가 하는 걱정이 든다. 여하튼 이러한 복잡성에 직면해 보통 사람들은 공포심을 느끼거나 존경심을 보이는 태도를 취한다. 하지만 우리는 SDGs를 보고 두려움을 느끼거나 경외심을 가질 필요가 없다. SDGs는 포용이라는 대원칙 아래에 보편, 통합, 변혁이라는 세 가지 특성과 빈곤 퇴치, 불평등 저감, 기후변화 대응이라는 세 가지 핵심 목표로 이루어져 있다는 점만 이해하면 된다.

이 글은 우선 SDGs의 의의를 이해하기 위해 「2030 의제」의 의미, SDGs 17개 목표의 특성과 목표 간 상관 관계, SDGs 230개 지표를 살펴본다. 그다음 SDGs 논의의 국내외 동향을 살펴본 후

SDGs를 둘러싼 쟁점을 정리한다. 마지막으로 SDGs 실천을 위한 제언을 한다.

SDGs의 의의

「2030 의제」

국제연합은 2000년에 MDGs를 채택하고 전 세계가 공동으로 추진해야 할 글로벌 비전을 선포하였다. MDGs가 출범하면서 개발도상국에 대한 지원의 패러다임이 원조 중심에서 개발협력으로 전환되었다.

MDGs와 SDGs는 목표 수와 체제에서 상당한 차이를 보인다.(표 1 참조) 한마디로 SDGs는 MDGs에 비해 구조와 절차가 복잡하고 다양해졌다. 한편 「2030 의제」는 서문, 선언, SDGs와 세부 목표, 이행 수단과 글로벌 파트너십, 후속 조치와 검토 등 크게 5개 부분 총 91개 항으로 이루어져 있다(표 2 참조). 여기서 SDGs가 「2030 의제」와 동의어가 아니라 「2030 의제」의 한 부분이라는 점을 분명히 알아두어야 한다.

「2030 의제」에는 2016년부터 2030년까지 지속가능한 발전과 빈곤 종식을 위하여 전 세계가 함께 추구할 목표가 제시되어 있다. 「2030 의제」는 세계가 지속가능하게 발전할 수 있기 위해서는 획기적인 조치가 필요하며 이 과정에서 그 어느 누구도 내버려두어서는 안 된다는 점을 강조한다. 17개 목표와 169개 세

[표 1] MDGs와 SDGs의 비교

구분	MDGs(2001~2015)	SDGs(2016~2030)
구성	8개 목표, 21개 세부 목표	17개 목표, 169개 세부 목표
대상	개발도상국	모든 국가
분야	빈곤, 교육 등 사회 분야 중심	빈곤, 불평등, 기후변화 등 경제, 사회, 환경 통합
재원	공여국의 ODA	민간 협력 파트너십, 기업 참여 확대
참여	중앙 정부 중심	정부, 시민사회, 기업의 파트너십
평가	자발적 보고 시스템	이행 과정과 성과 보고 의무화

[표 2] 2030 지속가능발전 의제의 구조

구분		내용
서문		인간, 지구, 번영, 평화, 협력의 5P 의제
선언	머리말	1-6
	비전	7-9
	공유 원칙과 약속	10-13
	오늘날의 세계	14-17
	새로운 의제	18-38
	이행 수단	39-46
	후속 조치와 검토	47-48
	세계의 변화를 위한 행동 요구	49-53
SDGs와 세부 목표		54-59
	SDGs	17개 목표, 169개 세부 목표
이행 수단과 글로벌 파트너십		60-71
후속 조치와 검토		72-77
	국가 차원	78-79
	지역 차원	80-81
	세계 차원	82-91

부 목표가 2030년까지 인류와 지구를 위한 주요 영역에서의 활동을 촉진하게 될 것이다.

「2030 의제」의 서문에는 인간People, 지구Planet, 번영 Prosperity, 평화Peace, 협력Partnership을 위한 다섯 가지 의제(5P 의제)가 제시되어 있다. 5P 의제가 녹아 있는 것이 SDGs 17개 목표이다. 「2030 의제」와 SDGs를 관통하는 원칙은 '포용inclusivity'이다. 「2030 의제」의 서문에 있는, "이러한 공동의 여정을 시작하면서 우리는 그 어느 누구도 내버려두고 가지 않을 것no one will be left behind임을 서약한다"라는 문장에서 보듯이 「2030 의제」는 포용의 원칙을 중시한다.

SDGs 17개 목표

SDGs의 특성

2015년 9월 국제연합 총회에서 앞으로 15년간 전 세계 모든 국가가 모든 사람을 위해 다음과 같은 17개 목표를 달성하기로 약속했다.

- 목표 1: 모든 형태의 빈곤 종식
- 목표 2: 기아의 종식, 식량 안보 및 영양 개선과 지속가능한 농업 강화
- 목표 3: 건강한 삶의 보장과 모든 세대의 복지 증진
- 목표 4: 모두를 위한 포용적이고 공평한 양질의 교육 보장 및 평생 학습 기회 증진

- 목표 5: 양성 평등 달성과 모든 여성과 여아의 역량 강화
- 목표 6: 모두를 위한 식수와 위생 시설에 대한 접근성과 지속가 능한 관리 증진
- 목표 7: 모두를 위한 저렴한 가격의 신뢰성 있고 지속가능한 현 대적 에너지에 대한 접근성 강화
- 목표 8: 모두를 위한 지속적이고 포용적이며 지속가능한 경제 성장, 완전하고 생산적인 고용과 양질의 일자리 보장
- 목표 9: 회복력 있는 인프라 건설, 포용적이고 지속가능한 산업 화 증진, 혁신 촉진
- 목표 10: 국가 내, 국가 간 불평등 감소
- 목표 11: 포용적이고 안전하며 회복력 있고 지속가능한 도시와 거주지 조성
- 목표 12: 지속가능한 소비와 생산 양식 보장
- 목표 13: 기후변화와 그 영향 방지를 위한 긴급한 조치
- 목표 14: 지속가능한 발전을 위한 대양, 바다, 해양 자원의 보전 과 지속가능한 이용
- 목표 15: 육상 생태계의 보호, 복원 및 지속가능한 이용 증진, 지 속가능한 산림 관리, 사막화 방지, 토양 황폐화 중지 및 원상 복 구, 생물 다양성 감소 중지
- 목표 16: 지속가능한 발전을 위한 평화롭고 포용적인 사회 촉 진, 모두를 위한 사법 접근성 제공, 모든 차원에서 효과적이며 책임감 있고 포용적인 제도 구축
- 목표 17: 이행 수단 강화와 지속가능한 발전을 위한 글로벌 파

MDGs에 비해 SDGs에서는 환경 분야가 강조되고 있다(홍은경, 2016: 15-43). 2015년에 종료된 MDGs의 8개 목표 중 '목표 7 환경 지속가능성 확보'만이 환경 영역이었다면 SDGs의 17개 목표 중 7개 목표가 환경 분야이다. 즉 '목표 6 물과 위생', '목표 7 에너지', '목표 11 지속가능한 도시', '목표 12 지속가능한 소비와 생산', '목표 13 기후변화', '목표 14 해양 생태계', '목표 15 육상 생태계'가 환경 분야로 분류될 수 있다.

SDGs의 특성은 다음과 같이 세 가지로 요약된다.

첫째, SDGs는 보편적이다. SDGs는 선진국과 개도국을 가리지 않고 모든 나라에 적용된다. SDGs는 대도시와 중소도시를 구별하지 않고 도시와 농촌에 차별을 두지 않는다. 지역, 성별, 연령, 인종, 종교에 관계 없이 모든 사람에게 적용된다. SDGs가 지구상 거의 모든 이슈를 다루고 있다는 점에서도 보편적이다.

둘째, SDGs는 통합적이다. SDGs는 17개 목표 하나하나가 상호 연계되어 있다. 하나의 목표 아래에 있는 여러 세부 목표도 연계되어 있고 17개 목표도 관련되어 있다. 목표와 세부 지표, 지표들이 상호 연계되어 있다는 점에서 SDGs는 통합적이다.

'해비타트 3'에서 채택된 새로운 도시의제의 서두에 나오는 '모두를 위한 지속가능한 도시와 인간 정주에 대한 키토 선언' 제9항에 새로운 도시의제와 SDGs의 연관성이 명시되어 있다. 이 조항에 따르면, "새로운 도시의제의 이행은 통합적인 방식으

그린 챕린지: 한국환경보고서 2017

로 「2030 의제」의 이행에 기여하며, 도시와 거주지를 포용적이고 안전하며 회복력 있고 지속가능하게 만든다는 SDG 11번 목표를 비롯한 SDGs와 세부 목표의 달성에 기여한다"라고 되어 있다.

셋째, SDGs는 변혁적이다. SDGs가 포함되어 있는 전체 문서의 제목은 「우리 세계의 변혁: 2030 지속가능발전의제」이다. 여기서 말하는 변혁은 단순한 변화가 아니라 진보적이고 획기적인 변화를 뜻한다. "2030년까지 이 세상에서 빈곤을 종식하겠다", "2030년까지 이 세상에서 기아를 끝내겠다"는 것은 야심 찬 목표이다. 현실에 안주하고 타협하기보다 야심적인 비전과 목표, 목표치를 보여 주고 있다는 점에서 SDGs는 변혁적이다.

SDGs의 목표 간 상관 관계

목표를 현실화하고 사회, 경제, 환경 분야에서 실질적 성과를 거두는 것이 SDGs가 직면한 도전이다. 지속가능발전의 사회, 경제, 환경 측면은 3개의 기둥처럼 서로 떨어져 있는 것이 아니라 3겹의 동심원처럼 상호 연관되어 있으며 서로 영향을 미친다. SDGs는 수직적, 수평적, 제한적 상호 연관성을 보인다.

첫째, 각 목표의 세부 목표는 사회, 경제, 환경 측면을 포괄하여 다차원적이다. 이를 수직적 상호 연관성이라 부른다. 17개 목표 각각이 세 가지 측면 중 하나에 출발점을 두고 있지만, 대부분의 목표는 사실상 사회, 경제, 환경의 측면 모두를 내포하고 있다. 예를 들면 '목표 2 기아 종식'의 경우, 세부 목표를 보면 사회적 측면(2.2 영양실조), 경제적 측면(2.3 농업 생산성), 환경적 측면(2.5 종자의 유전적 다양성)을 포함한다.

둘째, 한 가지 목표는 다른 16개 목표와 밀접한 관계를 지닌다. 이를 수평적 상호 연관성이라 부른다. 다시 '목표 2 기아 종식'을 예로 들어본다. 목표 2는 '목표 1 빈곤 종식'의 세부 목표 1.4(토지 자원에 대한 공평한 권리), 목표 3(건강), '목표 12 지속가능한 소비 생산 양식'의 세부 목표 12.3(음식물쓰레기 저감)과 세부 목표 12.6(지속가능한 실천), '목표 14 해양 생태계 보전'의 세부 목표 14.6(물고기 남획 금지) 등과 관련이 있다.

셋째, 특정 이론에 기초해 제한적 범위에서 또 다른 차원의 상호 연관성을 가지는 경우가 있다. 이를 제한적 상호 연관성이라 부른다. 예를 들면 최근 많이 논의되는 기후-에너지-물-식량 넥서스Nexus의 이론적 틀에서 볼 때, SDGs 목표 2(식량), 6(물), 7(에너지), 13(기후변화)은 불가분의 관계가 있다. 에너지, 물, 식량 부문에 기후변화의 영향이 크게 작용하며, 정책 시행 효과를 극대화하고 최적의 해결책에 도달하기 위해서는 기후, 에너지, 물, 식량 부문에 통합적인 접근이 필요하다.

한편 SDGs 17개 목표 간 상호 연관성에는 긍정적인 측면과 부정적인 측면, 중립적인 측면이 있다.

첫째, 긍정적 측면의 상호 연관성은 상호 지원형 목표에서 발견된다. 한 가지 목표를 달성하기 위해 다른 목표들을 다루어야 하는 경우이다. 목표 간에 시너지 효과가 있어 긍정적 상호 연관성을 보인다.

둘째, 부정적 측면의 상호 연관성은 상호 갈등형 목표에서 발견된다. 목표와 세부 목표들이 충돌하면서 부정적 상호 연관성을 보이는 경우이다. 목표가 17개이고 세부 목표가 169개이며 지표가 230개인 상황에서 어느 나라, 어느 도시도 이 모든 목표, 세부 목표, 지표를 동일한 중요도를 가지고 동시에 추진할 수 없다. 우선순위를 정해 전략적으로 추진해야 한다.

셋째, 중립적 측면의 상호 연관성은 상호 중립형 목표에서 발견된다. 목표, 세부 목표, 지표 간에 긍정적 또는 부정적 영향을 크게 주고받지 않는 경우이다.

SDGs 지표

SDG 지표에 관한 기관간 전문가 그룹Inter-agency and Expert Group on SDG Indicators(IAEG-SDGs)이 선정한 지표가 2016년 3월에 열린 제47차 국제연합 통계위원회Statistical Commission(UNSC) 회의에서 채택되었다. 총 241개 지표가 제시되었지만 중복 지표 등을 제외하고 230개 지표로 합의했다. 2016년 11월 스위스 제네바에서 열린 IAEG-SDGs 4차 회의에서는 지표 수정 과정을 체계화하고 3단계 계층 지표에 대한 작업 계획을 검토하였다. 지표에 대한 제1차 개선안이 2017년 3월 UNSC 회의에 제출되었다. 2020년 개정 시까지 개선을 위한 수정 작업이 계속될 전망이다.

SDGs 지표는 다음과 같이 3단계 계층으로 구분된다.(표 3 참조)

① 1계층 지표: 개념이 명확하고 산정 방법과 기준이 확립

되어 있으며 국가별로 통계 자료가 정기적으로 생산되는 지표.

② 2계층 지표: 개념이 명확하고 산정 방법과 기준이 확립되어 있지만 국가별로 통계 자료가 정기적으로 생산되지 않는 지표.

③ 3계층 지표: 산정법과 기준이 확립되어 있지 않거나 현재 개발 또는 시험 중에 있는 지표.

[표 3] SDGs 17개 목표별 3단계 계층 지표 분류 현황

구분	지표 수	비율 (%)
1 계층 지표	81	35
2 계층 지표	57	25
3 계층 지표	88	38
다중 계층 지표	4	2
합계	230	100

출처: Tier Classification for Global SDG Indicators, 21 September 2016
http://unstats.un.org/sdgs/meetings/iaeg-sdgs-meeting-04/

표 3을 보면 앞으로 SDGs 지표를 두고 많은 과제가 남아 있음을 알 수 있다. 방법론이 확립되어 있고 데이터도 생산 가능한 지표가 81개로 230개 지표 중 35%에 지나지 않으며, 계산법이 아직 확정되지 못한 지표가 38%에 달해 모니터링 지표로서 역할을 제대로 할 수 있을지 의문이다. 앞으로 SDGs 지표의 보고 주기, 데이터 갭에 대한 논의와 재검토가 필요하다. SDGs 지표의 데이터 세분화 작업도 필요하다.

SDGs 논의의 국내외 동향

2015년 9월 이후 국내외에서 SDGs에 대한 논의가 활발히 전개되고 있다. 우선 국제적으로 보면 2016년 7월 20일 뉴욕에 있는 국제연합 본부에서 개최된 고위급 정치 포럼에서 우리나라 외교부의 다자외교조정관이 자발적 국별 평가의 일환으로 우리 나라의 SDGs 이행 현황과 추진 계획을 발표하였다(Choi Jong-moon, The Government of the Republic of Korea, 2016). 2016년 11월 3~4일에는 서울에서 국제연합 통계처와 한국 통계청 공동 주관으로 SDGs 데이터 세분화를 주제로 하는 국제 세미나가 열렸다. 11월 15~18일에는 스위스 제네바에서 SDGs 지표 관련 기관 간 전문가 그룹 4차 회의가 열려 지표 계층 체계를 확정하는 등 SDGs 지표에 대한 작업 계획을 검토하였다. 2017년 3월 29~31일에는 태국 방콕에서, 7월에 열릴 국제연합 고위급 정치 포럼을 위한 아시아 준비 회의가 열리고 7월 10~19일에는 뉴욕에서 고위급 정치 포럼이 열려 SDGs 목표 1, 2, 3, 5, 9, 14, 17에 대한 성과 평가를 하게 된다.

국제지속가능발전연구소International Institute for Sustainable Development(IISD)에서는 SDGs Knowledge Hub라는 웹사이트를 만들어 SDGs와 관련한 최신 뉴스와 각종 자료를 제공하고 있다. 모바일 기기용 SDGs 앱도 만들어져, SDGs 17개 목표가 자세히 소개되고 전 세계 실천 사례가 공유되고 있다. UN의 SDGs 관련 홈페이지들에는 계속해서 다양한 자료들이 올라오고 있어 정보의 홍수 속에서 가치 있고 중요한 정보를 가려내는 일이 중요하게 되었다.

국내에서도 SDGs와 관련한 다양한 논의가 이루어지고 있다. 2015년 11월 서울에서 '한국 사회적 경제와 SDGs의 대화'라는 세미나가 있었다. 2016년 9월 1~2일 서울 시청에서 열린 2016 세계 도시 시장 포럼에서 SDGs와 해비타트 3 새로운 도시 의제와 기후변화 대응의 연계 논의가 있었다. 2016년 9월 3일 대구에서는 '국제연합 SDGs와 도시 농업'이란 주제의 세미나가 열렸다. 9월 7일 광주에서는 'SDGs의 지역 실천 방안' 주제의 포럼이 열렸다. 9월 9일에는 서울에서 'SDGs와 도시 – UN Habitat III 논의를 중심으로'라는 주제의 워크숍이 열렸다. 9월 23일에는 시민사회와 정부 간에 국제연합 SDGs 국내 이행을 위한 간담회가 열리기도 했다. 10월 31일에는 제5회 국제연합 토크 콘서트가 열려 국제연합 SDGs와 한국의 역할을 토론하였다. 11월 11일 '시민사회에서 바라본 국제연합 SDGs와 앞으로의 과제'라는 세미나가 열렸다. 12월 5~6일에는 서울 인권 컨퍼런스의 세션 2에서 '국제연합 SDGs와 인권'이라는 주제를 두고 토론을 벌였다. 2016년 12월 20일에는 제5차 서울 소재 국제기구 간담회가 열려 SDGs 이행을 위한 서울시와 국제 기구의 협력 방안이 논의되었다. 2017년 3월 22일 국회 의원회관에서 '국제연합 SDGs와 기후변화협정 그리고 국회의 역할'이라는 주제로 세미나가 계획되어 있었으나 탄핵 정국으로 연기되기도 했다. 이러한 동향을 살펴보면 이제 우리나라에서 SDGs 관련 논의가 개념 이해 단계에서 실천 단계로 접어들어 가고 있음을 알 수 있다.

SDGs의 쟁점

SDGs의 지역 실천의 정당성

SDGs는 「2030 의제」의 핵심으로, 기본적으로는 국제 사회 개발 협력의 새로운 패러다임이다. 「2030 의제」의 마지막 부분에 나오는 '후속 조치와 검토'에는 국가, 지역, 세계 차원에서 해야 할 일들은 제시되어 있지만 지방 차원의 의제는 제시되어 있지 않다. 하지만 「2030 의제」 34항과 SDGs 목표 11에서 SDGs 이행을 위한 도시 부문의 중요성을 확인할 수 있다. SDGs의 지역 실천 방안 마련과 관련하여 중요한 근거가 되는 「2030 의제」 34항의 내용은 다음과 같다.

"우리는 지속가능한 도시 발전과 관리가 우리 인간의 삶의 질에 대단히 중요하다는 것을 인정한다. 우리는 공동체의 결속과 개인의 안전을 증진하고 혁신과 고용을 촉진하기 위하여 우리의 도시와 인간 거주지를 재생하고 계획하는 데 지방정부 및 공동체와 함께할 것이다. 우리는 환경적으로 건전한 관리와 화학 물질의 안전한 사용, 폐기물의 감소와 재활용, 물과 에너지의 더욱 효율적인 이용 등을 통하여 도시 활동과, 인간의 건강과 환경에 해로운 화학 물질의 부정적 영향을 감소시킬 것이다. 그리고 우리는 세계

기후 체계에 미치는 도시의 영향을 최소화하기 위해 노력할 것이다. 또한 우리는 국가의 농촌과 도시 발전 전략과 정책에 인구 추세와 예측을 고려할 것이다. 우리는 키토에서 열릴 국제연합 주거 및지속가능도시발전회의를 기대한다."

「2030 의제」 34항을 보면 지방이 SDGs의 이행에 결정적으로 중요한 역할을 한다는 사실을 알게 된다. 해비타트 3에서 채택된 새로운 도시의제가 SDGs를 지방 차원에서 실천하는 데 큰 역할을 해줄 것을 기대하고 있다는 점도 알 수 있다.

SDGs 11번 목표는 "도시와 인간 거주지를 포용적이며 안전하고 회복력 있으며 지속가능하게 만든다"이다. 11번 목표는 3개의 이행 수단 세부 목표를 포함한 총 10개의 세부 목표를 담고 있다. SDGs 목표 11이 지역 차원의 SDGs 이행 계획 수립의 직접적인 근거가 되면서 정당성을 부여하고 있을 뿐 아니라 17개 목표 모두가 지방 행동과 관련되어 있으므로 지방 차원에서 SDGs를 추진할 필요가 있다.

「2030 의제」에서 다루는 많은 의제와 SDGs에서 다루는 다양한 목표와 세부 목표는 지방의 참여와 협조 없이는 달성하기 어려우며 경우에 따라서는 지방이 목표 달성에 결정적인 역할을 하기 때문에 SDGs 실천에서 지방의 역할이 매우 중요하다.

SDGs 추진 체계

2016년 국제연합 고위급 정치 포럼에서 발표된, 우리나라의

그린 챌린저: 한국환경보고서 2017

SDGs 이행 현황 자료에 따르면 SDGs 국내 추진 체계는 국무조정실이 전체 조정 업무를 맡고, 외교부는 국제적으로 우리나라를 대표하여 협상을 하며, 환경부가 SDGs 이행 계획을 수립하여 추진하고, 통계청이 SDGs 지표 관리를 맡는 구조이다.

「2030 의제」의 도시 차원의 이행 계획으로 이해되는 해비타트 3 새로운 도시의제는 국토교통부에서 담당하고 있다. 국토교통부는 우리나라 해비타트 3 이행 계획의 일환으로 스마트시티 추진을 내세우고 있다. 물론 스마트시티가 새로운 도시의제 66항에 언급되어 있기는 하지만, 새로운 도시의제의 핵심이 도시에 대한 권리(도시권)임에 비추어 볼 때 적절한 추진 전략인지 의문이 든다.

SDGs 17개 목표 중 7개 목표가 환경 관련 목표로서 비중이 크고 새로운 도시의제도 지속가능한 도시를 만들기 위한 이행 계획이라고 볼 때 앞으로 지속가능발전 정책은 환경의 중요성을 더 부각시키는 방향으로 나아갈 것으로 전망된다. 차제에 환경부총리를 신설하여 환경부의 위상을 제고해서 환경을 중시하는 「2030 의제」의 취지를 받아들여 확고한 추진 체제를 갖추는 방안을 검토할 필요가 있다. 아예 사회, 경제, 환경 부문의 조화로운 발전을 담당하는 지속가능발전부를 만들어 「2030 의제」와 새로운 도시의제를 총괄하게 하는 방안도 있다. 우리나라 국가와 지방 환경 정책의 근본적인 틀을 재점검할 필요가 있다.

목표 간 상호 연관성

SDGs는 기본적으로 보편성, 통합성, 변혁성을 지닌다. 이러한 관점에서 볼 때 1번 목표가 2번 목표보다 더 중요하다고 말할 수 없다. 17개 목표는 지구상 주요 이슈들을 포괄하고 있다. 목표가 많다 보니 어떤 목표를 우선 과제로 정하여 구체적으로 실천해 나가야 할지 알기 어렵다. 시간과 재정의 한계 속에서 17개 목표, 169개 세부 목표를 모두 추진할 수도 없다.

목표와 세부 목표의 일관성 문제도 있다. 새로운 정책과 목표가 쉽게 도입되어 채택되었다 하더라도 해당 국가 또는 지방의 이행 능력이 따라 주지 못할 경우가 있다. 이 경우 일관성 문제가 생긴다. 공간적 측면에서 볼 때, 세계 차원의 목표와 세부 목표가 국가 차원이나 지방 차원에서 해석된 의제와 조화되지 않을 수 있다. 한 국가 내에서 지방마다 다른 영향을 미칠 수도 있다. 시간적 측면에서 볼 때, 같은 목표와 세부 목표라고 하더라도 단기, 중기, 장기적으로 서로 다른 영향을 미칠 수 있다. 이 모든 것이 SDGs의 목표가 많다 보니 생기는 문제인데, 앞으로 목표 간 상호 연관성, 일관성에 대한 연구가 필요할 것이다.

그린 챌린지: 한국환경보고서 2017

SDGs 실천을 위한 제언

SDGs의 지역 실천 방안 마련

SDGs 17개 목표는 모두 지방정부와 관련되어 있다. 특히 11번 목표(지속가능한 도시와 거주지 조성)는 지방정부가 주도해서 추진해야 한다. 앞으로 지방정부는 SDGs 이행 계획을 수립해야 한다. 중앙 정부는 SDGs를 이행하면서 지방정부와 시민사회 단체가 핵심적인 파트너임을 인정해야 한다. SDG 17개 목표의 많은 부분이 지역의 협력 없이는 달성 불가능하기 때문이다. 때마침 주어진 이 기회에 지속가능발전기본법을 복원하는 한편 지방 지속가능발전위원회 설치와 지방 지속가능발전 기본계획 수립을 의무화하는 조치도 필요하다.

SDG 17개 목표를 지역 실정에 맞게 체계적으로 분류하고 우선순위를 정할 필요가 있다. 장기, 중기, 단기로 나누어 17개 목표 간 우선순위를 정하고, 1개 목표 내 세부 목표 간 우선순위를 정해서 모니터링하며 평가하는 선택과 집중 전략이 필요하다.

SDGs의 핵심 내용을 설명하고 그것이 지역에 어떠한 의미를 지니는지 일반 시민도 쉽게 이해할 수 있게 도와주는 홍보 책자를 만들어야 한다. 우리 지역에 SDGs가 필요하고 중요한 이유, SDGs 이행에 필요한 지역 실천 사업과 향후 과제 등을 설명하는 책자가 필요하다.

SDGs를 지역에서 실천하는 데는 지표가 중요한 역할을 한다. 해당 목표의 지표별로 세계 현황, 우리나라 현황, 지역 현황으로 나누어 정리하고 세계 목표, 국가 목표, 지역 목표와 현 상태의 격차를 확인한 후, 지역 목표를 달성하기 위한 전략을 제시해야 한다. 지방정부의 통계 역량도 강화해야 한다.

지표를 중심으로 각종 정책의 이행 계획을 수립하고 시행하는 시대를 맞아 SDGs를 지역에서 실천할 때 빅데이터 등을 효과적으로 활용할 필요가 있다. SDGs를 지역에서 실천할 때 데이터에 기반한 과학적이고 체계적인 방식의 운동을 전개해 나가야 한다.

SDGs 17개 목표간 상호 연관성 분석

17개 목표는 서로 밀접하게 관련되어 있으므로 연관성을 고려하면서 SDGs를 실천해야 한다. 예를 들면 빈곤(목표 1)은 기아와 영양실조(목표 2)로 이어지고, 기아와 영양실조는 건강 문제(목표 5)로 연결되면서 양질의 교육(목표 4)에 부정적 영향을 미친다. SDG 목표 2를 근거로 하는 농업 부문은 목표 1(빈곤), 4(교육), 5(성 평등), 6(물), 7(에너지), 8(경제 성장과 고용), 12(지속가능한 소비와 생산), 13(기후변화), 15(생태계 보호)와 밀접한 관련이 있다.

목표간 상호 연관성을 가장 잘 보여주는 분야가 젠더이다. 「2030 의제」 20항의 마지막 문장은 다음과 같다. "이 의제의 이행에 있어서 젠더 관점의 체계적인 주류화가 대단히 중요하다." 성평등 달성이 5번 목표에 한정되는 것이 아니며, 17개 목표 전체에 걸쳐 젠더 관점이 필요하다는 점을 알 수 있다. SDGs 이행 계획을 수립할 때 성별영향분석평가가 필요하다.

예를 들어 목표 1의 세부 목표 1.b는 '빈곤 종식 활동에 대한 투자 증대를 지원하기 위해 성인지 개발 전략에 기초해 정책의 틀을 만든다'라고 되어 있다. 목표 5와 목표 1이 연계되어 있음을 보여 주는 대목이다. 이외에도 세부 목표 2.2(청소년기 소

436

녀, 임산부, 모유 수유 여성의 영양 필요 대응), 세부 목표 3.1(산모 사망률 저감), 세부 목표 4.5(교육에 대한 성별 격차 해소), 세부 목표 6.2(여성과 여아의 공평한 위생 설비 접근), 세부 목표 8.8(여성 이주 노동자의 권리 보호), 세부 목표 11.2(여성 등 취약 계층을 위한 대중교통 확대), 세부 목표 11.7(여성의 공공 녹지 공간 접근 보장), 세부 목표 13.b(여성에 초점을 맞춘 기후변화 관련 계획 관리 역량 제고), 세부 목표 17.18(성별 데이터 가용성 향상) 등이 목표 5와 직접 관련되어 있다. 자세히 살펴보면 이보다 훨씬 더 많은 세부 목표들이 목표 5와 관련되며, 젠더 관점에서 접근하고 해석해야 할 세부 목표들도 상당히 많음을 알 수 있다.

17개 목표, 169개 세부 목표, 230개 지표가 각각 서로 상호 지원형인지 상호 갈등형인지 상호 중립형인지 확인하는 연구가 필요하다. 이러한 작업을 통하여 목표, 세부 목표, 지표 간에 어떠한 상쇄 관계와 시너지 관계가 있는지 확인하고, 상쇄 효과를 없애거나 최소화하는 방안과 시너지 효과를 창출하거나 극대화하는 방안을 마련해야 한다. 국제학술연합회의International Council of Scientific Union(ICSU)는 −3점에서 0점을 지나 +3점에 이르는 7점 척도로 SDGs의 상호 연관성 정도를 평가하는 방식을 실험적으로 제안하고 있다(ICSU, 2016). 17개 목표가 서로 통합적이며 상호 연계되어 있다는 점을 다시 한 번 강조한다.

시민사회의 참여 보장

앞에서 SDGs를 관통하는 대원칙이 '포용'이라고 했다. 포용의 원칙은 사회적 약자 계층을 지원의 대상이 아니라 정책의 수립, 집행, 평가의 전 단계에 참여할 권리를 가진 파트너로서 인정할 것을 요구하고 있다. SDGs 이행 거버넌스 체계를 확립하기 위해 SDGs 모니터링 지표의 데이터 세분화가 필요한 이유가 여기에 있다. 성별, 연령별, 지역별로 어떠한 계층이 적절하게 대표되지 못하고 있는지를 정확히 파악하기 위해 메타 데이터가 필요하다.

중앙정부는 국가 차원의 SDGs 이행계획을 수립하고 실천하는 과정에서 시민사회의 참여 보장을 제도화하기 위해 한층 더 노력해야 한다. SDGs 이행과 관련한 각종 회의에 시민사회의 형식적인 참여가 아니라 실질적인 참여가 이루어져야 한다. 예를 들면 국제연합 고위급 정치포럼을 비롯한 각종 국제연합 회의에 정부 대표단을 구성하여 참석할 때, 시민사회 단체 임직원도 대표단에 포함해서 그들이 공식 석상에서 직접 발표도 하고 질문도 하고 토론도 할 수 있게 보장해야 한다. 이러한 거버넌스 체계 변화에 대응해서 시민사회에서도 많은 준비를 해야 한다. 활동가의 국제적 안목을 키우고 능력을 증진하기 위한 교육 시스템을 개발하고 확대해 나가야 한다.

결론

SDGs는 목표가 17개나 되다 보니 전체 구조를 체계적으로 이해하고 실천 방안을 마련하기가 쉽지 않다. 하지만 조금 시간을 내어 공부를 해보면 SDGs가 생각보다 어렵지 않다는 것을 알게 된다. SDGs는 2030년까지 전 세계 인류가 포용의 원칙에 기초해 보편, 통합, 변혁의 정책적 지향점을 가지고 빈곤을 없애며 불평등을 줄이고 기후변화 문제를 해결하겠다는 목표를 세워 실천하자고 다짐한 약속이다.

SDGs 17개 목표, 169개 세부 목표, 230개 지표를 교과서처럼 외울 필요는 없다. 「2030 의제」와 SDGs의 기본 정신과 정책적 지향점을 제대로 이해하는 것으로 충분하다. SDGs의 실천 방안 마련은 지속가능한 발전을 향한 동력을 다시 얻는 계기가 된다. SDGs 실천을 위해서는 이해관계자 간 협력이 반드시 필요하다. 포용의 원칙을 기초로 하는 SDGs를 실천하는 데는 협치가 어느 때보다 중요하다.

우리는 SDGs가 대체했다고 하는 MDGs가 무엇인지 제대로 알지도 못한 채 15년을 그냥 흘려보냈다. SDGs의 목표 연도인 2030년까지 앞으로 13년 남짓 남았다. 우물쭈물하다가는 MDGs를 그냥 흘려보냈듯이 SDGs도 그렇게 흘러갈지 모른다.

SDGs 실천과 관련하여 앞으로 여러 과제들이 남아 있다. 새로운 도시의제와 SDGs의 구체적인 연계 방안을 모색하고, 이행에 필요한 재원도 확보해야 한다. 시민사회와 기업, 행정 간 협치의 틀을 새롭게 만드는 것도 과제이다.

"야생동물들의 이동 습성은
오랜 시간에 걸쳐
각각의 생존 방식을 형성하면서
지구 생태계를 지속가능하도록 유지해 온
자연의 질서이자 그들의 역사이다.
현대 사회에 들어서면서
야생동물들의 이동은
죽음의 길이 되고 있고,
인간이 만들어 놓은
이동 통로, 어도, 대체 서식지 등
왜곡된 형태를 이용할 것을
강요받고 있다."

5

야생동물의 이동권과 자연의 권리

박정운 녹색사회연구소 사무국장

들어가는 글

　매년 2월 중순 무렵, 섬진강을 끼고 있는 광양시의 마을 주변 곳곳에는 산란을 앞둔 두꺼비들의 대이동이 시작된다. 물이 있는 산란지를 찾아 산자락 아래로 내려오는 것이다. 그리고 5월 중순 무렵부터는 알에서 깨어난 수백만 마리의 어린 두꺼비들이 이동하는 경이로운 장면이 펼쳐진다. 어미 두꺼비들이 내려왔던 길을 따라 다시 산속 습한 곳으로 이동하기 위함이다.

　벚꽃이 필 무렵 섬진강을 따라 광양의 금천계곡, 하동 화계천, 구례 간문천에는 알을 낳기 위해 바다에서 강줄기를 따라 기나긴 여정을 하고 있는 황어 떼를 만날 수 있다. 강을 따라 바다에 이르렀던 어린 물고기들은 몇 년이 지나 다시 그 강의 어느 작은 하천으로 돌아와 산란을 하고 생을 마친다. 강줄기를 따라

(위) 매년 4월이면 섬진강을 따라 알을 낳기 위해 산란지로 이동하는 황어 떼를 만날 수 있다. 산란지로 이동 중인 황어. ⓒ 녹색연합
(아래) 2013년 9월 새만금 수라갯벌을 찾아온 넓적부리도요. ⓒ 오동필

탄생과 죽음이 이어지는 황어 떼의 이동은 어제와 오늘 그리고 미래가 동시에 존재하는 섬진강의 '전체 시간성'[1]을 보여 준다.

1   윤상훈, 「오늘 '물고기의 이동권'을 제안한다」, 《한겨레》 2016년 5월 23일자.

이제 갓 부화한 어린 황어가 바다를 향한 여행을 준비하며 성어成魚와 유사한 상태를 갖춰 가는 4월 중순부터 5월 초 금강 하구에 있는 섬 유부도 갯벌에는 수십만 마리의 도요물떼새가 찾아든다. 운이 좋다면 이들 중에 독특한 주걱 모양의 부리를 좌우로 움직이며 물속에 사는 곤충을 잡아먹고 있는, 전 세계 500마리 미만인 넓적부리도요Spoon-billed Sandpiper를 발견할 수도 있다. 북반구 시베리아의 번식지와 오세아니아의 서식지를 이동하는 도요물떼새들은 그 기나긴 여정 중에 단 한 번 갯벌에 내려와 체력을 보충하고 휴식을 취한다. 그렇게 도요물떼새들은 동아시아-대양주East Asia Australasian Flyway(EAAF)를 이동하며 대륙 간 생태계를 연결해 왔다.

야생동물들의 이동 습성은 오랜 시간에 걸쳐 각각의 생존 방식을 형성하면서 지구 생태계를 지속가능하도록 유지해 온 자연의 질서이자 그들의 역사이다. 그런데 근현대에 들어서면서 야생동물들의 이동은 인간 활동 영역 확장의 영향을 받으며 사실상 생명을 건 모험이 되었다. 빠른 속도와 편리 추구, 자본의 흐름을 좇아 도로, 하굿둑/댐/보 건설, 간척 등의 과도한 개발이 진행되면서 야생동물들의 행동 반경 및 이동 경로와 충돌하게 된 것이다. 이제 야생동물들의 이동은 인위적 요인 때문에 죽음의 길이 되고 있고, 인간이 만들어 놓은 이동 통로, 어도, 대체 서식지 등 왜곡된 형태를 이용할 것을 강요받고 있다.

그린 챌린저: 한국환경보고서 2017

무엇이 야생동물의 이동을
가로막는가?

땅 위에 사는 동물들: 도로와 로드킬

두꺼비는 산란 시기에 물이 있는 습지로 이동하고, 고양잇과의 삵은 2~3km 정도를 이동하면서 생활하는 습성을 지니며, 해질녘부터 활동이 활발해지는 고라니는 산기슭, 강기슭과 들판 등에서 두루 생활을 한다. 동물들은 각각의 생태적 삶에 맞는 행동 반경을 갖고 이동을 한다.

한편, 「도로 건설로 인한 도로망 발전과 생물서식처 파편화 분석」(전동준 외)에 따르면, 우리나라 도로 밀도는 1969년 이전에는 0.37(km/km²)이었던 것이 2005년 이후에는 1.0(km/km²)을 넘는 것으로 나타났다. 고속도로 건설 증가로 도로의 밀도가 높아지면서 국토의 면적이 분할되는 파편화[2]는 10년 단위로 급증하는 추세이며, 1960년대 4개에 불과하던 국토 패치 수가 2010년 이후 총 67개로 조각 나 있다.

도로의 밀도가 1.0(km/km²)을 넘을 경우 야생의 대형 포유류가 안정적으로 서식할 수 없는 상황에 직면하는 것으로 알려져 있다. 이에 따르면 1990년 초부터 이미 산악 지대를 주요 서식지로 하는 반달가슴곰, 삵, 여우와 같은 고유종의 이동에 제약이 가해져 왔고, 2005년 이후 도로 밀도의 과포화로 인하여 점차 도태되었을 것이라는 예측이 가능해진다. 외국의 연구에 따르면, 도로의 밀도가 0.6(km/km²)을 넘을 경우, 퓨마, 쿠커 등 산악

---

2 파편화fragmentation란 인위적 교란이나 지형 훼손으로 토지 원형이 조각화되는 상태를 말한다.

2014년부터 2016년까지 3년간 5만 8,691건의 로드킬이 발생했다. 매년 20만 마리 이상이 희생되는 등 로드킬은 줄어들지 않고 있다. 로드킬에 희생된 고라니와 수달. ⓒ 김봉균

서식 대형 고양잇과 동물들과 늑대 등이 도태(A. Seiler, 2001)되는 것으로 알려져 있다.

그뿐 아니라 생물서식공간이 파편화되면서 양서파충류 등 작은 동물부터 고양이나 개, 너구리, 고라니 등 크고 작은 야생동 물들이 이동 중에 로드킬을 당하고 있다. 송옥주 의원(국회 환경 노동위원회, 더불어민주당)이 로드킬 조사 기관[3]으로부터 제출받 은 「2014년부터 2016년 6월까지의 로드킬 조사 현황」을 검토한 결과, 3년간 5만 8,691건의 로드킬이 발생해 매년 20만 마리 이 상이 희생되는 등 로드킬은 줄지 않고 있는 것으로 나타났다.

지금과 같이 도로가 놓인 상황(2015년 기준 국토 면적당 1.09km/km^2)에서 동물들은 각각의 행동 반경 안에서 반드시 이 동 중에 도로를 마주치고 건널 수밖에 없다.[4] 한 예로, 행동 반경 이 2~3km인 삵은 2006년부터 10년 동안 전국 고속도로에서만 200마리가 로드킬로 죽었다.[5]

이처럼 도로 건설 및 대규모 개발에 의한 생물서식공간의 파편화는 야생동물이 로드킬을 당하거나 이동이 가로막히면 서 가족 간 교배 등 '종의 확산이나 정착 잠재력을 제한하거나' (Bhattacharya et al., 2003; Driscoll, 1999) 그 지역 '고유종의 먹이 섭취 능력을 감소시킬 수도 있으며, 메타 개체군을 분할하여 개 체군 감소 및 절멸을 유도'(이도원, 2001. 재인용)하고 있다.

3   환경부(국립공원관리공단, 지방환경청 포함), 한국도로공사, 지자체, 국 토관리청.
4   김봉균, 「로드킬은 누구의 잘못인가?」,《한겨레》, 2014년 12월 22일자.
5   〈로드킬 ② 삵, 수달, 담비도 로드킬… 멸종 가속화 우려〉, KBS 뉴스, 2016년 6월 20일.

물속에 사는 동물들 : 하굿둑/댐/보

캘리포니아 강의 주 지류인 스네이크 강 상류에서 어린 연어가 바다까지 이동하는 데는 39일까지 걸리기도 하는데, 댐 건설 이전에는 사흘도 걸리지 않았다고 한다.[6] 강에 들어선 여러 개의 크고 작은 댐이나 보로 인해 정체된 물은 어린 연어들의 하류로의 이동에 큰 어려움을 준다. 어린 연어가 정체된 물속을 떠돌다가 산란 후 15일 안에 바다에 이르지 못하면 하류로의 이동 습성과 담수에서 염수로의 변화에 적응하는 능력을 잃을 수 있다.[7] 때문에 회귀성, 회유성 어류들에게는 산란지로 이동하고, 알에서 깨어난 치어들이 제시간에 바다에 도착하는 것은 매우 중요한 일이다.

2016년 현재, 남한의 대형 댐은 1,200여 개이며 국토 면적 대비 댐 밀도는 세계 1위[8]이다. 2012년 말 4대강 사업이 완공되면서 낙동강, 금강, 영산강, 한강에 총 16개의 보가 들어서는 등 2016년 현재 전국의 하천에 설치되어 있는 보는 3만 3,842개 이다.[9] 특히 바다와 맞닿아 있는 463개의 하천[10] 중 228개의 하천이 하굿둑, 방조제 등으로 차단되어 있다. 물의 흐름과 이동을 가로막고 있는 수많은 댐과 보 그리고 하굿둑은 물에 사는 생물들에

6 R. I. White, "Why Wild Fish Matter; Balancing Ecological and Aquacultural Fishery Management", Trout, Autumn, 1992.

7 패트릭 맥컬리 지음, 강호정 옮김, 『소리 잃은 강』, 지식공작소, 2001, 87쪽.

8 국제대형댐위원회(ICOLD)에 등록된 높이 15m 이상의 대형 댐은 1,200여 개이며, 이는 2016년 현재 세계 7위에 해당한다.

9 녹색연합, 「물고기가 이동할 수 있는 권리」, 2016.

10 국가하천 63개, 지방하천 3,813개. 한국수자원공사, 2007.

바다에 닿아 있는 463개의 하천 중 절반이 하굿둑과 방조제로 막혀 있다. 댐과 보, 하굿둑은 물에 사는 생물의 삶을 무너뜨린다. 구제수문에 가로막힌 숭어의 죽음. ⓒ 한승우

게 육상 생태계를 파편화시키고 있는 도로와 다를 바 없다.

1981년 12월 완공된 영산강 하굿둑 건설에 따른 영산호의 어류 변동[11] 현황을 살펴보면, '하굿둑에 의한 체절로 영산호에 나타난 가장 큰 변화는 정수성 어종이 증가한 반면 주연성 어류가 감소하며, 회유성 어종이 급격히 감소 또는 소멸하는 것'이었다. 급격히 감소 또는 소멸된 회유성 어종은 '칠성장어, 웅어, 빙어, 뱅어, 국수뱅어, 송어, 큰가시고기, 꺽정이, 황복 등의 소하성 어류와 뱀장어, 무태장어, 은어 등의 강하성 어류'인 것으로 나타났다.

4대강 사업으로 인해 발생하는 회유성 어류 및 담수 어류의 분포와 이동 분석을 통해 보 건설이 어류 이동에 미치는 영향을 조사한 환경부 보고서[12]에는, 금강 유역의 경우 '보가 건설된 이후의 경우 보로 인한 서식처 환경의 변화(유수역 → 정수역)는 하천을 단절시킴으로서 산란을 위해 상류나 하류로 이동하는 회유성 어류나 담수역 내에서 국지적으로 이동하는 어류의 이동에 영향을 주어 생물적 단절 현상을 야기할 가능성이 존재'한다고 밝히고 있다.

이러한 변화의 감지는 강과 함께 생활해 온 어민들의 증언에서 생생하게 드러난다. 수십 년간 낙동강 하류에서 조업 활동을 해온 한 어민은 2016년 10월 26일 국회에서 진행된 '4대강 사업 피해 증언 대회'에서 다음과 같이 발언했다.

11 영산강·섬진강수계관리위원회, 국립환경과학원 영산강물환경연구소, 「영산강 하구둑 어도 설치의 타당성 조사」, 2005, 95쪽.

12 환경부, 「보 설치 전·후 회귀성 어종의 이동 경로 조사 및 어도 효과 분석」, 2011.

"예전에는 낙동강 물을 떠다 식수로 이용했으나 지금은 씻지도 못할 정도이다. 강바닥을 보면 실지렁이(4급수, 오염 지표종)가 있다. 4대강 사업이 잘못되었다고 하는 것은 1년산, 2년산, 3년산 물고기가 골고루 있어야 하는데 사업 이후 고기가 멸종한 것에서 알 수 있다. 낙동강변에 물풀이 자라 있었는데 4대강 사업을 하며 없어지니까 물고기가 알을 낳지 못한다. 가끔 한 마리씩 잡으면 알을 낳지 못하고 가지고 있다."

1980년대 낙동강, 영산강, 금강 하구에서 벌어진 대규모의 하굿둑 건설 사업 이후, 그리고 30여 년 만에 또다시 4대강 사업으로 낙동강, 금강, 영산강, 한강에 16개의 보가 들어서면서 4대강은 모천을 따라 회귀하는 물고기들의 고향이 되어 주던 자연 본연의 가치를 심각히 훼손당하였다. 이제 산란을 위해 강을 올라오는 황어의 이야기는 하굿둑이나 보가 없는 일부 지역에서나 들을 수 있는 귀한 뉴스가 되었고, 강경 지역에 올라와 산란을 하던 금강의 웅어 소식은 금강 하굿둑이 막히면서 바다에서만 들려온다.

하늘로 이동하는 동물들: 간척/매립

나그네새라고도 불리는 도요물떼새는 번식지인 러시아 부근 북극과 오스트레일리아를 오가느라 연간 2만 5,000~3만km의 장거리를 이동한다. 한번 이동을 시작한 도요물떼새는 사흘에서 이레 동안 먹거나 마시는 과정을 생략한 채로 약 1만 1,500km를 날아 목적지에 도착하게 되는데, 동아시아-대양주 철새이동경로를 통과하는 중에 단 한 번 중간 기착을 한다. 이때 소진한 체력을 보충하고 휴식을 취하게 되는데, 다양한 저서 생물들이 서식하는 강 하구 습지와 연안 갯벌은 도요물떼새들에게 중요한 장소이다.

국가환경연구프로그램 소속의 리처드 풀러Richard Fuller는 동아시아-대양주 철새이동경로를 통과하는 한국, 중국 등 동아시아 일대 중간 기착지 중 "약 40%에 달하는 도요물떼새들이 서해 27여 곳의 특정 갯벌에서 서식한다"[13]고 말한다. 이처럼 번식지와 서식지를 오고가며 생활하는 수백만 마리의 도요물떼새들에게 중간 기착지인 우리나라 갯벌의 환경 상태는 이들의 생존과 밀접하게 연결되어 있다.

해양수산부에서 발표한 2013년 우리나라의 갯벌 면적은 총 2,487.2km^{2}로,[14] 일제 강점기 대규모 간척·매립 사업 이전의 추정 갯벌 면적(4,000~4,500km^2[15])에 비해 절반 이하로 줄어들었다. 특히, 1987년부터 2000년 사이에 걸쳐 진행된 대규모의 간척·매립 사업으로 총 810.5km^{2}의 갯벌이 훼손되었으며,[16] 새만금 간척 사업(1991년 착공, 2006년 방조제 끝물막이 공사 완료)은 새만금 갯벌을 중간 기착지로 이용하던 도요물떼새들에 심각한 영향을 미쳤다.

그린 챌린저: 한국환경보고서 2017

13 EAAFP, 〈사라져 가는 철새들의 쉼터〉, 2015년 3월 11일.

14 해양수산부, 「'13년 갯벌 면적… 제주도의 1.35배」, 2014년 7월 16일.

15 「일제 강점 후 서울 면적 3배의 갯벌이 간척·매립으로 사라져」, 《경향신문》, 2015년 10월 20일자.

16 시화 지구 개발 180km^2, 남양만 60km^2, 영종도 신공항 45km^2, 영산강 III-1, III-2지구 92km^2, 새만금 지구 208km^2, 송도 신도시 16km^2.

2006년 방조제가 완전히 막히기 전까지만 해도 새만금 갯벌에는 세계에서 가장 많은 개체 수의 넓적부리도요와 붉은어깨도요를 비롯한 19종의 도요물떼새가 국제적으로 중요한 개체 수를 형성하며 이곳에서 중간 기착을 해왔다. '새와생명의터'에 따르면, 2006년 당시 붉은어깨도요의 총 개체 수는 38만 마리 정도였으며, 많이 줄어들긴 했지만 넓적부리도요도 34마리나 되었다. 이후, 물막이 공사가 완공되면서 넓적부리도요는 2007년 31개체, 2008년에는 3개체만이 기록되는 등 이제 전 세계적으로 총 개체 수는 150~300여 쌍에 그치고 있다. 붉은어깨도요도 4,000여 마리로 줄어드는 등 전 세계 생존 개체 수가 20~30% 감소하면서 국제자연보전연맹(IUCN)이 보전 대책이 필요한 취약종으로 분류한 바 있다.(정옥식, 충남연구원)[17]

이처럼 새들의 개체 수 감소에는 여러 복합적인 요인이 작용했겠지만, 이동 철새들의 생존에 '가장 주된 요인은 계절 이동 경로상의 서식지 조건 변화에 기인'(Zöckler et al, in prep.)하는 것으로 제시되고 있다[18]. 다른 중간 기착지를 찾아 새들의 일부가 이동하기도 하지만, 전문가들은 도요물떼새들 고유의 이동 전략과 생태계의 기본적인 원리가 있어 설령 이동한다 해도 수만 마리를 수용할 능력의 한계에 부닥칠 수밖에 없다[19]고 한다.

17 「새만금 도요물떼새 19만마리, 어디로 갔을까?」,《경향신문》, 2014년 5월 23일자.
18 새와생명의터, 「넓적부리도요와 붉은어깨도요: 상징적인 두 조류에 대한 케이스 연구」; http://www.birdskorea.or.kr/Habitats/Wetlands/Saemangeum/BK-HA-Saemangeum-SBS-GK-Case-study.shtml
19 「새만금 도요물떼새 19만마리, 어디로 갔을까?」,《경향신문》, 2014년 5월 23일자.

그러다 보니 이동 중에 들린 중간 기착지인 갯벌의 간척과 매립으로 먹이가 되는 저서생물들이 급격히 줄어들면서 제대로 영양 보충을 하지 못한 채 장거리 이동을 하는 동안 새들은 죽음과 함께 멸종 위기에 놓이고 있다.

나가는 글

물고기가 횡단 구조물에 막히지 않고 흐르는 물을 따라 이동하는 것은 당연한 일이다. 육상에 사는 동물들은 로드킬 당하지 않고 땅 위를 이동할 권리가 있고, 도요물떼새와 같은 이동 철새들도 훼손되지 않은 중간 기착지에 들러 휴식을 취하고 갈 권리가 있다. 이러한 야생동물들의 이동은 오랜 기간 동안 진화를 해오면서 형성된 생존 전략과 그 속에서 세대를 이어가는 생명 본연의 모습이고 생물다양성이 갖는 지구 생태계의 지속성이다. 이것은 존재 자체만으로도 가치가 있다.

그러나 앞에서 살펴본 것처럼 야생동물들은 인간의 일방적인 활동(개발과 이용 행위)에 의해 심각한 침해와 멸종 위협을 받고 있다. 그런 상황에서 대규모의 개발에 포함하고 있는 야생동물 이동 통로, 어도, 대체 서식지 등은 행위자 스스로에게 부여하는 면죄부에 불과할 뿐이다. 개발 대상지를 선정하고 계획을 세우는 과정에서 대상지인 생물서식공간에 대한 인간 이외의 자연물의 권리는 고려되지 않는다. 모든 것은 이미 결정되고, 그곳

인간과 자연의 관계를 주체와 객체로 분리된 이원론적 관계가 아닌 서로의 삶을 존중하는 방식으로 설정해야 한다. ⓒ 녹색연합

에 서식해 온 자연물은 다만 관리될 뿐이다. 단순화시켜 놓은 구조(이동 통로, 어도, 대체 서식지 등)에 관리되어 적응을 할 것인가 아니면 멸종 위기에 놓일 것인가만 남는다. 원 서식 공간에 대해 자연물이 갖고 있던 권리들, 즉 생물/비생물 간의 상호관계 속에서 형성해 온 공동체(생태계)의 가치는 소멸되고 빼앗긴 채 관리 대상으로 전락하게 된다. 평창 동계올림픽을 위해 사라진 가리왕산의 500년 된 숲, 간척 사업을 위해 매립된 새만금 갯벌의 수많은 저서생물들과 이동 철새들의 죽음, 4대강 개발 사업으로 떼죽음 당한 물고기들.

　이처럼 자연에 대한 전통적인 인간 중심주의적 사고, 즉 인간과 자연을 주체와 객체로 구분하는 방식은 현대 환경 문제 발생의 간접적 배경이 되고 있으며 인간과 자연의 관계에 방점을 두는 해결 방법이 아닌 인간 중심적인 문제 해결 방식을 채택하는 한계[20]에 놓일 수밖에 없다.

소병천(2006)은 대표적인 환경윤리학자인 알도 레오폴드 Aldo Leopold가 『땅의 윤리Land Ethics』에서 인간 공동체에도 자연 규범적 윤리가 있듯이 인간과 자연이 함께 하는 확대된 공동체에서도 당연히 규범적 윤리가 있다고 말한 것처럼, 자연의 본질적 가치를 인정하고 보호하려는 환경 윤리의 핵심적인 내용이 법적으로 수용되는 것이 바람직할 것이며, 그 법적인 시도가 크리스토퍼 스톤Christopher D. Stone의 '자연의 권리'로 자연에게 직접적으로 원고 적격을 인정하는 방식이 있었다고 말한다. 자연에게 직접적으로 원고 적격을 인정하는 방식은 인간과 자연의 관계가 주체와 객체라는 이원론적으로 분리된 전통적 법률 체계에서 상호 관계를 존중하는 새로운 관계로 설정하는 것이다.

천성산 도롱뇽 소송, 재두루미 떼죽음 소송 등 '자연의 권리'에 대한 법적 논쟁의 경험이 있었지만, 여전히 '자연의 "권리"라고 이야기하면, 거부감이 느껴지고 현실성이 결여된 추상적인 문제'[21]로 인식되고 있다. 그러나 앞에서 살펴본 바와 같이 야생동물들이 생명을 위한 이동 과정에서 겪고 있는 위협적인 상황과 종의 전멸 위기 그리고 '오늘날 우리가 처한 환경 위기나 자연보호를 위한 법제의 흠결[22]을 생각하면, 이러한 주제는 대단히

---

20 소병천, 「자연의 법적 지위에 대한 환경법적 소고」.

21 강재규, 「자연의 권리」, 『한국환경법학회』, 2008.

22 국가나 지방자치단체, 또는 기업이나 개인이 이들 환경법을 위반하여 환경 이익(공익)을 침해하였을 때, 현행의 인간 중심주의적이고 개인주

절박한 문제[23]'이다. 그러므로 이를 제대로 구현하기 위해서는 인간 중심으로 구성되어 있는 헌법의 환경권에 자연의 권리를 포함하는 것을 고민해야 할 때이다.

의적인 주관 소송 제도를 통해서는 결코 객관적이고 공익적인 성격이 강한 생태익·지구익을 지켜낼 수 없고, 현행의 소송 제도는 한계에 부딪힐 수밖에 없는 것이다.(강재규, 2008)

23 강재규, 「자연의 권리」, 『한국환경법학회』, 2008.

2부 3장 해양 생태계를 뒤흔드는 미세 플라스틱

찰스 무어 · 커샌드라 필립스 지음, 이지연 옮김, 『플라스틱 바다』, 미지북
스, 2013.

United Nations Environment Programme, "Plastics in cosmetics", 2015.

그린피스 과학연구팀, "우리가 먹는 해산물 속 플라스틱", 그린피스, 2016.
http://www.greenpeace.org/korea/Global/korea/publications/
reports/oceans/2016/20160706-Science-Report-Web-final.pdf

「한국 바닷속 미세 플라스틱 오염 세계 최고 수준」, 《한겨레》, 2014년 4월
16일.

「먹이사슬 꼭대기에 오른 미세 플라스틱…인간 밥상까지 위협」, 《경향비
즈》, 2016년 9월 18일.

https://www.5gyres.org/microbeads/

https://www.theguardian.com/environment/2016/may/09/people-maybe-breathing-in-microplastics-health-expert-warns

http://news.chosun.com/site/data/html_dir/2008/11/04/2008110401611.
html

2부 5장 여름철 폭염과 왜곡된 전기 요금 개편 논의

시민건강증진연구소, "전기료의 정치학, 녹색당이 옳다: '교차 보조'의 악
　　용, 전기료와 국민건강보험료의 경우", 《프레시안》, 2016. 8. 22.

석광훈, 「원자력체제와 민주주의》, 『민주사회와 정책연구』 10, 2006.

허가형, 『원자력발전비용의 쟁점과 과제』, 국회예산정책처, 2014.

감사원, 「'공기업 재무 및 사업구조 관리실태' 감사결과 발표」, 보도자료
　　(2013. 6. 12).

녹색당, 「폭염 사태, 누진제가 아니라 기후변화와 싸워야 한다」, 정책논평
　　(2016. 8. 10).

지식경제부, 「고유가시대를 대비한 에너지가격구조 개선방안」, 2009. 5. 18.

산업통상자원부, 「올 여름, 가계 전기 요금 부담 경감, 산업현장 토요일 요
　　금제도 개선」, 보도자료(2015. 6. 22).

산업통상자원부, 「산업부, '장기 이상 폭염에 따른 주택용 누진제 요금 경감
　　방안' 발표」, 보도자료(2016. 8. 11).

산업통상자원부, 「누진제 개편으로 주택용 동 · 한계 전기 요금 부담 15%
　　경감」, 보도자료(2016. 12. 13).

전수연, 『전력가격체계의 문제점과 개선방안』, 국회예산정책처, 2013.

박주민, 「대기업들 3년간 3조 5천억원 전기 요금 혜택 봤다」, 보도자료
　　(2016. 5. 18).

2부 6장 기장 해수–담수 공급 찬반 주민 투표

노태민, 「기장주민들은 어떻게 해수–담수화 반대에 나섰나?」, 『성찰과 전
　　망』 제21호. 민주주의사회연구소, 2016.

김준한 외, 「기장주민 투표 평가 토론회」, 『성찰과 전망』 제21호. 민주주의
　　사회연구소, 2016.

2부 9장 가로림만 해양보호구역 지정의 의미와 과제

한국해양수산개발원 · 충남연구원, 「가로림만 권역 지속가능발전전략 수립
　　에 관한 연구」, 2016.

국가기록원, 「농업생산기반조성」, 『중요 공개기록물 해설집 IV-농업수산식
　　품부 편』, 2011.

이광수 외, 「우리나라 조력발전 현황과 전망」, 《해안과 해양》(2012년 9월
　　호), 2012.

박태순 외, 「갈등해결의 도구적 접근의 한계와 극복 방안」, 고려대학교 한
　　국사회연구소 학술심포지엄 '한국의 공공갈등과 한국인의 갈등의식'.
　　2014.

환경부, 보도자료 「환경부, 가로림만조력 '환경영향평가서' 반려키로」, 2014
　　년 10월.

ICOMOS 한국위원회, 『한국의 세계유산 잠정목록 선정요강 및 지침』,
　　2006.

2부 10장 대한민국 동물 보호의 길을 묻다

동물자유연대, 「몰리스 펫샵 강아지 판매 실태 조사 보고서」, 2016.

박진석, 「EU '밀집사육' 2012년 법으로 금지…13년간 AI 발생 영국 3건, 스

웨덴 1건」, 《중앙일보》, 2017

현대경제연구원, 「역대 최고 속도의 조류인플루엔자(AI) 확산과 경제적 피해」, 2016.

Actman, J., "What happens to smuggled animals after they're seized?", National Geographic, 2016.

Food and Agriculture Organization of the United Nations(FAO), Tackling Climate Change Through Livestock: A Global Assessment of Emissions and Mitigation Opportunities, 2013

Philo, C., Wilbert, C., Animal spaces, beastly places: new geographies of human-animal relations, Routledge, London, 2000.

Shark Savers, "The Impact of the Shark Finn Trade", 2017.

Visser, N., "San Francisco wages war on puppy mills, says pet stores can only sell rescue animals", Huffington Post, 2016.

4부 1장 신기후체제와 구 국가주의를 넘어

강상인·김이진 지음, 「유엔기후변화총회(COP22/CMA1) 주요 결과 및 향후 과제」, 『환경포럼』, 제20권 제5호, 한국환경정책·평가연구원, 2016.

관계 부처 합동, 「국가 온실가스 감축 목표 달성을 위한 로드맵」, 2014.

관계 부처 합동, 「Post-2020 온실가스 감축 목표 설정 추진계획」, 2015.

관계 부처 합동, 「파리협정 이행 논의를 위한 첫 기후총회(COP22) 폐막」, 2016.

관계 부처 합동, 「제1차 기후변화 대응 기본계획」, 2016.

관계 부처 합동, 「'2030 국가온실가스감축 기본로드맵' 주요 내용」, 2016.

권승문, 「기후변화시대, 지구 시민으로 살아가기」, 《작은 것이 아름답다》,

2014년 10월호.

권승문, 「한국 에너지 협동조합 운동의 새로운 도전과 과제」, 『제1회 아이쿱 협동조합 논문 공모전 수상작 모음집』, 아이쿱협동조합연구소, 2014.

권승문, 「시민사회의 COP 대응 및 운동전략」, 『제20차 페루 리마 기후변화협약당사국총회(COP20) 참가보고서』, 서울특별시 녹색서울시민위원회, 2015.

권승문, 「트럼프가 기후협약을 위협한다고? 그럼, 박근혜는?」, 《탈핵신문》, 2016년 12월호.

권승문, 「판도라의 상자를 열었을 때」, 《초록발광》, 2016.

권승문, 「'뜨거운 폐수'는 朴정부서 어떻게 '에너지 신산업'이 됐나」, 《초록발광》, 2017.

권승문 · 전의찬, 「경제성장과 산업구조 변화에 따른 장기 온실가스 배출량 전망 시나리오 분석」, 『한국기후변화학회지』, 제7권 제3호, 2016.

권승문 · 전의찬, 「온실가스 감축과 사회적비용을 고려한 전력수급기본계획 연구」, 『환경정책』, 제24권 제4호, 2016.

권승문 · 김세영 · 신근정, 「시민참여형 재생 에너지 활성화를 위한 제도 개선 방안 연구」, 정의당 김제남 의원실 연구용역 과제 보고서, 2014.

박진희, 「시민 참여와 재생가능에너지 정책의 새로운 철학-독일 에너지전환 정책 사례를 토대로」, 『환경철학』, 16호, 2013.

온실가스종합정보센터, 『2015 국가 온실가스 인벤토리 보고서』, 2015.

외교부, 「기후변화에 관한 파리협정 비준」, 2016.

이혜경, 「제22차 유엔기후변화 당사국총회의 주요 논의 내용과 시사점」, 『이슈와 논점』, 국회입법조사처, 2016.

Lovins, Amory B., "Energy Strategy: The Road Not Taken?", Foreign

Affairs 55, 1976.

Philip McMichael, Development and Social Change : A Global Perspective, 5th Edition, Thousand Oaks, CA: Sage Publications, 2012(조효제 옮김, 『거대한 역설』, 교양인, 2013).

4부 3장 지속가능한 지역 발전과 산림관광

문화체육관광부, 「국민여행실태조사」, 2014.

산림청, 「산림휴양에 대한 국민의식 조사결과」, 2013.

한국관광공사, 「생태관광 법제화 세부추진 방안 연구」, 2015.

문화체육관광부, 「생태관광 통계조사」, 2010.

한국관광공사, 「생태관광 통계조사」, 2015.

국립산림과학연구원, 「산촌생태관광 활용 가능 자원 및 시설 · 프로그램 조사」, 2016.

강미희, 『생태관광인증제도』, 한국학술정보(주), 2007.

Balmford A., J. M. H. Green, M. Anderson, J. Beresford, C. Huang, R. Naidoo, M. Walpole, and A. Manica. 2015. Walk on the Wild Side: Estimating the Global Magnitude of visits to Protected Areas; http://journals.plos.org/plosbiology/article?id=10.1371/journal.pbio.1002074

Center for Responsible Travel, The case for responsible travel: Trends and statistics, 2013.

Condé Nast Traveler, Sustainable Destinations. Condé Nast Traveler's World Savers Hall of Fame, 2013; http://www.cntraveler.com/world-savers/world-savers-hall-of-fame

Dan Shapley, "Study: Ecotourism has Significant Benefits." The

Daily Green, September 29, 2011; www.thedailygreen.com/ environmental-news/latest/ecotourism-benefits-0911#ixzz2Ct7hpzbX

Ethical Traveler. 2015's Top Travel Destinations: 5 Ecotourism Experts Weigh In, 2015; http://greenglobaltravel.com/2014/12/31/2015-top-travel-destinations-ecotourism-experts/

Jennifer Blanke and Thea Chiasa, The Travel & Tourism Competitiveness Report 2011;

Focus on Moving beyond the Downturn. World Economic Forum. Geneva. 2011; www.weforum.org/ttcr.

Nielsen Wire, "The Global, Socially-Conscious Consumer", The Nielsen Company Survey of Corporate Citizenship surveyed more than 28,000 Internet respondents in 56 countries. March 2012; ttp://blog.nielsen.com/nielsenwire/consumer/the-global-socially-conscious-consumer/

PR News Wire, "Conde Nast Traveler Announces Winners of the 2011 World Savers Awards", 2011; http://www.prnewswire.com/news-releases/conde-nast-traveler-announces-winners-of-the-2011-world- savers-awards-127886823.html.

Sustainable Tourism Certification Alliance Africa, 2011. "Tourism for Tomorrow Awards 2010 – Winner." http://www.sustainabletourismal-liance.co.za/oldsite/2011/02/tourism-for-tomorrow-awards-2010-winner/

TripAdvisor, "TripAdvisor Survey Reveals Travelers Growing Greener." press release. April 19, 2012.

UNWTO and European Travel Commission, Handbook on

Tourism Product Development, 2011; http://pub.unwto.org/
WebRoot/Store/Shops/Infoshop/4E6D76/AAE5/BB27/BFFC/
COA8/0164/205F/110907_product_development_excerpt.pdf

UNWTO, Tourism in the Green Economy: Backgound Report. UNWTO
and UNEP, 2012.

Wenjun Lee, Community Decision-making Participation in Development.
Annals of Tourism Research, 33(1), 2006.

4부 4장 지속가능발전목표를 달성하기 위한 첫걸음 내딛기

홍은경, 「지속가능발전목표 최종 지표 내용과 이행의 실제: 환경보호」, 『국
제개발협력』 2호, 2016.

Choi Jong-moon, Year One of Implementing the SDGs in the Republic
of Korea, 2016.

ICSU, A draft framework for understanding SDG interactions, 2016.

The Government of the Republic of Korea, Year One of Implementing
the SDGs in the Republic of Korea: From a Model of Development
Success to a Vision for Sustainable Development, 2016.

http://unstats.un.org/sdgs/meetings/iaeg-sdgs-meeting-04/

그린 챌린지: 한국환경보고서 2017

1판 1쇄 발행 2017년 4월 22일

지음 | 녹색사회연구소
편집 | 박정운, 임성희
디자인 | 호야디자인

편집위원

강찬수 중앙일보 환경전문기자, 논설위원
남상민 UNESCAP 동북아사무소 부소장
유현상 녹색사회연구소 연구위원, 숭실대학교 초빙교수
육경숙 전 녹색교육센터 소장
윤상훈 녹색연합 사무처장
이상헌 녹색사회연구소 연구위원, 한신대 교수
정명희 녹색연합 협동사무처장
최승국 녹색사회연구소 이사, 태양과바람에너지협동조합 상임이사
최종덕 녹색사회연구소 소장, 상지대 교수
한재각 녹색사회연구소 연구위원, 에너지기후정책연구소 부소장

펴낸이 | 조영남
펴낸곳 | 알렙

출판등록 | 2009년 11월 19일 제313-2010-132호
주소 | 경기도 고양시 일산서구 중앙로 1455 대우시티프라자715
전자우편 | alephbook@naver.com
전화 | 031-913-2018, 팩스 | 02-913-2019

(사)녹색연합부설녹색사회연구소
주소 | 서울특별시 성북구 성북로 19길 15
홈페이지 | www.greenkiss.org
전화 | 02-747-3339, 팩스 | 02-766-4180

ISBN 978-89-97779-73-4 03300

* 이 책은 2017년 4월 5일부터 4월 30일까지 텀블벅을 통해 후원해 주신 많은 분의 후의에 힘입어
제작되었습니다.

* 책값은 뒤표지에 있습니다. 잘못된 책은 바꾸어 드립니다.